국어교육 연구의 반성과 전망

-이해·표현-

국어교육학 총서 ①

국어교육 연구의 반성과 전망
- 이해 · 표현 -

이삼형 · 김중신 · 이성영 · 서　혁
최미숙 · 고광수 · 신명선 · 남가영

도서출판 역락

머 리 말

이 책은 '국어교육학회'의 창립 10주년을 기념하기 위해 '국어교육학' 연구의 지형도를 그려보려는 의도에서 기획되었다.

그 동안 학계의 말석에서 국어교육을 공부해 오던 젊은 학자들 20여 명이 2주에 한번씩 모여서 1년 정도 작업을 계속해 나가면 국어교육학의 성과에 대해 어느 정도 정리할 수 있을 것이라고 생각하고 이 작업을 시작하였다. 교수, 연구소 연구원, 현직 교사, 박사과정 수료생, 석·박사학위 과정생 등 모두 20여 명이 당찬 포부를 갖고 처음 모인 날은 2000년 10월 7일이었다.

그 후 거의 한번도 거르지 않고 격주로 모여 국어교육학의 성과에 대해 열띤 토론을 벌였다. 처음에는 국어교육학과 관련된 단행본, 학위 논문, 학술지 수록 논문 등 국어교육학 연구 성과 모두를 검토 대상으로 삼았다. 하지만 곧 우리의 계획이 너무 무모하다는 것을 깨달았다. 하루가 다르게 관련 연구 성과물들이 폭증하는 우리 학계의 생산성을 고려하지 못한 탓이었다. 우리가 다루어야 할 논문들은 갈수록 하염없이 쌓여만 갔다. 그렇게 해서 부득이하게 검토 대상을 지도교수와 심사위원의 엄정한 평가를 거친 박사학위논문들만으로 좁히게 되었다. 박사학위논문은 공식적인 제도에 의한 엄정한 평가를 거친다는 점, 그리고 해당 필자의 연구 출발점이 된다는 점 등에서 국어교육학의 학문적 토대를 이룬다고 판단하였기 때문이다.

모임은 한 사람의 발제자가 대상 논문을 요약하고 쟁점을 제시하면 그것을 바탕으로 참여자들이 합평하는 형식으로 진행되었다. 모임의 성격이 덕담을 나누는 자리가 아니고 국어교육학의 내일을 준비하기 위한 자리였기 때문에, 대상 논문에 대해 우호적인 시각보다는 비판적인 시각을 견지하는 것을 원칙으로 하였다. 이렇게 이야기한 것을 수 차례에 걸쳐 가다듬어 정리하였고, 정리된 것을 논문의 필자에게 보내어 필자의 견해를 들어볼 기회를 가졌다. 많은 필자들이 우리의 작업에 대해 공감하고 성의 있는 답변을 보내주었다.

이제 그 결과물을 3년이 지난 오늘에서야 내놓게 되었다. 이렇게 늦어진 것은 참여자들이 게으른 소이도 있었겠지만 논의 과정에서 쟁점이 날카롭게 맞서 쉽사리 결론을 내리지 못한 경우도 많았기 때문이다.

감히 덧붙이자면 이 책이 국어교육학계에 풍파를 일으켜 주기를 기대해 본다. 이 책은 젊은 학자들의 국어교육학에 대한 자기반성에서 시작되었기 때문이다. 이제 갓 스무 해 남짓, 가장 왕성한 비판 정신을 보여야 할 국어교육학계임에도 불구하고, 진지한 고민보다는 겉만 훑고 지나가는 피상적인 논의, 쟁점에 대해 눈감아주기식의 논의, 지도교수의 논문만을 인용하는 학위논문들이 등장하는 풍토 등이 알게 모르게 어느새 학계의 관행으로 자리잡아 가고 있다는 비판 의식을 공유하였다. 토론이 사라지고 쟁점이 성립되지 않는 학문은 그야말로 죽은 학문이 아니던가. 대상 논문들을 읽어가면서 우리의 부족함을 뼈저리게 느꼈음에도 불구하고 포기하지 않고 이 작업을 계속하도록 우리를 이끈 것은 젊은 학계답게 비판적 논의가 활성화되기를 바라는 마음 때문이었다.

이런 점에서 이 책은 어느 개인의 산물이라기보다는 수많은 사람들의 자기 반성서이자 집담서(集談書)라고 할 수 있다. 부분적으로 개인의 독특한 시각에 의한 평가가 들어 있을 수 있지만 전체적으로는 일관된 시각을 갖도록 노력하였다. 따라서 앞으로 국어교육학과 관련된 학위논문을 준비하는 사람이나 국어교육학의 전체적인 지형도를 살피면서 새로운 방향을 잡아 가려는 신진 학자들에게 좋은 지침서가 될 것으로 생각한다. 더 나아가 이 책이 '국어교육학'을 공부하는 모든 사람들에게 학문적 분쟁의 불씨가 되기를 바란다.

검토 작업을 하면서 특히 유감스러웠던 것은 검토 대상 논문이 국어교육학 박사학위를 배출하고 있는 몇몇 대학에 국한되었다는 점이다. 이 작업을 하는 동안 여러 대학에서 학위과정이 신설되었다는 반가운 소식도 접할 수 있었다. 앞으로 이런 기회가 있게 되면 검토할 논문이 너무 많아 시작할 엄두도 내지 못하는 것이 아니냐는 엄살(?)도 오고갔지만, 그래도 그런 날이 어서 왔으면 좋겠다. 아울러 검토 작업을 하면서 즐거웠던 것은 국어교육학의 대지가 광활하고 기름지다는 것이었다. 씨를 뿌리면 좋은 곡식을 거둘 수 있는 대지가 펼쳐져 있는데 농부가 어찌 기뻐하지 않겠는가.

우리는 우리 작업의 결과로 나오는 이 책이 끝이 아니고 시작이라고 생각한다. 앞으로 기회가 주어진다면 국어교육학과 관련된 박사학위논문뿐만 아니라 단행본 및 학술지 수록 논문까지도 검토하려고 한다. 미루어 짐작컨대, 필경 그 작업은 수년 간의 뼈를 깎는 고통의 나날일 것이다. 그 작업을 시작하는 날이 조만간 오지 않았으면 좋겠다는 것이 우리들의 솔직한 심정이다. 하지만 다시 그런 기회가 온다면 우리들은 기꺼이 그 자리에 참석할 것이다.

끝으로 오독과 오해의 여지가 있음에도 불구하고 자신의 논문에 대한 '필자의 변'을 성실히 보내 주신 필자들께 감사를 드린다. 보내 주신 글들은 국어교육학을 생산적인 논의의 장으로 이끌 수 있는 소중한 견인차가 될 것으로 믿어 의심치 않는다. 혹 검토 및 토론의 과정에서 해당 논문의 진의를 잘못 읽거나 오해를 하였다면 전적으로 우리들의 잘못이다. 지적을 해 주신다면 논의의 과정을 거쳐 추후 보완할 것을 약속드린다.

2003년 6월

국어교육학을 일궈온 박사학위논문 저자들의
노고에 감사하며

차 례

2. 표현 영역

차 례

2. 방법 영역

국어교육 연구의 어제,
오늘 그리고 내일

이 삼 형

1. 들어가며

본고는 제목이 말해주는 바와 같이 국어교육 연구의 어제와 오늘을 살피고 내일을 전망하는 데에 그 주된 목적이 있다. 이러한 작업은 국어교육학의 연구사를 정리하는 일과 크게 다르지 않다. 즉, 그간의 국어교육 연구 성과를 점검하고 앞으로 연구 방향을 제시하는 일에 해당한다. 이를 다르게 말하면 국어교육 연구의 지형도를 그리는 일이며 국어교육 연구의 좌표를 설정하는 일이라 말할 수 있다.

한 학문의 연구사를 정리하는 일은 해당 학문의 연구 성과가 풍성히 쌓여 있거나 그 연원이 길어서 오랜 역사와 전통을 갖고 있을 때 이루어지는 일이 보통이다. 아울러 연구사를 논하기 위해서는 국어교육 연구의 자료들이 잘 정리되어야 할 것이고 국어교육 연구를 통찰할 수 있는 안목도 갖추고 있어야 할 것이다. 국어교육 연구의 역사가 그리 길지 않으며, 연구의 성과들이 풍성하다고 말하기 어려운 이 시점에서 국어교육 연구사를 논한다는 것은 시기상조일지도 모른다. 아울러 박사학위 논문을 중심으로 한 본고는 자료의 한계가 너무도 명백하다고 할 것이다.

그러나 역사는 언제나 현재의 역사라는 역사학의 유명한 명제를 굳이 인용하지 않더라도 국어교육 연구자는 반드시 나름대로의 국어교육 연구사에 대한 관점을 획득하고 있어야 하며 아울러 그 연구사는 끊임없이 수정되어 가는 진행형이 되어야 한다. 만약, 한 연구자가 자기의 학문 분야의 연구사에 대한 안목을 갖고 있지 않다고 하는 것은 그 연구자는 자신의 작업이 과거, 현재, 미래에서 어떤 좌표를 갖는지 모르는 것과 같다고 할 수 있다. 그렇다고 한 연구자가 고형화된 연구사를 갖고 있는 것도 바람직한 일이 아니다. 역사가 언제나 다시 쓰여질 수 있듯이, 자신이 갖고 있는 연구사에 대한 관점은 완벽한 것이라고 생각해서는 안 된다는 것이다. 문학사에서 한 작가나 작품에 대한 해석이나 평가가 달라져 그 의의가 새롭게 자리매김되는 경우가 종종 있는 것은 기존의 연구를 고정된 시각에서 바라보지 않고 새로운 시각에서 바라보는 데서 비로서 가능하다.

특히, 국어교육과 같이 새로운 학문 영역으로 모습을 드러낸 분야의 연구자들은 해당 학문의 정체성을 확보하기 위해 부단히 노력해야 하며, 그러한 노력은 과거와 현재 그리고 미래라는 역사적 인식을 바탕으로 해야할 것이다. 다시 말하면 국어교육에서 시급히 연구되어야 할 것은 무엇이고, 앞으로 해결해야 할 문제가 무엇인가에 대한 명확한 인식을 갖기 위해서는 자기 자신의 국어교육 연구의 관점을 획득하고 있어야 할 것이기 때문이다. 본고는 국어교육 연구의 연구사 정리가 이와 같은 의의가 있다는 인식을 바탕으로 하고 있다.

2. 국어교육학의 성립 조건

1980년대 말에 서울대학교와 한국교원대학교에 일반대학원 과정으로 국어교육 분야의 석·박사 과정이 개설된 이후의 가장 큰 변화는 국어교육 연구가 본격화되기 시작되었다는 점이다. 이는 어쩌면 당연한 이야기라고 할 수 있다. 그러나 우리는 여기서 제도의 힘이 크다는 것을 다시 생각해 보아야 하는 대목이다. 석·박사 과정의 개설이라는 제도적인 장치가 국어교육 연구의 활성화를 가져왔다는 것이다. 물론 대학원 과정이 개설되기 이전에도 국어교육 분야에서 주목되는 업적을 남긴 연구들이 없었던 것은 아니다. 그럼에도 불구하고 굳이 이 점을 지적하는 것은 대학원 과정의 신설로 국어교육 연구자들이 본격적으로 배출되기 시작하였다는 점을 말하고 싶기 때문이다. 연구자 집단의 형성은 자연스럽게 해당 분야의 연구의 폭과 깊이를 더해왔으며, 앞으로도 더해 갈 것이며 그에 따라 국어교육의 연구 성과도 괄목할 만한 발전을 가져올 것이라는 점을 강조하고 싶다.

국어교육 분야는 비교적 새로운 학문 영역의 하나이다. 이러한 사정은 외국의 경우도 크게 다르지 않은 것처럼 보인다. 이러한 사정은 영어교육만 보아도 쉽게 짐작할 수 있다. 영어 교육은 주로 제2언어로서의 영어 교육에 관심에 관심이 모아져 왔다가 최근 들어 모어 화자에 대한 영어 교육이 새롭게 연구되고 있다는 점은 잘 알려진 사실이다.

새로운 학문의 탄생을 가능하게 하는 요건 중에서 가장 중요한 것은 해당 학문 영역의 존재 여부와 적합한 연구 방법이 있느냐의 문제일 것이다. 해당 학문의 영역의 존재 여부에 해당하는 경우는 지금까지 알려지지 않은 분야가 새롭게 알려지는 경우와 해당 분야의 중요성이 새롭게 인식되는 경우가 있을 수 있다. 전자의 대표적인 예가 컴퓨터 공학일 것이고, 후자의 대표적인 예가 스포츠 공학일 것이다. 후자의 경우는 대체로 연구 방법의 발달함과 함께 새로운 분야로 부각되는 경우가 많다. 건강이나 운동력 향상을 위해서 체계적인 연구 방법의 필요성은 일찍부터 인식되어 왔을 터임에도 그 연구 방법이 개발되지 않은 관계로 스포츠 공학이 본격적으로 성립되지 않았었다. 그러나 여러 가지 측정 도구 및 데이터 수집 및 분석 방법이 개발됨에 따라 본격적인 학문 체계로 성립하게 된 것이라 할 수 있다. 이와 같이 연구 영역과 연구 방법이라는 두 가지 조건이 만족되어야 하나의 학문 분야가 성립된다. 여기에 해당 분야의 연구 필요성 또는 중요성이 뒷받침되어야 함은 물론이다. 연구되어야 할 가치가 없는 분야에 대해서는 연구될 필요도 없고, 연구자로 나설 사람도 없을 것이다.

국어교육학 분야는 연구의 영역이 새롭게 알려진 경우라고 하기보다는 연구 방법이 개발되어 체계적인 연구가 가능해짐에 따라 새로운 학문 분야로 성립되었다고 할 수 있다. 아울러 국어교육 현상은 연구되어야 할 가치가 충분히 있는 분야임은 더 말할 것도 없다. 글을 읽고 쓰는 것 자체가 한 사람의 능력을 나타내는 가장 중요한 척도가 됨은 어제오늘이 아니다. 된다. 과거(科擧)라는 시험을 통해서 나라의 인재를 찾는 과거제도가 바로 글을 읽고 쓰는 능력을 측정하였으며, 아울러 지금의 여러 시험제도 또한 이의 연장선상에 있다고 보아도 크게 무리가 없다. 여기서 과거제도나 지금의 시험이 타당하다는 것을 논하는 것이 아니다. 그만큼 읽고 쓰는 것이 중요하게 인식되어 왔으며, 이러한 인식은 지금도 변하지 않았음을 말하고 있는 것이다.

읽고 쓰는 것이 이와 같이 중요하였다면 그에 대한 교육에 대해 어찌 관심이 없었겠는가? 당연히 많은 사람들이 관심을 가졌었을 것임은 충분히 짐작하고 남음이 있다. 그러나 관심은 있으되 그에 대한 체계적인 접근은 하지 못하였다. 그러하기 때문에 국어교육 분야의 학문의 설립이 이만큼 늦어진 것일 것이다.

굳이 학문 영역과 방법론의 경중을 가리라고 한다면 학문 영역이 더 중요할 것이다. 연구 방법은 어느 학문 영역에만 적용되는 연구 방법은 있을 수 없으며, 하나의 분야에서 새로운 연구 방법이 개발되면 그 방법은 다른 영역에까지 적용되어 가는 것이 보통이다. 이런 점에서 국어교육 연구의 핵심은 연구 영역에 있다고 보아야 할 것이다.

3. 연구 내용의 특성

국어교육학 대학원 과정이 신설되고 가장 두드러진 사항은 연구자 집단의 형성과 연구의 활성화라고 하였다. 이는 대학원 과정이 설립된 뒤에 발표된 박사학위 논문만으로도 충분히 짐작되는 바이다. 본고가 조사한 바에 따르면 1990년 서울대학교에서 제1호 박사학위가 배출된 이래 50편이 넘는 박사논문이 발표되었다.[1] 이러한 수는 매년 5편이 넘는 박사학위 논문이 발표되었다는 것을 의미하고 그만큼 연구자가 배출되었다는 것을 의미한다.

그동안 발표되었던 박사학위 논문들은 무엇을 연구하였을까? 이 문제는 국어교육의 영역과 관련된 문제이므로 가장 먼저 살펴보아야 부분이다. 이를 알아보기 위해서 본고는 그동안 발표되었던 논문들을 크게 이해와 표현, 내용과 방법이라는 두 가지 축으로 나누어 보았다. 이렇게 나눈 것은 국어교육과 관련된 현상들을 텍스트라는 측면과 교수·학습이라는 측면으로 나눌 수 있기 때문이다. 이와 같은 두 가지 측면은 '국어교육'이라는 개념이 '국어'와 '교육'이라는 두 가지 개념어의 결합이라는 점에서도 그러하다. 우선, '국어'와 관련해서 생각해 보자. '국어'와 관련 있는 여러 가지 분야 중에서 국어교육에서 관심을 갖아야 할 핵심적인 분야는 텍스트와 관련되는 분야이다. 텍스트는 발화 행위나 글 쓰는 행위에 의해서 만들어진 언어 구조체를 가리키는데, 이는 발신자와 수신자가 만들어내는 맥락 하에서 존재하게 된다. 이러한 점에서 텍스트는 발신자와 수신자의 생산과 수용이라는 역동적인 과정은 물론이고, 발신자와 수신자 그리고 텍스트가 위치하는 문화적 맥락까지 포함하는 복합적인 실체가 된다.

국어교육의 다른 한 개념은 '교육'이다. 교육 행위는 교수와 학습에 의해서 이루어지므로 교육에서 가장 중요한 변인은 교수자와 학습자라고 할 수 있다. 그러나 교수자와 학습자는 국어교육만이 갖는 독특한 점은 아니다. 국어 교육과 국어 교육이 아닌 다른 분야의 교육에서의 교수자와 학습자가 하는 일은 크게 다르지 않기 때문이다. 교수자와 학습자 외에 교육에서 가장 중요한 변인은 내용과 방법이다. 여기에는 국어교육적 특색이 드러난다. 국어교육의 내용이 다른 교과 또는 분야와 다른 것은 말할 것도

---

1) 여기서 제시하는 숫자는 본고에서 살펴본 논문의 수임을 밝힌다. 학교별로 보면 고려대학교에서 3편, 서울대학교에서 34편, 한국교원대학교에서 15편, 조선대학교에서 1편이 발표된 것으로 조사되었다. 여기에는 한국어 교육 관련 논문은 포함하지 않았으며, 면밀한 조사를 하면 그 수는 더욱 증가할 것으로 예상된다.

없다. 아울러 내용이 다름에 따라 방법에서도 다른 분야의 교수·학습과는 다른 무엇이 있다. 아직 그것이 무엇인지 분명히 밝혀진 것이 없다고 해도 그럴 가능성은 얼마든지 있다.[2] 우리는 그것을 언어적 사고의 특성에서 발견할 수 있다. 언어적 사고는 이성적인 사고만이 아니라 감성적인 사고까지 포함된다. 이것이 틀리지 않는다면, 수학과 같은 감성적인 부분이 전혀 배제된 분야의 교수·학습의 방법과 국어의 그것은 달라질 수밖에 없을 것이다.

이와 같은 관점에서 본고에서는 국어교육 박사학위 논문들을 이해와 표현, 내용과 방법으로 나누었다. 물론 경개가 모호한 것도 많이 있다. 그러나 편의상 나눈 목록은 다음과 같다.

■ 이해 영역 관련 논문

박삼서, 문학교육의 도교사상적 배경 연구, 1993

김중신, 서사 텍스트의 심미적 체험의 구조와 유형에 관한 연구, 1994.

염창권, 한국 현대시의 공간구조와 교육적 적용 방안 연구, 1994.

김창원, 시텍스트 해석 모형의 구조와 작용에 관한 연구, 1994.

이삼형, 설명적 텍스트의 내용 구조 분석 방법과 교육적 적용 연구, 1994.

김상욱, 소설 담론의 이데올로기 분석 방법 연구, 1995.

김봉순, 텍스트 의미 구조의 표지 연구, 1996.

김재봉, 텍스트 요약 전략에 대한 국어교육학적 연구, 1996.

서 혁, 담화의 구조와 주제 구성에 관한 연구, 1996.

권혁준, 문학비평 이론의 시교육적 적용에 관한 연구, 1997.

문영진, 한국 근대 소설의 신체성 중심의 읽기에 대한 연구, 1998.

이경화, 담화 구조와 배경 지식이 설명적 담화의 독해에 미치는 효과에 관한 연구, 1999.

김도남, 상호텍스트성을 바탕으로 한 읽기 지도 방법 연구, 2002.

김혜정, 텍스트 이해의 과정과 전략에 관한 연구, 2002.

---

2) 이삼형 외(2000), 『국어교육학』, 소명.

■ 표현 영역 관련 논문

이종철, 의사 소통 능력 신장을 위한 함축적 표현의 연구, 1993.

원진숙, 작문 교육의 이론적 기초와 방법론 연구, 1994.

이성영, 표현 의도의 표현 방식에 관한 화용론적 연구, 1994.

이지호, 燕巖 朴趾源의 글쓰기 방법론 硏究, 1997.

최미숙, 한국 모더니즘 시의 글쓰기 방식에 관한 연구, 1997.

최인자, 한국 현대소설 담론 생산 방법 연구, 1997.

노은희, 대화 지도를 위한 반복표현의 기능 연구, 1999.

염은열, 대상 인식과 내용 생성의 관계에 대한 표현교육론적 연구, 1999.

유영희, 이미지 형상화를 통한 시 창작교육 연구, 1999.

박태호, 장르 중심 작문 교육의 내용 체계와 교수·학습 원리 연구, 2000.

김정자, 필자의 표현 태도 연구, 2001.

김혜영, 한국 모더니즘 소설의 글쓰기 방법 연구, 2000.

권순희, 대화 지도를 위한 '청자 지향적 관점'의 표현 연구, 2001.

■ 내용 영역 관련 논문

김기창, 국어과 교육에서의 구비문학 제재 수용 양상 연구, 1991.

서덕현, 학교문법의 경어법 기술에 관한 연구, 1992.

이충우, 국어 교육용어휘 연구, 1992.

주경희, 국어 대명사의 담화분석적 연구, 1992.

이은희, 접속관계의 텍스트언어학적 연구, 1993.

최경희, 동화의 교육적 응용에 관한 연구, 1993.

박인기, 문학교육과정의 구조에 관한 연구, 1994.

심영택, 문법 지식의 확대 사용 전략에 대한 연구, 1995.

김선배, 시조문학 교육의 통시적 연구, 1996.

이인제, 북한의 국어과 교육에 관한 연구, 1996.

최지현, 한국 근대시 정서 체험의 텍스트 조건 연구, 1997.

송현정, 한국어의 호응 관계에 대한 국어교육적 연구, 1998.

이도영, 언어 사용 영역의 내용 체계에 대한 연구, 1998.

전은주, 말하기 · 듣기의 본질적 개념과 교육과정 구성 방안 연구, 1998.

류수열, 판소리 구연성의 매체언어적 의의, 2001.

이주섭, 상황맥락을 반영한 말하기 · 듣기 교육의 내용 구성에 관한 연구, 2001.

한창훈, 강호시가의 문학교육적 가치에 관한 연구, 2001.

■ 방법 영역 관련 논문

손영애, 국어 어휘 지도 방법의 비교 연구, 1992.

경규진, 반응중심 문학교육의 방법 연구, 1993.

박수자, 읽기 전략 지도 교재 구성에 관한 연구, 1993.

최영환, 합성 명사의 지도에 대한 연구, 1993.

천경록, 읽기 교재의 수정 방안에 관한 연구, 1997.

이상구, 학습자 중심 문학교육 방안 연구, 1998.

이재승, 과정 중심의 쓰기 교재 구성에 관한 연구, 1999.

허왕욱, 지봉 이수광 시론의 특성과 시교육적 적용, 2000.

임천택, 하이퍼텍스트 기반의 작문 교수 · 학습 모형에 관한 연구, 2002.

위의 목록에서 먼저 확인할 수 있는 것은 그동안 발표되었던 국어교육학 박사학위 논문들이 매우 다양한 분야에 관심을 보이고 있다는 것이다. 이는 유사한 주제를 다룬 논문들이 거의 없다는 것에서 확인할 수 있다. 이는 국어교육학이 새로운 학문임을 단적으로 말해 주는 것이기도 하다. 이러한 사정은 문학의 예만 보아도 쉽게 짐작이 간다. 우리 현대문학사에서 중요하게 다루어지고 있는 작가 이광수에 대한 박사학위 논문이 몇 편이나 될까? 아마도 수십 편은 족히 넘을 것으로 추측된다. 그런데 지금까지 국어교육학의 박사학위 논문들은 비슷한 영역이 거의 없을 정도이다. 이는 국어교육학 연구자들이 국어교육학이라는 신천지를 개척하고 있는 것이라고 말할 수 있다.

물론 신천지를 개척하다 보면, 그것이 국어교육학의 고유영역을 넘어서는 것도 있을 수 있고, 새로 가는 길이기에 성글 수도 있다. 국어교육학의 고유 영역의 중심지에서 비교적 멀리 떨어진 것도 있을 수 있다는 것이다.

이러한 것들은 모두 새로운 분야를 개척하면서 나오는 문제일 것이다. 이 모든 것들이 새로운 분야를 개척하기 위한 고민과 노력의 흔적이라고 할 수 있다.

아울러 박사학위 논문들을 살펴보면 국어교육학 연구자들이 새로운 분야를 개척하기 위한 고민과 노력의 흔적들을 찾아낼 수 있다. 특히 시기적인 변인에 따라서 그 특징이 강하게 나타난다. 다음은 박사학위 논문들이 발표되기 시작한 초기의 논문들의 목록이다.

> 손영애, 國語 語彙 指導 方法의 比較 硏究 : 漢字 利用 與否를 中心으로, 1992.
> 주경희, 국어 대명사의 담화분석적 연구, 1992.
> 서덕현, 학교문법의 경어법 기술에 관한 연구, 1992.
> 이충우, 國語 敎育用 語彙 硏究 : 國民學校·中學校 國語科 敎育用 語彙 選定을 중심으로, 1992.
> 이은희, 접속관계의 텍스트 언어학적 연구, 1993.
> 박수자, 읽기 전략 지도 교재 구성에 관한 연구, 1993.
> 최영환, 합성 명사의 지도에 대한 연구, 1993.
> 이종철, 의사소통능력 신장을 위한 함축적 표현의 연구, 1993.

위에서 열거한 박사학위 논문들의 제목들에서 확인할 수 있듯이 국어학 연구의 성격을 강하게 띠고 있다. 손영애(1992)와 이충우(1992)의 어휘 교육 관련 논문과 박수자(1993)의 교재 구성에 관한 논문을 제외하고는 국어학 분야에서 관심을 갖을 만한 주제를 다루고 있다. 이들이 국어학 논문의 성격이 강함을 주경희(1992)의 '국어 대명사의 담화분석적 연구'의 경우를 통해서 알아보자. 이 논문의 주제는 '국어 대명사'이다. 뒤에 붙은 '담화분석적 연구'란 말은 대명사 연구에서 큰 의미를 갖지 않는다. 대명사에 대한 연구는 본질적으로 문장 수준을 넘어서는 것이므로 담화분석적인 성격을 띨 수밖에 없다. '담화분석적'이란 말이 큰 의미를 갖고 있지 않는다면, 주경희(1992)의 논문은 '국어 대명사 연구'가 된다. 따라서 이 논문은 국어학적 연구의 성격을 띠고 있다고 말할 수 있다. 주경희의 논문을 예로 들었지만 서덕현(1992), 이은희(1993), 최영환(1993), 이종철(1993) 등의 논문들도 국어학적 연구의 성격이 강한 논문들이다.

위의 초기 논문들과 비교적 최근에 발표된 박사학위 논문들을 비교해 보자.

이재승, 과정 중심의 쓰기 교재 구성에 관한 연구, 1999.
이경화, 담화구조와 배경지식이 설명적 담화의 독해에 미치는 효과에 관한 연구, 1999.
김정자, 필자의 글쓰기 태도 연구, 2000.
박태호, 장르중심 작문 교육의 내용 체계와 교수·학습 원리 연구, 2000.
이주섭, 상황맥락을 반영한 말하기·듣기 교육의 내용 구성에 관한 연구, 2001.
권순희, 대화지도를 위한 청자지향적 관점의 표현 연구, 2001.

위의 목록에서 확인할 수 있듯이 최근의 발표된 논문들에서는 제목에서부터 초기의 박사학위 논문들과는 다른 양상을 보인다. 즉, 초기의 논문들이 제목부터 국어학적인 성격을 강하게 내비치고 있었던 것과 대조적으로 그러한 성격을 찾아보기 어렵다. 이경화(1999)는 독해에 미치는 여러 요인들 중에서 담화구조와 배경지식이 독해에 미치는 영향을 연구한 것이고, 김정자(2000)는 필자의 글쓰기 태도에 관해 관심을 보이고 있으며, 권순희(2001)는 표현 방식 중에서 청자지향적 관점을 표현을 연구한 것이다. 텍스트의 생산과 수용이라는 언어사용 그 자체를 연구한 것이다. 이재승(1999)의 논문은 교재 구성에 관한 것이고, 박태호(2000)는 작문 교육의 내용과 방법에 관한 연구이고, 이주섭(2001)은 말하기·듣기 교육 내용에 관한 연구이다.

이러한 변화를 우리는 어떻게 받아들여야 할 것인가? 박사학위 논문 발표 초기에는 국어학 연구의 성격을 강하게 띠었던 국어교육 연구가 점차 시간이 지나면서 국어교육학 고유의 연구 영역을 확보해 가고 있는 것이라고 평가할 수 있을 것이다. 사실 대학원 과정이 개설되었다고 해서 바로 새로운 학문 분야가 정립되기는 어려울 것이다. 연구자 집단이 형성되고, 그들에 의해서 국어교육학 고유의 연구 영역과 방법에 대한 탐구가 이루어진 뒤에 국어교육학의 정체성이 성립되는 것일 것이다. 이런 점에서 초기의 박사학위 논문들은 국어교육학의 정체성 확립을 위한 고민의 출발이었을 것이고, 최근의 논문들은 어느 정도 방향성을 획득하였다는 평가가 가능할 것이다.

4. 어떻게 연구되있는가

학문의 정체성을 확보하는 데 중요한 또 하나의 축은 해당 학문 연구 영역에 대한 연구 방법이 확보되었는가 하는 것이다. 국어교육 대학원의 설립을 가능하게 해 준 것도 교과교육학에 대한 인식이 새롭게 된 것이 그 바탕이 되었을 것이다. 교과교육학이 새롭게 인식될 수 있었던 것도 새로운 연구 방법이 등장한 것과 무관하지 않을 것이다.

지금까지 발표된 박사학위 논문들 중에서 주류를 차지하고 있는 연구 방법은 텍스트를 분석하고 그를 통하여 일반적인 원리나 방법을 추출해 내는 것이다. 이러한 연구 방법은 국어교육학의 출발이 국어학이나 국문학에 바탕을 두고 있기 때문이어서 인문학적인 연구 방법을 주로 이용하고 있다고 하겠다. 최근에 발표된 논문들의 제목을 보면 이러한 사실을 쉽게 확인할 수 있다.

이지호, 燕巖 朴趾源의 글쓰기 方法論 硏究 : 「熱河日記」의 對象解釋
을 中心으로, 1997.
최미숙, 한국 모더니즘시의 글쓰기 방식에 관한 연구 : 이상과 김수영을
중심으로, 1997.

유영희, 이미지 형상화를 통한 시 창작교육 연구, 1999.
염은열, 대상 인식과 내용 생성의 관계에 대한 표현교육론적 연구 : 기
　　행가사를 중심으로, 1999.
김혜영, 한국 모더니즘소설의 글쓰기 방법 연구 : 시간 구성 원리를 중
　　심으로, 2000.

국어교육학 연구 방법의 또 다른 축은 자연과학적인 연구 방법을 원용한 실험을 이용한 연구 방법이다. 이러한 연구 방법을 활용한 논문들은 다음과 같은 것이 있다.

손영애, 국어 어휘 지도 방법의 비교 연구, 1992.
이경화, 담화구조와 배경지식이 설명적 담화의 독해에 미치는 효과에
　　관한 연구, 1999.

박사학위 논문들의 목록을 통해서 쉽게 확인될 수 있지만, 아직은 인문학적인 연구 방법이 연구방법의 주류를 형성하고 있다. 실험을 활용한 연구 방법은 석사학위 논문에는 많이 활용되고 있으나, 박사학위 논문에는 실험을 활용한 연구 방법을 채택한 논문들은 많지 않다.

그 이유가 어디에 있는지는 확실하지 않다. 하지만 우선 생각해 볼 수 있는 것이 박사학위 논문이 다루고 있는 분야의 넓이와 관련된다. 현재의 박사학위 논문들은 매 폭 넓은 분야를 포괄하고 있다. 위에서 인용한 학위 논문들의 제목만 보아도 그 논문이 다루고 있는 분야가 매우 넓다는 것을 쉽게 알 수 있다. 이러한 넓이를 실험 연구는 감당하기 어려울 것이다. 물론 불가능한 것은 아니다. 그러나 그러한 넓이를 확보하기 위해서는 오랜 기간의 많은 실험 결과가 종합되어야 가능할 것이다.

다른 하나는 국어교육학 연구의 인문학적인 전통에서 벗어나지 못하고 있다는 점을 들 수 있다. 전통의 완고성이 강하게 작용하고 있다는 것이다. 이는 국어교육과의 태생이 국어국문학과 밀접한 관계가 있다는 사실에서 그러하고, 국어교육과 대학원이 이러한 연장선상에 있다는 사실에서 확

인된다.

그러나 국어교육은 국어와 교육이라는 개념의 합성어이고, '국어'에서는 텍스트라고 하는 현상과 관련된 제현상이 중심이 되고, '교육'에서는 가르치고 배우는 현상과 관련된 것이 중심이 된다고 하였다. 이와 같은 구분을 가능하다면 인문학적인 연구 방법이 국어교육 현상을 설명하는 데 한계가 있음을 쉽게 짐작할 수 있다. 인문학의 주된 관심과 방법은 텍스트에 모아져 있다는 것은 잘 알려진 사실이다. 따라서 텍스트에 주된 관심을 갖고 있는 인문학적인 연구 방법도 중요하지만, 국어교육의 다른 한 축인 '교육'에 분야를 포괄할 수 있는 연구 방법이 개발되어야 한다.

'교육' 분야에 해당하는 연구 방법이 곧 실험 연구라는 것은 아니다. 실험도 하나의 자료를 모으는 방식이라고 했을 때, 교육과 관련된 자료를 모아야 한다는 것이 더욱 중요하다는 것을 알 수 있다. 교육과 관련된 자료를 모으기 위해서 다양한 연구 방법이 동원될 수 있다. 관찰이나 테스트 또는 측정 등이 이러한 방법이 될 것이다.

5. 국어교육 연구의 과제

국어교육 연구의 미래를 위해서 우리는 무엇을 해야 할 것인가? 이는 국어교육 연구의 좌표를 세우는 일과 관련된다. 관점에 따라 달라질 수 있겠으나, 현재적 관점에서 가장 중요한 것은 국어교육의 정체성을 확보하는 일이다.

정체성의 문제를 최근에 발표된 한 박사학위 논문의 목차를 이용해서 논의를 해 보자. 아래는 권순희(2001)의 논문 목차 중에서 세부 목차를 생략하고 제시한 것이다.

이 논문의 틀에서 주목해야 할 것은 제4장이다. 이 논문은 대화 지도를 위한 '청자 지향적 관점'의 표현에 관한 연구이므로 논문의 핵심은 제3장 '청자 지향적 관점의 표현 양상과 방법'에 있다고 하겠다. 그렇다면 4장은 무엇인가? 이는 국어교육학 분야의 논문이라는 점에서 고려된 장으로 보인다. 국어교육을 고려한 부분이 제4장이나 제5장에 나타나는 이러한 논문의 틀은 문학, 비문학 관련 논문에서 모두 폭넓게 나타나는 구조이어서 하나의 정형을 형성하고 있는 것이 아닌가 하는 생각이 들 정도이다. 이러한 틀을 간단히 나타내면 '국어(文)학 연구＋국어교육적 적용'의 구조이다. 그러나 이러한 구조와 현상이 바람직한 것인가에 대해 진지한 논의가 필요하며, 이는 국어교육학의 정체성을 확보하는 데 중요한 단서가 된다고 생각한다.

이에 대해 논의하기 전에 우리는 국어교육 연구에 대해 몇 가지 합의를 해야 할 것들이 있다. 국어교육 연구의 대상은 무엇이며, 왜 연구를 해야 하는가 등이 우리가 합의해야 할 문제들이다. 이러한 일들은 국어교육 연구의 범위를 분명히 하는 데 도움을 줄 뿐만 아니라 국어교육 연구의 지향점을 제시해주기 때문이다.

국어교육 연구를 왜 하는가? 이 문제는 국어교육 연구가 담당해야 할 역할이 무엇인가라는 문제로 바꾸어 생각해 볼 수 있다. 국어교육 연구는 국어교육의 이론적 기반을 제공하여 국어교육의 바람직한 방향을 제시하고 효과적인 국어교육이 이루어질 수 있도록 돕는 데 그 의의가 있다고 말할 수 있다.

국어교육이 효과적으로 이루어질 수 있도록 돕는 데 국어교육 연구의 주안점이 있다면, 국어교육 연구에서는 존재적 가치보다는 효용적 가치가 더욱 중시된다는 것을 의미한다. 예를 들어보자. '-이다'라는 말을 학교문법에서는 서술격 조사라고 한다. 그러나 학자에 따라서는 지정사라고 하기도 한다. 이러한 학설들은 나름대로의 가치가 있다. 여기서 가치가 있다는 것은 존재적 가치가 있다는 것이며, 효용적인 가치를 의미하는 것은 아니다. 또한 고려가요인 '청산별곡'은 학자에 따라서 유민들의 노래라고 하기도 하고, 사랑하는 님을 그리워하는 노래라고 하기도 한다. 어느 학설이 학자들의 지지를 조금 더 많이 받느냐의 차이는 있을 수 있지만 효용가치를 따지기는 어렵다. 그러나 국어교육 연구의 분야에서는 효용적 가치를 따지는 일이 중요하다. 김소월의 '진달래꽃'을 어느 학교급 또는 학년에서 가르쳐야 할 것인가의 문제에 대해서 국어교육 연구에서는 대답을 해 주어야 한다. 즉, 효용적 가치가 있어야 한다는 것이다.

효용적 가치가 있으려면 연구의 내용이 국어교육과 합목적적이어야 하며, 연구 방법이 타당해야 한다. 연구의 내용이 국어교육과 합목적적이어야 한다는 것은 국어교육 연구가 담당해야 역할에 충실한 것을 말한다. 이는 위에서 말한 바와 같이 국어교육의 바람직한 방향을 제시하고 효과적인 국어교육이 이루어질 수 있도록 도와야 한다는 것이다. 문학의 언어가 실생활의 언어와 다르지 않다는 관점을 제시하여 문학교육이 방향을 제시한 연구나 탐구학습의 개념을 국어지식 영역에 도입한 연구 등이 이러한 범주에 속한다. 효용적 가치의 전제가 되는 연구 방법의 타당성을 확보하기 위해서는 주제에 적합한 연구방법과 주장과 근거의 관계가 합리적이어야 하며, 가치 판단을 내리는 근거의 명확해야 한다.

이러한 관점에서 국어교육 연구의 오늘을 바라보자. 먼저 생각해보아야 할 점은 '국어학 또는 국문학 연구＋국어교육적 적용'의 구조를 갖는 논문의 틀의 문제이다. 이러한 구조를 갖는 연구는 박대호(1990)에서부터 비롯되어 권순희(2001)에까지 이어지고 있는데, 그것이 하나의 정형을 형성하고 있다고 말할 수 있을 정도로 박사학위논문에서 많이 나타나고 있다. 이러한 틀을 갖고 있는 논문들은 크게 전반부와 후반부로 나눌 수 있는데, 전반부에는 국어학이나 국문학적인 논의가 이루어지고, 후반부에서는 앞의 논의들을 국어교육에 적용하기 위한 교재, 교수·학습 방법 등에 관해서 논의하고 있는 것이 보통이다.

이러한 구조의 논문들에서 뒷부분은 앞부분의 논의와 별개의 것일 경우가 많이 있다. 즉, 앞부분은 그 자체로서 하나의 완결된 연구이다. 앞부분이 완결된 연구라면 뒷부분은 완결된 부분에 덧붙여진 것일 수밖에 없게된다. 그렇다면 연구의 중심은 앞부분에 있게 되는데, 국어학이나 국문학에 관한 논의가 중심이 되고 국어교육 관련 논의는 곁다리가 되는 셈이다. 이것이 사실이라면 뒷부분은 국어학이나 국문학의 논문이 아니라 국어교육 관련 논문임을 보이기 위한 장식에 불과한 것이 되기 쉽다.

결론부터 말하면 이러한 구조의 논문에서 빨리 벗어나는 것이 시급한 과제이다. 이러한 구조의 논문은 국어교육의 정체성을 스스로 훼손하는 것이 된다. 왜냐 하면, 이러한 구조의 논문은 국어교육이란 소위 국어학 또는 국문학에 교육을 단순히 합한 즉, '국어(문)학＋교육'이 국어교육이라는 관점을 반영한 것이기 때문이다. 이러한 관점에 서면 국어교육학의 입지는 크게 좁아지거나 없어지게 된다. 전반부는 국어학이나 국문학에서 후반부는 교육학에서 가져오면 될 것이기 때문이다.

물론 모든 논문들을 이렇게 재단하는 것은 잘못된 일일 수 있다. 논문에 따라서는 전반부와 후반부가 논리적 일관성을 획득하고 있는 것도 있을 수 있으며, 전반부의 논의가 국어교육에서 탐구해야 할 주제일 수도 있을 것이다. 그러나 다시 생각해 보자. 전반부가 국어교육에서 탐구해야 할 주제라면 그것 자체로 완결되도록 논문을 구성해야 한다. 여기에 국어교육적 적용과 관련된 부분을 덧붙이는 것은 스스로 그것을 약화시키는 결과를 초래하기 때문이다. 예를 들어 스키마가 읽기에 영향을 미친다는 것을 밝히는 연구를 하였다고 하자. 그러면 그것으로 연구는 완결된 것이다. 여기에 국어교육적 적용을 덧붙이는 것은 논리적 일관성도 없으며 전자의 연구가 국어교육적 연구의 성격이 아니라는 것을 천명하는 일이다. 읽기에 대한 많은 연구가 인지심리학자들에 의해서 연구되고 있는 현실을 생각하면 더욱 명확해 질 것이다.

이러한 위험에서 벗어나기 위해서는 연구주제를 보는 관점이 달라져야 한다. 즉, 국어교육 연구자들은 국어교육의 관점에서 현상을 바라보고, 문제의식을 갖아야 한다. 이것이 이루어지면 자연스럽게 국어교육적 연구 주제가 분명하게 될 것이다. 예를 들어보자. 국어의 경어법 체계를 기술하는 일은 국어교육적 연구 주제로서 합목적성이 크다고 할 수 없다. 그러나 학생들의 경어법 오류 실태를 조사하고 분석하는 일은 국어교육적 합목적성을 갖는다. 또한 경어법 지도의 효과적인 방법을 찾아내는 일은 물론 국어교육에 합목적적이다. 문학의 경우도 크게 다르지 않다. '서시'를 윤동주의 지사적 면모라는 관점에서 이해하고, 시인의 삶과 시대적 상황을 고려해서 해석하는 것은 문학연구자들의 관점이다. 그러나 10대들의 감수성도 '서시'를 지사적인 면모가 투영된 시라고 받아들일까? 이러한 의문에서 과연 학생들은 '서시'를 어떻게 받아들이는가를 조사하고, 그 받아들임의 진폭이 얼마나 크고 어디에서 그러한 진폭이 나오는 것인지를 탐구하는 것은 국어교육적으로 합목적적이다. 읽기 과정에 대한 연구도 마찬가지다. 능숙한 독자와 초보적인 독자의 읽기 과정의 차이를 밝히는 것은 국어교육적으로 합목적적이며, 그것이 어찌 심리학 연구 영역일 수 있겠는가?

국어교육 연구는 국어교육 실천에 지침이 되고 구체적인 방법을 제시해 주어야 한다는 점에서도 국어교육적 적용을 논문의 뒷부분에 덧붙이는 일은 환영할 만한 일이 아니다. 위에서 국어교육 연구는 효용 가치를 갖아야 한다고 하였다. 그런데 뒷부분에 덧붙여진 국어교육적 적용에 관한 논의는 효용성을 갖기 어렵다. 국어교육 실천에 도움을 주기 위해서는 그것이 타당한 것인지를 논리적으로 실증적으로 보여주어야 하는데 덧붙여지는 구조로서는 이러한 일을 하기가 어렵다. 예를 들어보자. 위에서 제시한 권순희(2001)의 논문 목차에서 '청자 지향적 교수·학습 모형'을 제시하고 있는데, 이 모형이 효용 가치를 갖는지 어떻게 확신할 수 있을까? 이러한 점에서 벗어나기 위해서는 국어교육적 적용이 하나의 연구 주제로 격상되어야 한다. 그렇게 되면 그 주제에 적합한 연구 방법이 채택될 것이고, 그에 따른 연구 결과는 효용 가치를 갖게 될 가능성이 높을 것이다.

국어교육적 적용 부분이 하나의 독립된 연구 주제로 되게 되면 연구도 실증적인 연구가 될 가능성이 높다. 지금까지의 학위 논문들이 연구가 실증적이기보다는 사변적인 경우가 많았다. 그러나 이는 다시 생각해 보아야 할 문제이다. 문학 작품을 떠나서 문학 연구가 성립할 수 없고 사료(史料)를 떠난 역사 연구가 있을 수 없다면, 국어교육 연구에서 문학 연구의 작품이나 역사 연구에서의 사료의 구실을 하는 것은 학습자들의 읽고, 쓰고, 말하고, 듣는 행위이며, 그 행위로부터 나온 산출물이며, 교사와 학생의 역동적인 관계에서 이루어지는 변화들일 것이다. 문학 작품은 문학연구가들에게는 온전한 일차적인 자료가 될 것이다. 그러나 국어교육 연구가들에게는 그것이 온전한 자료가 되지 않을 수도 있다. '서시'를 읽고 느낌을 적은 자료가 일차자료이거나 '서시', 학습자, 느낌 등이 종합된 것이 자료가 될 수도 있다. '서시'라는 작품은 문학 연구가들에게 무엇인가를 말하고 있지만, 문학교육 연구자들에게는 다른 것을 들어야 한다. 문학 연구가들이 문학을 연구하기 위해 문학 작품을 읽고 역사학자들이 역사를 연구하기 위해서 사료를 모으고 살펴보듯이 국어교육 연구자들은 학습자를 직접 관찰하거나, 학습자들이 반응한 자료를 분석하는 일들을 해야 한다.

우리의 국어교육 현장에서 만들어지는 자료가 모아지고 그 자료를 분석하게 되면 외국의 이론을 그대로 수입하는 일도 자연히 사라질 것이다. 현재의 국어교육이 넘어야 할 과제 중의 하나가 외국 이론에 대한 과대한 의존도이다. 외국의 책이나 논문을 읽고, 그것을 적절히 변용한 것이 대단한 연구이며 업적으로 취급받고 있는 것이 우리의 실정이다. 외국에서 나온 연구 결과모두가 우리에게 적합한 것이 되리라는 보장은 아무 데도 없으므로 적어도 외국의 이론을 우리에게 적용시켜서 그 결과를 검증하여야 한다.

6. 나오며

국어교육학은 새로운 학문 분야이다. 지금까지 50여 편의 박사학위 논문이 발표되었다고 국어교육학의 정체성이 확보되었다고 말하기는 아직 이른 감이 있다. 국어교육학은 여러 면에서 도전 받고 있다고 해도 과언이 아니다. 그만큼 국어교육학의 정체성을 확보하기 위해서 넘어야 할 산들이 많이 있다는 것이다.

국어교육학의 정체성을 확보하기 위해서는 두 가지 방향에서 노력이 이루어져야 한다. 하나는 내적인 측면에서의 노력이다. 지금까지의 논의를 통해서 드러났겠지만 국어교육학의 정체성을 확보하기 위해서는 무엇보다도 먼저 해야 할 일은 국어교육학의 고유 영역을 보여주어야 한다. 고유 영역이 확보되지 않으면 국어교육학의 정체성이 성립되기 어렵다. 국어교육학의 정체성이 무엇인가를 보여주는 영역을 적절한 연구 방법을 활용하여 그 실체를 뚜렷하게 드러내 주어야 한다. 그래야 다른 분야에서 인정하게 된다.

다른 하나는 국어교육학 외적 부분과 관련되는 전략으로 국어교육학 연구의 중요성을 널리 알리는 것이다. 한 가지 예를 들어보자. 대학수학능력시험의 언어 영역에서 가장 문제시되는 것이 난이도 조절의 문제이다. 어느 해는 쉽게 출제되었다가 어느 해는 어렵게 출제되곤 한다. 그래서 온 나라가 시끄럽게 된다. 난이도 문제 때문에 장관이 바뀔 정도이다. 그러나 난이도 실패의 원인을 생각하지 않는다. 근본적인 해결을 하지 않으니 매년 문제가 된다. 가장 근본적인 문제는 연구의 부재이다. 지금까지 난이도 문제를 해결해 줄 만한 어떠한 연구도 국어교육학에서 시도되지 않았다. 국어교육학 연구자들은 이러한 문제가 발생할 때, 그러한 문제가 발생하게 된 것은 연구가 부재하기 때문이라고 크게 알려야 한다. 물론, 연구자들에게 비판이 쏟아질 것이다. 그러나 그것을 감수해야 한다. 그러면서 국어교육 연구의 중요성을 알려야 한다. 이는 하나의 예에 불과하다. 여러 가지 측면에서 국어교육 연구의 중요성을 사회에 널리 알려 인식시켜야 할 것이다. 국어교육학 연구의 중요성이 인식되면, 국어교육학 연구자들을 배출될 것이고 연구자들이 확보되면 자연스럽게 그 연구의 넓이와 폭이 더 해 갈 것이다.

참고 문헌

경규진(1993), 「반응 중심 문학교육의 방법 연구」, 서울대 박사학위논문.

권순희(2001), 「대화지도를 위한 청자지향적 관점의 표현 연구」, 서울대 박사학위논문.

권혁준(1997), 「초등국어, 문학비평 이론의 시 교육적 적용에 관한 연구 - 신비평과 독자반응이론을 중심으로 -」, 교원대 박사학위논문, 1997.

김기창(1991), 「국어교육, 국어과 교육에서의 구비문학제재 수용양상 연구」, 교원대 박사학위논문.

김도남(2002), 「상호텍스트성을 바탕으로 한 읽기 지도 방법 연구」, 교원대 박사학위논문.

김봉순(1996), 「텍스트 의미 구조의 표지 연구」, 서울대 박사학위논문.

김상욱(1995), 「소설 담론의 이데올로기 분석 방법 연구」, 서울대 박사학위논문.

김선배(1996), 「초등국어, 시조문학 교육의 통시적 연구」, 교원대 박사학위논문.

김재봉(1996), 「텍스트 요약 전략에 대한 국어교육학적 연구」, 조선대 박사학위논문.

김정자(2000), 「필자의 글쓰기 태도 연구」, 서울대 박사학위논문.

김중신(1994), 「서사 텍스트의 심미적 체험의 구조와 유형에 관한 연구」, 서울대 박사학위논문.

김창원(2000), 「시텍스트 해석 모형의 구조와 작용에 관한 연구」, 서울대 박사학위논문.

김혜영(2000), 「한국 모더니즘소설의 글쓰기 방법 연구 : 시간 구성 원리를 중심으로」, 서울대 박사학위논문.

노은희(1999), 「대화지도를 위한 반복표현 기능 연구」, 서울대 박사학위논문.

류수열(2001), 「판소리 구연성의 매체언어적 의의」, 서울대 박사학위논문.

문영진(1998), 「한국 근대 소설의 신체성 중심의 읽기에 대한 연구」, 서울대 박사학위논문.

박대호(1990), 「小說의 世界觀 理解와 그 文學教育的 適用 硏究」, 서울대 박사학위논문.

박삼서(1993), 「文學教育의 道教思想的 背景 硏究」, 서울대 박사학위논문.

박수자(1993), 「읽기 전략 지도 교재 구성에 관한 연구」, 서울대 박사학위논문.

박인기(1994), 「文學教育課程의 構造에 관한 硏究」, 서울대 박사학위논문.

박태호(2002), 「장르중심 작문 교육의 내용 체계와 교수·학습 원리 연구」, 교원대 박사학위논문.

서덕현(1992),「학교문법의 경어법 기술에 관한 연구」, 서울대 박사학위논문.

서 혁(1996),「담화의 구조와 주제구성에 관한 연구」, 서울대 박사학위논문.

손영애(1992),「國語 語彙 指導 方法의 比較 硏究 : 漢字 利用 與否를 中心으로」, 서울대 박사학위논문.

송현정(1998),「한국어의 호응관계에 대한 국어교육적 연구」, 서울대 박사학위논문.

심영택(1995),「문법 지식의 확대 사용 전략에 대한 연구」, 서울대 박사학위논문.

염은열(1999),「대상 인식과 내용 생성의 관계에 대한 표현교육론적 연구 : 기행가사를 중심으로」, 서울대 박사학위논문.

염창권(1994),「초등국어, 한국현대시의 공간구조와 교육적 적용 방안 연구」, 교원대 박사학위논문.

원진숙(1995),「작문 교육의 이론적 기초와 방법론 연구 : 논술문의 지도와 평가를 중심으로」, 고려대 박사학위논문.

유영희(1999),「이미지 형상화를 통한 시 창작교육 연구」, 서울대 박사학위논문.

이경화(1999),「담화구조와 배경지식이 설명적 담화의 독해에 미치는 효과에 관한 연구」, 교원대 박사학위논문.

이도영(1998),「언어사용 영역의 내용 체계에 대한 연구」, 서울대 박사학위논문.

이삼형(1994),「설명적 텍스트의 내용 구조 분석 방법과 교육적 적용 연구」, 서울대 박사학위논문.

이상구(1998),「학습자 중심 문학교육 방안 연구」, 교원대 박사학위논문.

이성영(1994),「표현 의도의 표현 방식에 관한 화용론적 연구」, 서울대 박사학위논문.

이은희(1993),「접속관계의 텍스트 언어학적 연구」, 서울대 박사학위논문.

이인제(1996),「국어교육, 북한의 국어과 교육에 관한 연구」, 교원대 박사학위논문.

이삼형 외(2000),『국어교육학』, 소명.

이재승(1999),「과정 중심의 쓰기 교재 구성에 관한 연구」, 교원대 박사학위논문.

이종철(1993),「의사소통능력 신장을 위한 함축적 표현의 연구」, 서울대 박사학위논문.

이주섭(2001),「상황맥락을 반영한 말하기·듣기 교육의 내용 구성에 관한 연구」, 교원대 박사학위논문.

이지호(1997),「燕巖 朴趾源의 글쓰기 方法論 硏究 :「熱河日記」의 對象解釋을 中心으로」, 서울대 박사학위논문.

이충우(1992),「國語 敎育用 語彙 硏究 : 國民學校·中學校 國語科 敎育用 語彙 選定을 중심으로」, 서울대 박사학위논문.

전은주(1999),「말하기·듣기의 본질적 개념과 교육과정 구성 방안 연구」, 고려대 박사학위논문.

정재찬(1996), 「現代詩 敎育의 支配的 談論에 관한 고찰」, 서울대 박사학위논문.

주경희(1992), 「국어 대명사의 담화분석적 연구」, 서울대 박사학위논문.

천경록(1998), 「국어교육, 읽기 교재의 수정 방안 연구」, 교원대 박사학위논문.

최경희(1994), 「초등국어, 동화의 교육적 응용에 관한 연구」, 교원대 박사학위논문.

최미숙(1997), 「한국 모더니즘시의 글쓰기 방식에 관한 연구 : 이상과 김수영을 중심으로」, 서울대 박사학위논문.

최영환(1993), 「합성 명사의 지도에 대한 연구」, 서울대 박사학위논문.

최인자(1997), 「한국 현대소설 談論 生産 方法 연구 : 反談論과 文學敎育의 聯關性을 중심으로」, 서울대 박사학위논문.

최지현(1997), 「한국근대시 정서체험의 텍스트조건 연구」, 서울대 박사학위논문.

한창훈(2001), 「고전시가교육의 가치론적 연구」, 고려대 박사학위논문.

허왕욱(2000), 「지봉 이수광 시론의 특성과 시교육적 적용 연구」, 교원대 박사학위논문.

1. 이해 영역

■ **국어 이해 교육 연구의 경향과 과제**

1. 국어교육학 연구와 '이해'
2. 이해의 의미 범주
3. 국어교육학에서의 이해 연구의 양상
4. 이해에 대한 오해: 문학 연구와 문학교육
5. 결론

■ **이해 영역 관련 논문**

● 문학교육의 도교사상적 배경 연구

【박삼서, 서울대 박사학위논문, 1993】

● 한국 현대시의 공간구조와 교육적 적용 방안 연구

【염창권, 한국교원대 박사학위논문, 1993】

● 서사텍스트의 심미적 체험의 구조와 유형에 관한 연구

【김중신, 서울대 박사학위 논문, 1994】

● 시텍스트 해석 모형의 구조와 작용에 관한 연구

【김창원, 서울대학교 박사학위논문, 1994】

● 설명적 텍스트의 내용 구조 분석 방법과 교육적 적용 연구

【이삼형, 서울대 박사학위논문, 1994】

● 소설 담론의 이데올로기 분석 방법 연구

【김상욱, 서울대 박사학위논문, 1995】

● 텍스트 의미 구조의 표지 연구

【김봉순, 서울대 박사학위논문, 1996】

● 텍스트 요약 전략에 대한 국어 교육학적 연구

　　【김재봉, 조선대 박사학위논문, 1996】

● 문학비평 이론의 시교육적 적용에 관한 연구

　　【권혁준, 한국교원대 박사학위논문, 1997】

● 한국 근대 소설의 신체성 중심의 읽기에 대한 연구

　　【문영진, 서울대학교박사학위논문, 1998】

● 담화 구조와 배경 지식이 설명적 담화의 독해에 미치는
　 효과에 관한 연구

　　【이경화, 한국교원대학교 박사학위논문, 1999】

● 상호텍스트성을 바탕으로 한 읽기 지도 방법 연구

　　【김도남, 한국교원대학교 박사학위논문, 2002】

● 텍스트 이해의 과정과 전략에 관한 연구

　　【김혜정, 서울대학교박사학위논문, 2002】

국어 이해 교육 연구의 경향과 과제

김 중 신

1. 국어교육학 연구와 '이해'

국어교육 연구사를 검토할 때에 가장 먼저 부딪치는 것이 국어교육 논쟁[1]이다. 국어교육학 연구는 국어교육 내에서의 '언어 교육'과 '문학 교육'의 위상과 정체성 논란에서부터 시작되었다. 물론 이 논쟁은 국어교육의 학문적 위상을 세우는 데 커다란 기여를 한 바 있지만, 소모적인 측면도 없지 않아 쟁점이 정리되지 못한 채로 소멸되었다.

이러한 관계로 소위, 언어 교육과 문학 교육은 성격면에서 변별되는 것인가 합일되는 것인가, 또한 정책면에서 통합지향적이어야 하는가 분리지향적이어야 하는가에 대한 논의는 잠복된 채로 현재 진행형일 수밖에 없다.

이해의 측면에서도 그렇다. 대체로 설명적 텍스트[2]의 이해는 '중심 내용(요지) 파악 단계'에서, '필자의 의도나 목적 파악 단계', '비판적 이해 단계'를 거쳐 '생산적 이해 단계'로 나아가게 된다.[3] 문학 텍스트의 이해는

---

1) 1980년대 중반 이후, 국어교육에서 문학교육은 배제되어야 한다는 주장에서부터 비롯된 일련의 논쟁을 말한다. 이로 인해 문학교육의 정체성 확립과 아울러 국어교육학의 학문적 위상이 정립되는 계기가 되었다. 자세한 것은 김중신(1995), 『소설감상방법론 연구』, 서울대 출판부, pp.161~183 참조.
2) 국어교육학의 정체성에 대한 논쟁은 아직 잠복 중인 탓에 아직 용어에 대한 개념 규정이 선명치 않은 점이 있다. 간단한 예를 들어 봐도, 국어교육(학)/언어교육(학)/문학교육(학), 국어교육학/국어교과학, 담화/담론, 인지 중심적 사고/정의 중심적 사고, 설명적 텍스트와 문학 텍스트 등이 그러하다. 이 자리는 전달의 편의를 위해 별도의 개념 규정 없이 널리 통용되는 용어를 그대로 사용하기로 한다.

이 단계 이외에 텍스트를 '느끼거나 즐기는' 과정이 포함되기도 한다. 결국 궁극적으로 설명적 텍스트가 '깨침'을 주된 목적으로 한다면 문학 텍스트는 '울림'을 주된 목적으로 한다.[4] 또한 문학 텍스트는 설명적인 텍스트보다 의미의 불확정성이 상대적으로 크다. 문학 텍스트에 대한 이해는 설명적 텍스트의 이해보다 독자에 의한 주관적 해석의 용인도가 훨씬 더 크다. 이러한 탓에 언어 교육에서의 이해 활동이 언어 활동 체계 안에서 주로 의사의 전달과 수용이라는 소통 개념을 기반으로 전개된 반면, 문학교육에서의 이해 활동은 의사 전달의 효율성보다는 사유, 경험, 형식과 같은 사고의 구성에 영향을 미치는 변인을 구명하는 데 집중하고 있다.

하지만, 대상이 설명적 텍스트이건 문학 텍스트이건 간에 학습자의 이해를 실현하기 위한 활동은 '읽기[5]'와 '듣기[6]'라는 점에서 공통된다. 따라서 국어교육의 장에서 이 두 가지 활동이 강조되는 것은 불문가지이다.

'이해'가 국어과의 목표로 설정된 것은 4차 교육과정부터이다. 1981년에 공포된 4차 교육과정은 3차 교육과정이 표방한 가치관 중심교육에 대한 반성에서 출발하여 기능 중심의 교육 원리를 도입하되, 학문적 배경을 갖춘 교육과정을 추구하고자 하였다. 국어과의 목표를 '표현·이해(말하기·듣기·읽기·쓰기), 언어, 문학'의 세 영역으로 나누고, 배경 학문으로 수사학, 언어학, 문학(학)을 설정함으로써 언어 교과로서 국어과의 성격을

---

3) 이삼형 외(2000), 『국어교육학』, 소명, p.223.
　필자는 이를 인지중심적 사고에서의 이해 단계라고 규정하고 있지만, 인지적 사고를 요하는 텍스트는 대체로 설명적 텍스트라는 점에서 커다란 차이가 없을 것으로 판단된다.
4) 물론 이를 단정적으로 말할 수는 없다. 텍스트의 성격이나 독자의 성향에 따라서는 깨침과, 울림이 동시에 일어나는 경우도 있다. 위의 책, pp.258~259 참조.
5) '읽기'라는 말은 '이해'에 비해 다분히 활동의 성격이 강하다. 영화의 '이해'가 단순히 영화에 대한 지식 습득이라는 의미를 갖고 있는 데 비해, 영화 '읽기'는 지식 습득의 결과뿐만 아니라 습득하는 활동까지도 의미한다는 점을 비추어 봐도 그렇다.
6) 두 활동은 공히 이해의 영역에 해당되지만, 듣기는 읽기에 비해 매체의 특성으로 인해 연구가 뒤진 편이다. 국어교육 개론서(최현섭 외(1998), 『국어교육학 개론』, 삼지원)나 교육과정 해설서(교육부:1998)에도 듣기는 읽기의 내용을 용어만 바꾸어 놓은 채 거의 그대로 제시해 놓고 있는 실정이다. 다만 전은주(1999)가 말하기와 듣기를 체계적으로 정리해 놓고 있는바, 앞으로의 연구 성과가 주목된다.

분명히 하였다.

4차 교육과정은 '이해'를 '표현'의 상대 개념으로 설정하였다는 점, 그리고 이를 듣기와 읽기 활동을 통해 구현될 수 있다고 본 점, 문학 작품 '읽기'나 언어 지식에 대해 '알기' 등은 이해의 범주에 포함시키지 않고 있다는 점을 특성으로 한다. 특히 여기서 주목할 것은 표현·이해를 수사학적 차원에서의 언어 기능으로 삼았다는 점이다.

2. 이해의 의미 범주

최근에 간행된 국어교육학 관련 저서에 의하면, '이해'를 다음 두 가지의 의미로 파악하고 있다. '철수는 물이 얼음이 되는 현상을 이해했어.'처럼 어떤 현상의 원리나 과정을 깨닫게 되었다는 뜻과 '나는 철수가 한 말이 무슨 뜻인지 이해했어.'처럼 어떤 기호 혹은 기호 결합체가 갖는 의미를 파악했다는 뜻으로 사용한 것이라고 한다. 영어로 말하자면, 앞의 '이해'는 understanding에 해당되고, 뒤의 '이해'는 comprehension에 해당한다고 한다. 국어교육에서 '표현과 이해'라고 할 때의 이해는 후자의 의미로 사용된 것이다.[7]

'이해(理解)'에 해당하는 우리말의 의미 범주에서 가장 유사한 것은 '알다[知]'이다. 그런데 우리말의 일상적인 사용에서 '인식한다, 파악한다'와 '이해한다, 양해한다, 깨닫는다' 등은 모두 '알다'의 범주에 들어가는 말들이다. 이들은 모두 인식주체에 마주해 있는 대상이나 사태를 '자기의 것으로 만듦(自己同化 Aneignung)'에 대한 의미 영역 속에 포함된 동사들이다. 그러나 전자의 어군인 '인식한다, 파악한다'는 서로 의미 범주가 유사하여 사용 사례에 의해서는 의미 차이를 구별하기 힘든 말이다. 후자의 어군인 '이해한다, 양해한다, 깨닫는다'란 말들은 단순히 인지적 차원의 '아는 것'

---

7) 이삼형 외, 『국어교육학』, 소명, 2000, p.181.

이상으로 사태나 상황을 '자기 것으로 만듦'에 대한 주체적인 결단이 강하게 함축되어 있는 의미의 어군이다. 전자가 객관성에 중심을 두고 있다면, 후자는 주관적 능력에 중심을 두고 있다.[8]

후자의 어군의 의미를 대표하는 말은 '이해(理解)'이다. 사전에 의하면, '이해'는 다음과 같은 용례로 사용된다.

① 이 문제는 원리를 이해해야만이 풀 수 있다.
② 그의 설명을 들으니 사태의 전말이 쉽게 이해되었다.
③ 나의 곤란한 처지를 이해하여 주게.

①은 사리를 분별하여 해석한다는 뜻으로서, 대체로 우리말의 '안다'와 의미 범주와 유사하며 한자어로는 '인식하다, 파악하다'라는 말의 의미에서 사용되고 있다. ②는 깨달아 알아들음이라는 뜻의 인지적 차원의 말로 사용된다. ③은 양해(諒解)와 유사한 의미로서 사정을 헤아려 너그러이 받아들인다는 뜻이다.

박순영의 견해에 기댄다면, ②, ③은 ①에 비해 주체가 주어진 상황이나 처지를 적극적으로 받아들인다는 면에서 주관적 의미가 강하게 작용한다. ①이 주체와 객체 사이의 대등한 관계로 유지되고 있다면, ②, ③은 주체와 객체 가운데 어느 쪽이든 변화가 일어날 수 있는 것이다.

이런 면에서, 이해가 단순한 '알다'와 구분되는 것은 이해의 내용이 되는 '대상', 이해하려고 하는 '주체'와 그리고 주체가 대상을 받아들이는 '과정'의 요인이 있기 때문이다. 따라서, 국어 교육의 장에서도 '이해'에 대한 연구는 대상, 과정, 주체에 따라 그 양상이 달라질 수밖에 없다.

---

8) 박순영(2001), 「이해 개념의 이해」, 『우리말 철학사전 I 』(우리사상연구소 엮음), 지식산업사, pp.135~136.

3. 국어교육학에서의 이해 연구의 양상

1) 이해의 대상에 대한 연구: 무엇을 이해하는가?

(1) 내용적 차원에서의 이해

내용적 차원에서의 이해는 학생들이 반드시 알아야 할 내용에 대한 연구를 뜻한다. 대체로 초창기의 국어교육학계의 학위 논문이 이 범주에 해당한다.

문학교육 연구에서는 박대호(1990)가 문학학의 성과를 교육적으로 적용한 최초의 시도이다. 그는 소설의 이론에서 소설의 독법을 이끌어 내고 있어, 문학 작품을 문학 작품답게 읽어 내는 방법론을 수립하고자 했다고 한다. 하지만 입증되지 않은 방법론은 무의미함을 입증해 준 최초의 사례이기도 하다. 염창권(1993)은 일제 강점기에 활동했던 여섯 시인 즉 김소월, 한용운, 이상화, 이상, 이육사, 윤동주의 시에 나타난 길과 집, 보행과 거주의 양상을 통해 공간 표상을 구조화시키고, 이의 교육적 방안을 탐색한 논문이다.

두루 알려져 있다시피 국어교육 논쟁 과정에서 문학교육론자들이 문학에 내재된 가치를 강조함으로써 국어교육에서 문학교육의 위상을 세우려는 근거를 삼게 되었고, 이는 고전 문학에서 특히 강조되고 있는 '교훈성'이 교육적으로 가치있음을 강조하는 성향으로 나타나게 된다.

고전 문학교육 분야에서 고전 문학에 내함된 가치를 가르쳐야 한다는 주장(한창훈)[9]이 자주 대두되는 것은 다음 몇 가지 이유 때문인 것으로 보인다. 하나는 텍스트의 가독성이 떨어지기 때문이다. 고전 문학이 현대 문학

---

[9] 한창훈(2001)은 사대부들의 강호시가에 대한 분석을 예로 들면서 고전시가 교육이 왜 이루어져야 하는지에 대한 가치론적 접근을 시도하였다. 한창훈의 논문은 두 가지 전제에서 출발하고 있다. 하나의 전제는 '모든 문학이 곧 교육의 내용이 되지는 않는다'라는 전제이면 다른 하나의 전제는 '고전시가를 포함한 문학의 본질적이고 내재적인 가치와 함께 도구적이고 외재적인 가치에 대한 고려도 함께 필요하다'라는 전제이다.

과 비교해 볼 때, 상대적으로 학생들에게 덜 알려져 있을 수밖에 없다. 이는 문자에 대한 가독성이 떨어지기 때문에 텍스트에 대한 접근이 어려울 수밖에 없고, 이로 인해 심리적 거리감이 현대 문학에 비해 더 멀어지게 되었다.

둘째는 텍스트의 당대적 효용성 때문이다. 현대 문학이 당대인과 시간적 거리감이 그다지 멀지 않으므로 텍스트의 정서나 의식과 공감성을 쉽게 유지할 수 있는데 비해, 고전 문학은 시간적 거리감으로 인해 당대인과의 공감성을 쉽게 확보할 수가 없다. 따라서 고전 문학교육 연구에서는 고전 문학의 가치를 재해석 혹은 발견함으로써 당대적 효용성을 강조하려는 의도로 보인다.

셋째는 좀더 현실적인 것으로, 언어 교육의 입론자들이 언어학에 대한 상대적 독자성을 주장함으로써 자신의 입론을 세우고 있었던 데 반해, 문학교육의 초기 입론자들은 문학 연구자들이었다는 점에서 비롯된다.

다음으로 언어 교육측의 경향을 간단히 정리하여 보자. 이충우(1990)는 교육용 어휘를 선정해야 할 필요성이 있음에도 불구하고 그 선정 기준과 방법을 체계적으로 제시한 연구가 없다는 점을 지적하면서 교육용 어휘 선정의 기준을 제시하고 이에 맞추어 어휘 목록을 제시하였으며, 서덕현(1992)은 1949년부터 1990년까지 간행된 중·고등학교 문법 교과서를 몇 가지 시기로 구분하여, 각 시기에 나온 문법서들을 횡적으로 비교하고, 다시 각 시기별로 종적으로 비교하였다. 그리고 이들 교과서를 1984년에 조사된 청소년들의 경어 사용 실태와 비교하여 그 적절성을 평가하였다. 이은희(1993)은 국어교육에서 언어 지식 교수의 올바른 방향성을 확립하는 데 목적을 두고, 언어 지식 영역 중 언어 사용과 밀접한 관련을 가진 접속 관계를 국어교육적 관점에서 고찰한 논문이다.

이외에도 박삼서(1993), 김기창(1991), 최경희(1994), 허왕욱(2000) 등이 이에 해당한다.

이렇듯 언어학이나 문학 이론을 교육적으로 적용하려는 시도들은 이전의 논의들이 학문적 기반을 무시하고 개별적 체험을 입론의 축으로 삼은 것에 대한 반성을 토대로 한다. 이들은 기존의 논의가 개별적 체험이나 신념에 기초하여 학문적 엄밀성을 결여하였다는 반성에서 문학교육 현상을 문학적 이론으로 설명하려는 시도다. 즉 문학연구의 업적을 교육의 장에 도입해야 한다는 것이다. 하지만 이런 시도들은 그 자세의 진지함에도 불구하고 필연적으로 국어교육을 어학 연구나 문학 연구에 종속시키는 운명적 결함을 지닐 수밖에 없었다. 관련 학계의 연구 성과물을 교육에 그대로 반영하는 것에 지나지 않아 국어교육의 학문적 변별성과 독자성 확보라는 점에서 한계를 보일 수밖에 없는 것이다. 국어교육을 설명하기 위해 이론을 도입하였으나 그 이론이 국어교육론 정체적 독자성에 기반한 것이 아니라 언어학과 문학 연구에 기반을 두고 있는 탓에, 결과적으로 서론과 결론에서만 문학교육의 당위성을 주창하고 실질적인 논의는 문학연구의 일환에 불과하였다. 이는 이론적 공허함을 메꾸었다는 심리적 위안의 역할을 하는데 만족할 뿐으로서 외피적(外皮的) 국어교육에 다름이 아니다.10)

(2) 전략적 차원에서의 이해

이해 자체보다는 이해를 통해서 새로운 학습 목표를 달성하기 위한 영역이다. 즉, 이해를 새로운 목표 달성을 위한 전략으로 규정하는 것이다.

7차 교육과정에서 주목할 만한 변화 중의 하나가 국어 지식 영역이 설정된 것이다. 이전의 '언어'가 다분히 문법적 지식의 나열과 주입에 지나지 않았다는 비판에 대하여, 국어 지식도 탐구 학습을 통해 얼마든지 교육적 의의를 확보할 수 있다는 것이다.

김광해 외(2001)는 '국어지식 교육론'의 의의를 다음과 같이 주장한다. 그간의 학교 문법(school grammar)이 중세 유럽에서 라틴어 교육을 할 때 사

---

10) 김중신(1996), 『문학교육의 이해』, 태학사 참조.

용하던 관습의 틀을 벗어나지 못하여 교사나 학생 모두로부터 외면을 당하게 되어 인기가 없는 과목의 하나로 전락하였다고 하면서, 이는 이 분야의 교육 내용과 방법들이 교육적 관점에서 얼마나 가치가 있는 것인지에 대한 고려가 없었기 때문에 빚어진 것이라고 한다. 그러면서 이 내용의 핵심은 교육 내용을 '문법'에만 제한하지 말고 우리말 이해에 필요한 내용 전반으로 확대하고, 교수 학습 방법도 주입식, 암기식 방법을 탈피하여 탐구학습과 같은 새로운 방법을 도입하자는 것이다. 이렇게 내용과 방법을 전환하면 국어에 대한 이해가 더욱 심화되는 것은 물론 논리적 사고력과 문제 해결을 위한 통찰력까지 기를 수 있어 교육적 의의가 충분히 확보될 수 있다고 한다.[11]

결국 6차 교육과정에서는 국어 지식이 이해의 내용적 차원에서만 존재했지만, 7차에 들어와서는 논리적 사고와 문제 해결을 위한 통찰력을 신장시키기 위한 전략적 차원에서 국어지식에 대한 이해를 설정하고 있는 것이다.

이를 단적으로 볼 수 있는 예가 바로 국정 교과서이다. 2002학년도부터 사용되는 10학년의 국어(상) 교과서에 '3. 다양한 표현과 이해'라는 단원이 설정되어 있다. 교사용 지도서의 '단원 개관'에 따르면,

"일상 생활에서 의사 소통을 위한 표현에 사용될 수 있는 여러 가지 표현 방식을 익히면, 다른 사람들에게 자신의 생각과 느낌을 효과적으로 전달할 수 있으며, 또 다른 사람의 표현을 정확하게 이해할 수 있다. 이 단원에서는 제재에 드러난 언어 외적 표현(비언어적 표현)과 언어에 부수되는 표현(반언어적 표현)의 중요성과 특성을 이해하고, 장면에 따른 다양한 표현 방식을 익히도록 하는 데 초점을 두고 있다."[12]

또, 이 단원은 다음과 같은 교육과정 내용을 단원 설정 근거로 삼고 있다.

---

11) 김광해·권재일·임지룡·김무림·임칠성(2001), 『국어지식 탐구―국어교육을 위한 국어학 개론』, 박이정.
12) 교육인적자원부(2002), 『고등학교 교사용 지도서 국어(상)』, p.138.

[10-국지-(5)] 장면에 따른 표현 방식을 안다.

[10-듣-(1)] 반언어적 표현과 비언어적 표현이 듣기에서 중요한 역할을 함을 안다.

[10-말-(1)] 반언어적 표현과 비언어적 표현이 말하기에서 중요한 역할을 함을 안다.

로 되어 있다. 이를 미루어, 단원 제목에 사용된 '이해'는 표현 방식을 '익히'거나, 개념이나 지식을 '안다'에 국한되어 있음을 살필 수 있다.[13]

박수자(1993)는 읽기와 읽기 지도의 패러다임은 '기능 중심 읽기'나 '활동 중심 읽기 지도'보다는 '전략 중심 읽기 지도'로 변화하고 있다고 하면서 '특정 글에 종속된 이해 결과' 그 자체보다는 다양한 글을 학생들이 접할 때 '사용할 수 있는 글 이해의 방법'에 초점을 두어 논의하고 있다.

그런데 개별 학습자는 맥락, 상황에 따라 각기 읽는 전략이 다르다. 박수자(1993)의 전략은 일반적 추상적 차원에서 논의되고 있을 뿐 주체의 상황, 텍스트의 상황, 문화적 상황을 고려하지 못하고 있다. 그렇다고 해서 박수자(1993)가 밝히고자 한 전략의 유형화 작업의 중요성까지도 감쇄되는 것은 아니다. '새롭게 전략 읽기'의 차원에서 전략으로 논의하는 방향으로 나아가면 의미있고 새로운 논의가 가능할 것이기 때문이다. 이 외에 이종철(1993), 노은희(1999) 등이 주목할 만한 성과이다.

문학 교육의 경우는 사정이 좀 다르다. 최근 문학교육 관련 연구에서

---

13) 이는 단원 교수·학습 계획에서도 확인되는 바이다. 교사용지도서에서는 소단원에서 학습할 주요 내용 및 활동을 크게 '이해'와 '활동' 두 영역으로 구분하여 제시하고 있다. 교육인적자원부, 위의 책, p.50 참조.

차시	학습할 부분		주요 내용 및 활동
2~3	(1) 황소개구리와 우리말	이해	· 읽기 활동에 영향을 끼치는 요인 · 읽기에서 자기 점검의 필요성
		활동	· 필자의 의도와 글의 내용 파악하기 · 자신의 느낀 점 써 보기 · 필자의 관점과 자신의 관점 비교하기

'읽기'나 '(글)쓰기'를 표방하는 연구들이 활발하게 진행되고 있다. 하지만, 언어 교육에서 말하는 활동으로서의 읽기와는 그다지 큰 관련이 있어 보이지 않는다. 예를 들어 최근에 나온 한 저서[14]는 '문화론적 관심과 소설 읽기'라는 제목하에 '소설과 상징적 장치-「숭어」를 중심으로', '개별성 및 사적 영역의 부차화-「설봉산」의 경우', '근대의 포획력과 그 힘에서 탈출하기', '김남천의 해방 전 소설 연구' 등으로 되어 있다. 즉 학습자의 활동으로서의 읽기보다는 문학 연구자의 연구 활동으로서의 '읽기' 결과를 제시하고 있다. 이는 작가가 글을 쓴 결과물로서의 텍스트를 읽는 것으로서 작품에 대한 이해와 다를 바가 없다. 사정은 '글쓰기'를 표방하는 논문에서도 마찬가지이다.

물론 "문학적 글쓰기는 직접적인 소통 상황을 전제하지 않을 뿐 아니라 생산 주체와 수용 주체간의 합의 가능성을 타진할 수 없기 때문에 기능 중심의 소통 체계로서는 포괄할 수 없는 부분을 갖는다. 이러한 조건을 바탕으로 문학적 글쓰기에 대한 연구는 글쓰기 과정에 영향을 미치는 구성 변인의 탐구로 구체화된다."고 보는 시각(김혜영)은 정당하다.

하지만 그 산물로 제시된 것은 작품에 대한 이해라는 점에서 '읽기'를 연구 대상으로 삼는다고 하는 것과 다를 바가 없다. 왜냐하면 작가가 실제로 창작을 하는 과정에서 동원되는 사고 과정을 추출해 낼 수 없기 때문이다. 설령 작품을 통해 그것을 추출해 낸다고 하더라도, 그것은 이미 작가의 글쓰기 행위의 결과를 '읽는' 것과 다르지 않기 때문이다.

예컨대, '읽기'를 연구 대상으로 삼은 문영진의 한국 근대 소설의 신체성 중심의 읽기에 대한 연구의 III장과,

Ⅲ. 소설의 구성과 신체성의 작용방식
　　1. 삶의 욕동과 죽음의 욕동의 대립
　　2. 생활세계의 합리화와 신체의 대응
　　3. 본래적 체험과 사물화된 체험의 결합

---

14) 문영진(2000), 『한국 근대 산문의 읽기와 글쓰기』, 소명.

'글쓰기'를 연구 대상으로 삼은 김혜영의 한국 모더니즘 소설의 글쓰기 방법 연구의 III장은,

　　III. 모더니즘소설 글쓰기의 시간 구성 방법
　　　　1. 시간 의식의 확대와 인식의 조정
　　　　2. 서사 진행의 지연과 판단의 유보

각기 읽기와 글쓰기를 표방했음에도 불구하고, 공히 작품 이해의 한 양상을 보여주는 연구이다. 이런 면에서 문학 텍스트에 관한 연구 중에서 '읽기'나 '(글)쓰기'에 대한 연구는 그 대상이 대동소이하다는 점과 '이해'의 커다란 범주를 벗어날 수 없다는 점에서 새로운 방향 모색이 필요하다고 할 것이다.

우한용(1998)은 "시를 읽는 것은 시인의 쓴 시를 역추적하여 자기 글을 쓰는 과정이라고 할 수 있다. 시인이 발견한 것을 글로 옮긴 텍스트에서 독자는 시인의 자리를 빌려 시인과 함께 텍스트 차원의 대상을 발견하는 것이다. 텍스트 차원에서 읽은 대상들을 재구성하고 의미화하는 것이 시를 읽는 과정인데, 이는 반드시 언어적 구성을 전제한다."(p.333)고 하여 읽기와 쓰기의 동일성을 강조하고 있다. 이것은 문학작품 꼼꼼히 읽기를 주 덕목으로 하는 문학 비평과 동일 궤적에 놓인다. 이러한 규정은 윤여탁(1998)에서도 발견된다. 윤여탁은 "우리가 문학을 이야기하면서, 그리고 문학교육을 이야기하면서 같이 생각해야 할 문제가 있다. 그것은 문학작품에 대한 완전한 읽기가 가장 중요하다는 점이다. 이때 문학작품을 읽는다는 것은 작품의 내적 구조, 외적 관계를 분석하는 것에 머물지 않는다. 그것을 해석하고 비판하는 단계가 필연적으로 동반된다. 그것을 새로운 글쓰기 또는 말하기라고 할 수 있다. 문학에 국한될 때도 그렇다. 나아가 문학교육의 측면으로 확대될 때에는 이런 문학작품 읽기는 더욱 의미가 있다."15)고 한다.

---

15) 윤여탁(1998), 『시교육론 II - 방법론 성찰과 전통의 문제』, 서울대 출판부, pp.20~21.

이상에서 보듯이 이해의 대상에 대한 연구 영역은 작품에 대한 정확하고도 객관적인 인식이 가능하다면 그 인식의 과정은 독자가 자신이 감상하려고 하는 작품에 대해 정확하고도 객관적인 해석에 도달하게 해 주는 경로(經路)가 될 수 있다는 전제를 갖고 있다. 바로 이런 면에서 작품에 대한 객관적인 인식의 가능성은 작품에 대한 해석의 경로, 즉 객관적 해석 원리를 찾아내는 것과 같은 맥락에 놓인다.

이는 문학은 언어를 매개로 하여 이루어진 것이라는 기본 전제에 입각한다. 작품에 내재된 언어의 속성을 인식 인자로 설정하고 이를 통해 작품의 내재된 세계관을 발견해야 하는 것이다. 따라서 문학작품을 인식론적인 측면에서 파악하는 방법은 작품의 정확한 읽기가 강조될 수밖에 없다.

그렇다면 작품의 인식인자를 발견하고 그에 따라 해석해야 한다는 주장이 문학교육의 내용과 방법의 '행복한 결합'을 이룰 수 있는 보도(寶刀)일 수 있는가. 여기에서 우리는 인식론의 영역에 대한 잠정적 합의를 요한다. 즉 왜 '그것'인가에 대한 해명 뿐 아니라 어떻게 '그것'을 찾을 수 있을 것인가라는 해명까지 요하는 것이다. 이것에 대한 해명이 뒷받침되지 않으면 인식적 발견론도 스스로 주장한 '내용과 방법의 결합'이라는 목표와는 무관하게 다시 내용만 있고 방법은 없는 딜레마에 빠지게 되는 우를 범하게 된다.

2) 이해의 주체에 대한 연구: 누가 이해하는가?

'교육이란 인간(교육주체)이 인간(교육대상)을 인간(교육목표)이게끔 만드는 일'이라는 정의에 비추어 볼 때, 교육의 장에서 이해를 하는 주체는 학습자일 수밖에 없다.

일반 독자가 자발적 의지에 의해 읽어야 할 내용을 선택하고 또한 그 이해의 폭이 제한되지 않는 반면에, 교육의 장에서 학습자는 학습 내용이 교사에 의해 제시되며 또한 이에 대한 이해의 영역도 일정 정도 제한받는

다. 하지만 학습자에게 학습 내용에 대한 일방적인 지식 전달이 아닌 주체적인 이해를 위해서 교사와 학습자 사이에 의견의 교환, 즉 창조적인 대화가 진행된다. 창조적인 대화란 이미 전제된 지식에 대해 자유로움을 의미한다. 이 과정에서 양자의 견해들이 상충하기도 하지만 끝내는 양자가 대립되는 견해들을 지양함으로써 학습자의 이해 능력은 고양된다.

인지적으로 미성숙한 학습자는 성숙한 교사의 도움을 받아 주어진 학습 목표를 도달하게 된다. 이 과정에서 교사는 학습자의 인지적, 정의적 변인을 충분히 고려해야 한다. 따라서 이해 주체에 대한 연구는 학습자의 변인을 주된 연구 대상으로 삼는다.

천경록(1997)은 읽기 교재의 질을 향상시키기 위한 텍스트 수정 방안에 관한 연구이다. 구체적으로 글(텍스트)의 수정이 학습자의 글 이해에 어떤 영향을 미치는지를 검증하고자 국어 및 기타 내용 교과서(환경·상업·수산업)를 바탕으로 문장의 길이, 논리적 연결어, 논항의 반복, 신·구정보의 일치의 측면에서 실험 분석하였다. 특히 내용 교과의 수정본은 학습자들의 글 이해에 큰 영향을 미친 것으로 밝혀졌다고 주장한다.

의의로는 텍스트의 질에 따라 학습자들의 이해도가 달라진다는 점을 확인하고, 텍스트 수정 방안에 대한 이론적 접근과 체계화 노력하였다는 점, 그리고, 타 교과 텍스트에 대한 관심과 검토가 시도되었다는 점 등이다.

이경화(1999)는 담화의 구조와 독자의 배경 지식이 독해에 미치는 주효과와 상호 작용 효과를 파악함으로서, 독자의 수준에 알맞은 읽기 지도 방안을 모색하고 있다. 즉, 담화 이론과 스키마 이론을 바탕으로 하여 각각 담화 구조와 독자의 배경 지식에 중점을 두어 읽기 지도와 학습을 설명하는 틀을 마련하고자 하였다.

이를 위해 6학년 4개 반 155명 중 읽기 능력이 중위집단에 해당하는 아동을 선정하고, 이들을 다시 배경지식(내용 스키마 + 형식 스키마)의 상위와 하위 수준에 포함되는 72명을 대상으로, 담화 회상 검사를 실시하였다. 하지만, 하나의 글을 여러 담화 구조로 변형한 후 각 담화 구조의 언어적 회상도를 측정하는 방식의 문제가 아닐 수 없다. 글의 내용(content)에 따라 해당 텍스트에 '가장 적절한 담화 구조'가 결정되는 경우가 많기 때문이다. 또한 실험 대상 텍스트를 하나의 글로 한정한 점 등이 한계로 지적된다. 아마 텍스트 유형별, 담화 구조별로 각기 실험을 설계했어야 타당한 결과를 얻을 수 있었을 것이다. 그리고, 글과 독자에만 초점을 둠으로써, 연구자의 애초 의도와는 달리, 실제 읽기 교수·학습 과정의 다양한 상호작용 요인들(교사와 학습독자, 학생 독자 상호간 등의 상호작용)이 반영되지 못하였다는 점도 지적할 수 있다.

경규진(1992)은 문학교육의 정상적 운용의 가능성이 문학에 대한 학습자의 능동적, 자율적 반응에 의지한다는 관점에서, 로젠블레트의 거래이론(transactional theory)에 기대어 반응중심의 교수－학습 방법 모형을 설계하고 있다.16) 로젠블레트의 이론은 애초에 교수법에서 출발한 이론으로, 구체적인 방법론을 제공해 주고 있다. 한편 반응 중심 교수 학습 모형의 이론적 근거로서 수용 미학을 원용하고 있다. 두 이론은 분명 공유하는 부분이 있기는 하지만, 그 이론적 토대나 계보가 다르다. 또한 수용미학이 철학적·이념적 접근 기반을 제공해주는 반면 구체적인 모형이나 방법론은 제시하지 못하였다는 점에서 이 논문이 구체화될 수 없는 한계를 태생적으로 가질 수밖에 없었다. 그러나 반응 중심 문학 교육을 연구한 단 하나 논문이라는 점에 의의가 있다. 이는 아마 학습자 변인을 실질적으로 구안해내는 것이 상당히 어렵기 때문이라는 점에 기인할 것이다. 하지만, 학습자를 중심으로 한 교수 방법이론이라는 점에서 학교 현장에서 파급 효과가 컸던 논문이며, 또한 각종 현장 보고서나 석사 학위 논문에서 실질적으로 자주 인용되는 연구라는 점에서 그 국어교육적 가치가 있다.

문학교육을 문학작품의 소통적 해석의 틀 속에서 해명하려는 것(김창원)은 내적 질서의 파악 방법이 떠 안고 있는 과제를 우회할 수 있는 길을

---

16) 이것은 교수 모형을 제시한 유일한 박사 논문으로서 '외국 이론 소개－이론의 해석－이를 바탕으로 한 수업 이론의 구안' 식의 논문 글쓰기의 전형적인 예가 되었다.

탐색하는 시도라고 할 수 있다. 이것은 문학작품이 창작되고 전파되어 수용되며, 또한 수용자가 창작자로 생성되는 일체의 과정을 분석 대상으로 삼는다.

문학작품을 해석하는 방법에는 오직 하나의 길만이 있는 것은 아니다. 여러 가지 다양한 방법이 존재할 수 있고 그것은 곧 문학작품의 생명성을 유지시키는 속성이기도 한 것이다. 독자는 이 중에서 자기에게 가장 필요한 또는 적합한 방법을 택해 작품을 해석한다. 따라서 문학교육을 문학적 소통의 일환으로 보게 되면 학습독자는 단순한 피교육자가 아니라, 작품을 주체적으로 감상하는 적극적인 수용자가 된다. 그런데 문학작품을 구성하고 있는 제반 요소들은 작품의 의미강(意味綱)을 이루어 독자에게 작품을 해석하는 원리로 작용하고 있기 때문에, 이러한 방법으로 문학작품을 해석하는 일반적인 모형을 추출해 낼 수 있다. 이 모형이 곧 문학작품을 해석하는 원리가 된다. 따라서 문학적 소통 구조 속에서는 독자의 주체성을 인정하게 되어, 작품 해석의 다양성을 용인하게 된다. 이런 면에서 문학교육을 의사 소통의 일환으로 보는 관점은 문학적 인식론보다 감상주체의 측면을 고려하고 있는 것이다. 전반적으로 문학교육을 소통적인 관점에서 분석하는 방법이 주로 시 텍스트에 적합하다고 보게 되는 이유도 시의 해석이 소설보다 더 개방적인 탓에 있다.

교육 내용을 지배하고 있는 담론을 분석함으로써 문학교육의 이면 논리를 규명하려는 연구(최지현·정재찬)들은 궁극적으로 이해의 주체에 대한 해명을 위한 노력이기도 하다. 이것은 지금까지 문학교육의 한 중핵적 관심사이던 작품 해석의 원리 내지는 절차가 과연 전이성과 효율성을 보장할 수 있는가하는 의문에서 비롯한다. 문학교육 현장에서 가르치고 있는 작품들이 입시의 평가 도구로만 사용된다는 비판에도 불구하고 소위 베스트셀러로 자리잡고 있음은, 현금의 문학교육이 전혀 무의미한 것만은 아니라는 것을 보여주는 방증 자료이다. 그렇다면 과연 교과서에 실린 작품들, 다시 말해 문학교육 현장에서 가르쳐지고있고 또한 배우고 있는 작품들을 선정하고 배열하는 작업의 이면에 숨어 있는 원리는 무엇일까. 교육적 지배 담론을 분석하는 작업은 이러한 점에 착안한다.

문학이론을 구축하는 중심 범주들의 결합 과정은 자명한 것이 아니라 일종의 관습으로서, 문학교육 현장을 지배하고 있는 담론은 교육과정상 의도되고 조직된 것이라는 것이다. 이 방법론은 텍스트 내적인 담론을 이데올로기로 전이시키고 있다는 점에서 주목을 요한다. 특히 단지 소설텍스트에 내재되어 있는 담론을 분석하는데 그치지 않고 독자가 소설을 읽는 과정에서 담론을 분석해 내는 과정을 통해 바람직한 주체를 형성한다는 데 주목한다.

소설을 이데올로기 담지체로 전제하고 소설 읽기란 소설텍스트에 내재해 있는 이데올로기를 분석하는 것이라 하여 그 분석 과정에 대한 연구(김상욱)도 이해의 주체에 대한 규명 작업에 속한다. 이 연구의 원초는 소설의 중요 인자를 인식하는 과정에 대해 그 경로를 제시함으로써 문학 연구와 문학교육의 차별성을 적시하는 곳에서 시작된다. 여기서 더 나아가 물론 이 정리가 실증적이지 못하다는 한계에도 불구하고 문학교육에서의 주체의 중요성을 각인시키고 있다는 점은 평가할 만하다. 물론 텍스트 외적인 문학교육의 지배 담론 분석이 자칫 관념적이고 추상적인 곳으로 빠져들 우려가 있는 반면에, 이 방법론이 텍스트를 기반으로 하고 있다는 점에서 구체적이라는 장점을 안고 있다. 그러나 바로 이런 사실 자체가 분석 대상으로 선정한 소설텍스트가 담고 있는 이데올로기 속에 이미 문학교육의 목표 및 방향을 내함하고 있다는 혐의를 둘 수밖에 없다. 연구자의 '바람직한 주체의 모습'이 그대로 문학교육을 통해 육성하고자 하는 '인간상'이라고 한다면, 그것은 이미 학습자의 자유로운 주체 형성이라고 할 수 없다. 다시 말해 그가 문학교육의 목적으로 설정한 이데올로기 분석을 통한 '바람직한 주체의 형성'이라기 보다는 '주체의 바람직한 형성'을 희망하는 것이 오히려 바람직한 일일 수 있기 때문이다.

최미숙(1997)은 교육 현장에서 학습자로 하여금 이러한 이해 활동의 방식(글쓰기 방식)이 어떻게 구현될 것인가를 문제삼고 있다. 문학 작품을 통한 글쓰기 원리나 방식은 의미 있지만, 이러한 성과가 어떤 방식으로 현장에서 실현될 수 있는가. 본질적으로는 읽기와 쓰기가 통합된 형태로 실현될 것으로서, 모범적인 글쓰기 방식을 가르치면 추후 작품을 읽으면서도 끊임없이 그 표현 방식에 주목하게 되고 그 결과 궁극적으로 글쓰기 능력이 신장될 것이라는 주장이다. 요컨대, '잘 읽으면 잘 쓸 수 있다'는 단순 논리에서 벗어나, '나도 이렇게 쓸 수 있다'에 초점을 맞추는 것이다.

이와 비슷한 연구 경향을 보이는 정정순(2001;512)은 시 쓰기 방식에 대한 연구를 통해서 시인이 한 인간으로서의 체험이 어떻게 시 속에서 구현되었는지 살펴보면서 시 쓰기에 대한 두 가지 중요한 관점을 제기한다. 하나는 시 쓰기를 예술품의 생산이 아닌 일종의 자기 표현 행위로 보는 것이요, 다른 하나는 자기 표현으로서의 시의 내용을 '체험'으로 보는 것이다. 그러므로 이러한 입장에서는 백석의 시에 관한 탐구는 국문학사에서 백석의 시가 차지하는 위상이나 그의 시적 언어의 미적인 특성 등을 규명하는 것과는 거리가 멀다.[17]

예를 들면 시 감상의 과정에 관여하는 독자의 상상 작용에 대한 해명을 주된 목적으로 하는 구영산(2001)을 들 수 있을 것이다. 구영산(2001)은 실제로 중고등학생을 포함한 대학생과 대학원생 등 모두 1400여명의 감상문을 검토한 바 있다.[18]

3) 이해의 과정에 대한 연구: 어떻게 이해하게 되는가?

이해의 과정을 연구하는 일은 독자가 텍스트를 어떻게 이해하게 되었을까 라는 문제에 대한 해명이다. 즉 학습자가 새로운 과제를 알고 깨달아 가는 과정에 대한 심리적, 상황적 요인에 대해 주된 관심을 보이는 연구

---

17) 정정순(2001), 「백석의 시 쓰기 방식 연구」, 『국어국문학』 129호, 국어국문학회.
18) 구영산(2001), 「시 감상에서 독자의 상상 작용 연구」, 서울대 석사학위논문.

영역이다.

인지적 텍스트의 읽기를 주된 논의의 대상으로 삼는 연구들은 이해를 읽기의 결과보다는 과정으로 보고 있다. 즉 읽기는 독자가 기존의 개념을 조작하여 새로운 의미를 구성하는 정신 작용으로 보고 있는 것이다. 특히 텍스트 언어학과 담화 이론의 영향으로 텍스트의 내용 구조(이삼형)나 의미(김봉순), 혹은 담화의 주제나 구조(서혁)를 이해하고 분석하는 체계를 마련하고 이를 교육적으로 적용하는 방안을 모색하고자 한다. 이러한 관점은 읽기는 문자 언어를 통한 발신자와 수신자의 의사소통과정[19]라고 하는 고전적인 관점에 근거를 두고 있다.

읽기를 '독자와 텍스트 사이의 해석적 협력 활동으로 규정하고 설득적 텍스트에 대한 비판적 읽기의 방법을 논의한 연구 역시 읽기의 방법을 도식화하는데 치중한 나머지 새로운 가치를 형성하는 주체의 능동적인 작용으로서의 읽기를 본격적으로 논의하지 못했다.

박수자(1993), 이성영(1994), 이삼형(1994), 서혁(1996) 등은 대상을 이해하는 전략에 천착하여 그 결과를 이삼형 외(2001)에 요약적으로 제시하고 있다.

이삼형 외(2001)는 "이해에는 수용하는 사람의 능동적인 의미 구성 과정이 개입된다는 것을 보여준다. 이해가 의미 구성 과정이라는 것은 곧 사고 과정이라는 뜻이며, 이해 능력의 핵심은 바로 사고 능력이라는 것을 의미한다."라고 규정하고 있다. 그러면서 이해는 언어 요인, 사회 문화 요인, 개인 심리 요인 등 세 가지로 구성된다고 본다. 언어 요인은 음성 언어나 문자 언어를 해독하는 능력이나 언어 규범과 장르적 관습, 문제 등을 파악하는 능력을 말한다. 사회 문화 요인은 화자나 필자의 성향, 이데올로기 등을 고려하는 능력과 사회적 가치, 문화적 배경 등을 고려하는 능력을 말하며, 개인 심리 요인은 지식, 기억, 연상 등 기본적인 사고 능력과 분석, 조직, 추론, 평가 등의 고등 사고 능력을 말한다.

또한 이해의 어떠한 요인을 연구 대상으로 삼느냐에 따라 이해 이론과

---

19) 최현섭 외(1998), 『국어교육학개론』, 삼지원, p.247.

모형의 양상도 달라진다. 언어 요인에 대한 관심은 텍스트 중심 이론과 모형을, 사회 문화 요인에 대한 관심은 사회 문화 중심 이해 이론과 모형을, 개인 심리 요인에 대한 관심은 독자 중심 이론과 모형을 배태하였다.[20)]

이러한 시도들은 언어 사용의 실제적 맥락을 강조하는 흐름에 따라 문장 단위에서 텍스트 단위로 국어교육의 관심을 옮겼다는 점에서 유의미하지만 여전히 미시적인 해석의 문제에 매달려 있다는 한계를 보인다(김미혜).

김중신(1994)은 문학작품을 하나의 심미적 대상이라고 보고, 작품을 읽는 행위는 그 자체로서 심미주체의 일상적 생활에서 벗어난 체험이라고 전제하였다. 심미주체는 작품 속에 내재된 서사주체의 '존재'나 '행위'를 자신의 보편적 평균체험에 비추어 우월이나 열등 혹은 가치 지향성을 판단하게 되고, 이 판단은 체험적 평형성에 자극을 가하게 된다고 보았다. 이 자극이 정도나 속성에 의해 심미체험의 구조와 유형은 달라진다고 한다. 하지만, 독자에게 다양한 반응/체험을 줄 수 있는 텍스트 자체가 부족하다는 실질적인 어려움 때문에 주체 변인보다는 작품 변인에 심미적 체험이 더 의존할 수밖에 없는 한계를 보인다.

4. 이해에 대한 오해: 문학 연구와 문학교육

최근 성실하면서도 날카로운 안목을 자랑하는 한 중견 시 평론가가 시 연구와 시 교육의 관계를 논하는 자리에서 '문학교육론에 대해 지극한 '관심'[21)]을 내 보여 '관심'있는 사람의 '관심'을 끌고 있다.

그의 논지를 간략히 요약하면, 문학교육은 문학연구와 별다른 차이점을 보이는 것도 아닌데, '문학교육의 이론적 틀을 모색하는 연구자들은 문학

---

20) 이삼형 외, 위의 책, pp.183~192.
21) 이숭원, 「시 연구와 시 교육의 관계」, 『국문학 연구와 국어교육』, 한국국어교육연구회 2001년 가을 전국학술대회 발표문.

교육의 독자적 영역 개척과 문학교육론의 수립을 위'한다는 명목 하에 문학연구과 문학교육의 변별성을 드러내는 논의를 하고 있는바, 이는 한낱 '밥그릇 싸움'에 지나지 않는다는 것이다.

학문적 논쟁이 거의 없는 학계에서 전면적이면서도 공격적[22]으로 논전을 벌였다는 점에서 어쩌면 다행스러운 일일 수도 있다. 하지만, 그는 "문학연구와 문학교육이 어떻게 우호적인 상보적 선린 관계를 형성하는가를 모색해야 한다."고 주장하고 있는 바, 우호적인 상보적 선린 관계가 양자의 정체성을 모호하게 하는 것이라면 이는 학문적 퇴영에 다름 아니다. 따라서, 국어교육학 연구를 되돌아보고, 내다보는 자리에서 이 주장은 반드시 짚어 보아야 할 것이다.

그는 그간 문학교육 연구의 성과라고 인정될 만한 세 가지 점을 꼼꼼히 들어 비판하고 있다. 이 중에서 여기서는 문학연구와 문학교육의 변별성에 관한 것에 대해서만 반론을 제기하기로 한다.

첫째, 그가 제기한 문학전문가의 역할과 개념이다. 그는 "문학전문가들이 문학의 의미를 세상에 알리는 것과 세상이 그렇게 아는 것이 반드시 일치하지 않는다는 사실에 당혹감을 느낀 적이 한두 번이 아니었다."라는 발언을 인용하면서 오히려 문학전문가라면 학생들이 좋아하는 대중시가 김소월, 윤동주의 시와 다른 어떤 유인력을 갖고 있는지를 문학적으로 분석해 보아야 한다"라고 충고하고 있다. 그는 이 대목에서 사용된 '문학전문가'가 학술 용어로 사용하기엔 매우 어색하다고 한다. 하지만, 아시다시피 머리말이란 저서의 전체적인 방향과 흐름을 가볍게 적어 놓은 수상(隨想)이다. 사실 문학전문가라는 용어가 학술용어로서 검증을 받아야 할 정도로 함의가 크지는 않다. 단순한 합성어이기 때문이다. 학술용어로서의

---

22) 그는 문학교육의 변별성을 주장하는 한 논자(김중신(1997), 『문학교육의 이해』, 태학사)는 아무 말이나 생각나는 대로 늘어놓아서 '논리의 혼선'을 빚고 있으며, 필요에 따라 의도적으로 '상당한 과장'을 하거나, 문학연구와 변별되어야 한다는 '강박 관념'에 사로잡혀, '과장벽'을 발전시켜 '정당한 사실의 왜곡'을 일삼고 있다고 한다(앞의 논문, pp.182∼183).

비중을 지니려면, 수학에서의 '집합'처럼 일상적으로 사용되는 말과 상당한 차이가 있어서 해당 학문에서 사용되는 함의가 상당히 커야 한다. 또한 인용문의 필자는 문학전문가를 '문학 연구자, 문학 비평가'로 규정해 놓고 있다. 그런데 문학전문가의 개념 범주를 자의적으로 확대하여, 인용문의 필자가 지적한 문학교육의 문제점은 문학교사가 문학전문가가 되지 못한 탓이라고 비판하는 것은 비평가로서의 온당한 자세가 아니다.

둘째, 교육의 성격에 대한 규정이다. 그는 문학 교사의 장황한 설명도 문학론의 개념어를 미리 알아두면 몇 마디로 줄일 수 있다고 하면서, 모든 교육은 개념을 가르치고 지식을 가르치는 일이라고 강조한다. 이 말은 부분적으로만 옳다. '비유', '상징' 등과 같은 시의 개념들이 시에 대한 이해를 훨씬 더 쉽게 해 줄 수 있으리라는 것은 소박한 기대이다. 이미 학생들은 시에 관한 분석적인 용어들로 인해 질려 있는 상태이기 때문이다. '이것은 소리없는 아우성'(<깃발>)이라는 시구에서 깃발이 바람에 펄럭이는 모습임을 연상해 내기에 급급한 학생들에게 '모순 형용'이라는 것까지 알아야 한다는 것은 고통이다. 가르치는 사람의 의도와는 관계없이 문학이 이미 교과로서 자리잡고, 교과로 자리잡은 문학은 이미 감상의 대상이 아니라 암기의 대상이며, 평가의 대상이 되어버렸기 때문이다. 즉 시와 관련된 분석적인 용어들이 시교육 장면을 지배하고 있는 것은 학생들로 하여금 시는 어려운 것이라는 선입견을 심어주는 요인이 될 수 있다. "시는 보통 단편소설이나 수필과 비교하여 짧기 때문에, 시에 사용된 압축된 언어는 학생들에게 시를 어렵거나 신비스러운 것으로 간주"[23]하게 할 우려가 있는 것이다. 이렇듯, '모든'이라는 말로 시작되는 진술 중에서 참은 별로 없다는 사실을 새삼 일깨워준다.

셋째는 반론의 결론에 해당한다. 단언컨대, 시 교육은 시 연구가 아니다. 말 그대로 시 교육은 시를 가르치는 일이고 시 연구는 시를 연구하는

---

23) Raymond J. Rodrigues & Dennis Badaczewski(1978), *A Guidebook for Teaching Literature*(박인기 외 역(2001), 『문학작품을 어떻게 가르칠 것인가』, 박이정, p.208).

일이다. 시라는 텍스트를 대상으로 한다는 점에서 부분적으로 같은 점은 있으나 결코 동의항이 아니다. 그가 말한대로, "시연구자는 논문을 통한 시교육자라고 할 수 있다. 그가 학술논문의 형식을 취하는 것은 그의 일자리가 학자라는 코드 내에 속하기 때문이다. 강의실에서 학생들에게 자신의 연구 내용을 강의할 때 그는 정식으로 시교육자의 자리에 서게 된다."라고 하더라도, 분명 시연구는 시교육과 변별되는 것이다. 같은 사람이라고 해서 하는 일도 같다고 말해서는 안된다. 일선 초·중등학교에서 시를 가르치는 숱한 문학교사에게 그가 가르쳐야 할 시를 모두 연구할 것을 요구할 수도 없고, 또 그럴 필요도 없다. 자동차를 운전하는 사람이나 자동차를 정비하는 사람이나 모두 자동차를 다룬다는 점에서는 동일하나 그들이 갖추어야 할 기능은 다르다. 또한 "(시교육자가─인용자 주) 스스로 시연구자가 되기 힘든 상황이라면 시연구자의 성과를 창의적으로 수용하면 된다."라고 한 것도 시교육자와 시연구자가 결코 일치하지 않음을 스스로 증명한 대목이다.

학문의 기본 성격이 명명화(命名化 naming)과 유형화(類型化 patterning)에 있다고 할 때, 이는 학문의 사명은 변별(辨別)에 있음을 강조한 것이다. 시교육과 시연구를 구분하지 못하고 애매하거나 모호하게 여기는 사람에게 분명히 양자가 변별됨을 깨닫게 하는 것은 학문으로서의 '국어교육학'의 주된 사명일 것이다.

이렇게 볼 때, 결국 이숭원(2001)도 '이해의 대상'만으로 '이해의 주체'와 '이해의 과정'까지도 아우를 수 있다는 오해에서 비롯된 것으로 보인다.

5. 결론

국어교육학의 성립은 정체성 시비와 관련된 논쟁에서 비롯되었듯이, 국어교육학은 태생적으로 주변 학문들과 논쟁적이었다. 언어학과 언어교육이 그랬고, 문학 연구와 문학교육이 그래왔다. 이는 더없는 행운이다. 논쟁 없는 학문은 소멸될 수밖에 없기 때문이다. 논쟁을 통해 학문의 정체성과 정합성이 더욱 튼실해지기 때문이다.

불가에서 선문답을 하는 목적이 수도승으로 하여금 새로운 지식을 획득하게 하는 데 있지 않고 선문답에 임하고 있는 수도승의 진리에 대한 태도 변화를 유도하고 있다는 점을 유의할 필요가 있다. 물론 방법의 효율성의 측면에서 문제가 있겠지만 선문답식의 교육은 오늘날 우리에게 무엇을 왜 가르쳐야 하는가에 대한 해결책을 시사한다. 즉, 국어교육은 '이것이 무엇이다'라는 것을 가르치는 인식 중심적인 교육에서 '이것은 왜 이것인가?'라는 질문에 대한 답변을 스스로 찾아가는 존재 중심적인 교육으로의 전환이 필요하다.

참고 문헌

1. 논 저

교육인적자원부(1998), 『교육 과정 해설서』.

교육인적자원부(2002), 『고등학교 교사용 지도서 국어(상)』.

구영산(2001), 「시 감상에서 독자의 상상 작용 연구」, 서울대 석사학위논문.

김광해·권재일·임지룡·김무림·임칠성(2001), 『국어지식 탐구-국어교육을 위한 국어학 개론』, 박이정.

김중신(1995), 『소설감상방법론 연구』, 서울대 출판부.

_____(1996), 『문학교육의 이해』, 태학사.

문영진(2000), 『한국 근대 산문의 읽기와 글쓰기』, 소명.

박순영(2001), 「이해 개념의 이해」, 『우리말 철학사전 I 』(우리사상연구소 엮음), 지식산업사.

윤여탁(1998), 『시교육론 II - 방법론 성찰과 전통의 문제』, 서울대 출판부.

이삼형 외(2000), 『국어교육학』, 소명.

이숭원(2001), 「시 연구와 시 교육의 관계」, 『국문학 연구와 국어교육』, 한국국어교육연구회 2001년 가을 전국학술대회 발표문.

정정순(2001), 「백석의 시 쓰기 방식 연구」, 『국어국문학』 129호, 국어국문학회.

최현섭 외(1998), 『국어교육학개론』, 삼지원.

Raymond J. Rodrigues & Dennis Badaczewski(1978), *A Guidebook for Teaching Literature*(박인기 외 역(2001), 『문학작품을 어떻게 가르칠 것인가』, 박이정).

2. 박사학위논문

경규진(1993), 「반응 중심 문학교육의 방법 연구」, 서울대 박사학위논문.

권순희(2001), 「대화지도를 위한 청자지향적 관점의 표현 연구」, 서울대 박사학위논문.

권혁준(1997), 「초등국어, 문학비평 이론의 시 교육적 적용에 관한 연구 - 신 비평과 독자 반응 이론을 중심으로」, 교원대 박사학위논문.

김기창(1991), 「국어교육, 국어과 교육에서의 구비문학제재 수용양상 연구」, 교원대 박사학위논문.

김도남(2002), 「상호텍스트성을 바탕으로 한 읽기 지도 방법 연구」, 교원대 박사학위논문.

김봉순(1996),「텍스트 의미 구조의 표지 연구」, 서울대 박사학위논문.

김상욱(1995),「소설 담론의 이데올로기 분석 방법 연구」, 서울대 박사학위논문.

김선배(1996),「초등국어, 시조문학 교육의 통시적 연구」, 교원대 박사학위논문.

김재봉(1996),「텍스트 요약 전략에 대한 국어교육학적 연구」, 조선대 박사학위논문.

김정자(2000),「필자의 글쓰기 태도 연구」, 서울대 박사학위논문.

김중신(1994),「서사 텍스트의 심미적 체험의 구조와 유형에 관한 연구」, 서울대 박사학위논문.

김창원(1994),「시텍스트 해석 모형의 구조와 작용에 관한 연구」, 서울대 박사학위논문.

김혜영(2000),「한국 모더니즘소설의 글쓰기 방법 연구 : 시간 구성 원리를 중심으로」, 서울대 박사학위논문.

노은희(1999),「대화지도를 위한 반복표현 기능 연구」, 서울대 박사학위논문.

류수열(2001),「판소리 구연성의 매체언어적 의의」, 서울대 박사학위논문.

문영진(1998),「한국 근대 소설의 신체성 중심의 읽기에 대한 연구」, 서울대 박사학위논문.

박대호(1990),「小說의 世界觀 理解와 그 文學敎育的 適用 硏究」, 서울대 박사학위논문.

박삼서(1993),「文學敎育의 道敎思想的 背景 硏究」, 서울대 박사학위논문.

박수자(1993),「읽기 전략 지도 교재 구성에 관한 연구」, 서울대 박사학위논문.

박인기(1994),「文學敎育課程의 構造에 관한 硏究」, 서울대 박사학위논문.

박태호(2000),「장르중심 작문 교육의 내용 체계와 교수·학습 원리 연구」, 교원대 박사학위논문.

서덕현(1992),「학교문법의 경어법 기술에 관한 연구」, 서울대 박사학위논문.

서 혁(1996),「담화의 구조와 주제구성에 관한 연구」, 서울대 박사학위논문.

손영애(1992),「國語 語彙 指導 方法의 比較 硏究 : 漢字 利用 與否를 中心으로」, 서울대 박사학위논문.

송현정(1998),「한국어의 호응관계에 대한 국어교육적 연구」, 서울대 박사학위논문.

심영택(1995),「문법 지식의 확대 사용 전략에 대한 연구」, 서울대 박사학위논문.

염은열(1999),「대상 인식과 내용 생성의 관계에 대한 표현교육론적 연구 : 기행가사를 중심으로」, 서울대 박사학위논문.

염창권(1994),「초등국어, 한국현대시의 공간구조와 교육적 적용 방안 연구」, 교원대 박사학위논문.

원진숙(1995),「작문 교육의 이론적 기초와 방법론 연구 : 논술문의 지도와 평가를 중심으로」, 고려대 박사학위논문.

유영희(1999), 「이미지 형상화를 통한 시 창작교육 연구」, 서울대 박사학위논문.

이경화(1999), 「담화구조와 배경지식이 설명적 담화의 독해에 미치는 효과에 관한 연구」, 교원대 박사학위논문.

이도영(1998), 「언어사용 영역의 내용 체계에 대한 연구」, 서울대 박사학위논문.

이삼형(1994), 「설명적 텍스트의 내용 구조 분석 방법과 교육적 적용 연구」, 서울대 박사학위논문.

이상구(1998), 「학습자 중심 문학교육 방안 연구」, 교원대 박사학위논문.

이성영(1994), 「표현 의도의 표현 방식에 관한 화용론적 연구」, 서울대 박사학위논문.

이은희(1993), 「접속관계의 텍스트 언어학적 연구」, 서울대 박사학위논문.

이인제(1996), 「국어교육, 북한의 국어과 교육에 관한 연구」, 교원대 박사학위논문.

이재승(1999), 「과정 중심의 쓰기 교재 구성에 관한 연구」, 교원대 박사학위논문.

이종철(1993), 「의사소통능력 신장을 위한 함축적 표현의 연구」, 서울대 박사학위논문.

이주섭(2001), 「상황맥락을 반영한 말하기·듣기 교육의 내용 구성에 관한 연구」, 교원대 박사학위논문.

이지호(1997), 「燕巖 朴趾源의 글쓰기 方法論 研究 : 「熱河日記」의 對象解釋을 中心으로」, 서울대 박사학위논문.

이충우(1992), 「國語 敎育用 語彙 研究 : 國民學校·中學校 國語科 敎育用 語彙選定을 중심으로」, 서울대 박사학위논문.

전은주(1999), 「말하기·듣기의 본질적 개념과 교육과정 구성 방안 연구」, 고려대 박사학위논문.

정재찬(1996), 「現代詩 敎育의 支配的 談論에 관한 고찰」, 서울대 박사학위논문.

주경희(1992), 「국어 대명사의 담화분석적 연구」, 서울대 박사학위논문.

천경록(1998), 「국어교육, 읽기 교재의 수정 방안 연구」, 교원대 박사학위논문.

최경희(1994), 「초등국어, 동화의 교육적 응용에 관한 연구」, 교원대 박사학위논문.

최미숙(1997), 「한국 모더니즘시의 글쓰기 방식에 관한 연구 : 이상과 김수영을 중심으로」, 서울대 박사학위논문.

최영환(1993), 「합성 명사의 지도에 대한 연구」, 서울대 박사학위논문.

최인자(1997), 「한국 현대소설 談論 生産 方法 연구: 反談論과 文學敎育의 聯關性을 중심으로」, 서울대 박사학위논문.

최지현(1997), 「한국근대시 정서체험의 텍스트조건 연구」, 서울대 박사학위논문.

한창훈(2001), 「고전시가교육의 가치론적 연구」, 고려대 박사학위논문.

허왕욱(2000), 「지봉 이수광 시론의 특성과 시교육적 적용 연구」, 교원대 박사학위논문.

문학교육의 도교사상적 배경 연구

■ 박삼서, 서울대 박사학위논문, 1993 ■

1. 논문 목차

2. 내용

1) 연구 문제

이 연구는 문학교육에서 인간의 문제가 매우 중요하며 따라서 인간 문제의 중심이 되는 사상의 영역을 다루는 것은 중요한 의미를 지닌다는 전제에서 한국문학사상에서 중추적 역할을 수행해 왔던 도교사상의 문학적 양상과 전이유형 및 변용방법 등을 사상소(思想素)라는 분석 단위를 통해 고찰하고자 했다.

2) 주요 내용

이 연구는 우리나라 문학에서 도교사상이 매우 비중 있는 사상적 배경으로 작용하고 있을 뿐 아니라 대개 다른 사상들과 습합 양상을 띠고 있다는 데 주목하였다. 그럼에도 불구하고 문학 작품에 수용된 도교사상의 성격을 파악하거나 여타의 사상들과 맺고 있는 관련 양상을 도출해 내는 데 필요한 방법론적 기반이 매우 취약하다는 문제의식을 가지고 있다. 따라서 이를 해결하기 위한 방법으로 필자가 취한 것이 사상소라는 분석 단위이다. 사상소(thought factor)라는 범주는 논문에 따르면 필자 자신이 창안한 용어이다. 말하자면 사상소는 사상을 이루는 구성요소라고 할 수 있다. 사상소에는 종교사상의 유의미적 기본단위가 되는 사상단위 또는 사상인지가 있는데, 이것들은 대개 중복되는 결합의 형태를 취하거나 혹은 확대되어 완결된 하나의 문장이 되고, 이들 문장의 연속이 단락을 형성하여 그 결과 하나의 총합적인 사상장을 형성하기도 한다고 한다. 연구자는 이러한 논의를 정리하여 사상소를 사상 단위에서 사상장(思想場)까지의 범위를 모두 통괄하는 의미로 본다. 이에 따라 Ⅱ장 이하의 모든 논의는 사실상 사상소를 단위로 한 분석 작업을 통해 이루어진다.

사상소를 분석틀로 삼아 Ⅱ장에서는 작품 내에서 도교사상의 위치와 역할이 서로 다른 주요 작품들을 다루고 있는데, 그 결과 도교사상이 도가사상과 구별없이, 그리고 유불과 혼효(混淆)되고 있으며, 시·공간 관념이 인간적이고 순환적인 것으로 다루어지고 있다고 분석하였다. 그리고 작가 자신은 현실에 부합하는 인물로 공언하지만 점차 현실과의 갈등과 대립에서 도교사상으로 편향하는 모습을 보인다는 특징을 도출해 냈다.

아울러 도교사상이 작품에 어떻게 수용되고 있는지를 Ⅲ장에서 실제 작품 분석을 통해 살폈다. 작품 내 도교사상적 사상소를 분석(1절), 해석(2절), 설명(3절)하면서 도교사상의 존재양식(1절)과 배경 사상소(2절), 그리고 사상소의 전이유형(3절)을 밝혔다.

이 논문은 작품 내의 도교사상을 분석하고 설명하는 데 그치지 않고 이를 문학교육과 관련지어 심화시켰다. 우선 문학사상교육의 유형과 과정을 분류하여 이 가운데 문학사상 형상화 파악교육의 7단계 지도 절차를 설정하였는데, ① 작품에 표현되어 있는 모든 사상소 발견, ② 사상소의 의미를 정확히 파악, ③ 사상소를 체계적으로 분류, ④ 사상소의 정신적 가치(종교적 의미와 가치)를 파악·이해, ⑤ 사상소의 정신적 가치를 종합, ⑥ 다른 사상과(사상 상호간)의 관계를 이해, ⑦ 작품의 중심사상(주제)을 추출 순으로 단계를 설정하였다.

이러한 절차로 도교 사상소의 교육이 이루어진다면 원만한 삶의 태도 설정, 인간의 존재와 본질 탐구, 낙원지향 의식, 전통적 인간관의 이해, 상상력의 신장을 통한 형이상학적 인간의 모습 상정 등과 같은 교육적 의미와 기능을 가지게 될 것이라는 것이 연구의 결론이다.

3) 핵심 어구

文學思想, 時代精神, 思想素, 三敎思想, 習合樣相, 仙藥, 得仙, 仙鄕, 謫降, 遊仙夢, 仲介原理, 化身, 敎育領域, 敎育의 可能性, 人間存在, 想像力, 科學主義, 道仙趣向

3. 논의점

1) 사상소(思想素)의 개념

연구자가 제안한 분석틀인 사상소의 객관성을 검증하지 못했다. 연구자가 사상소를 제안한 것은 작품에서 자의적인 분석대상이 되기 쉬운 관념이나 사상을 좀더 합리적이고 객관화된 분석틀을 통해 살피겠다는 의도 때문이다. 이것이 이 논문의 중요한 미덕 가운데 하나라면, 문제는 여전히 개념의 모호성이나 자의성이 남아 있다는 것이다. 사상소의 분석 단위(체계)는 비록 필자 자신의 창안이라는 단서가 붙어있기는 하나 필자 스스로가 부인하고 있는 비교 대상인 '話素'와 오히려 가까운 의미역에 있는 것으로 보인다. 바로 이 점에서 필자가 강조하는 대로 사상소가 객관적인 분석단위가 되기 위해서는 분석대상이 되는 작품 내의 텍스트 단위가 누가 분석하더라도 동일한 결론에 도달할 수 있도록 객관적이어야 한다. 그럼에도 불구하고 범주의 단위 자체가 어휘소로부터 절이나 문장 단위로까지 확장될 수 있는 개방성을 가지고 있고 실제 분석에서도 그러함에 따라 이전의 논의들과 변별될 수 있는 근거를 잃고 말았다. 요컨대 사상이란 작품에 사용된 이러저러한 어휘들로부터 직접적으로 도출될 수 있거나 어휘들의 연쇄에서 확실성을 부여받을 수 있는 것이라기보다는 체제에 가깝다. 따라서 드러나 있는 어휘들로부터 사상을 도출할 수 없는 반면 표현의 부재 속에 오히려 사상이 깃든 경우가 허다하다. 필자는 이 점을 놓치고 있다.

이러한 점에서 바흐친이나 페터 지마의 담화 분석, 텍스트 사회학 관련 선행 연구를 검토했었더라면 객관적인 토대를 확보할 수 있었을 것이다.

2) 종교사상에 대한 강조

작품 속에 용해되어 있는 종교 사상, 특히 도교 사상에 강조점이 주어져 있다. 문학사상을 포괄적 범주로 제시하고 그 안에 포함관계를 갖는 종교사상과 도교사상을 층위 설정함으로써 작품 내의 종교사상의 독자성을 인정하고 있지 않음에도 불구하고, 즉, 작품 속에 종교사상이 흡인되었을 때에는 종교사상이 아닌 문학사상이 된다는 주장에도 불구하고, 결과적으로는 종교사상을 지나치게 강조하고 있다.

이와 같은 이유에서 결과적으로 도교사상의 중요성을 과도히 강조하는 방향으로 논의의 흐름이 어긋나고 말았다. 예를 들어 '문학사상 교육의 성격을 규명하지 못했다.'(논문 p.92), '도교사상이 다른 사상에 비해 의도적이거나 체계적으로 국어교재에 실려 있지는 않은 것 같다.'(논문 p.131)라는 표현은 이른바 제도종교로서 유교나 불교, 혹은 기독교와 같은 차원에서 도교가 다루어져야 한다는 암묵적 견해를 반영한다. 도교사상이 의도적이 거나 체계적으로 다루어져야 한다는 암시로 보면, 도교사상 자체에 대한 교육적 배려가 필요하다는 견해가 된다. 특히 국어교재에 수용된 도교사상의 요소를 분석하는 과정에서 도교사상에 대한 강조가 더욱 두드러졌는데, 도교사상을 도가사상과 묶어서 설명하였다. 그러나 민간의 일상적 상징, 상상체계나 관습적 표현들을 굳이 도교사상과 묶어서 설명하는 것은 과도한 논의로 보인다.

3) 문학사상의 국어교육적 위상

문학(속에 담긴) 사상을 가르칠 필요는 있으며 국어교육의 내용 안에서 이런 사상이 어떤 위치를 차지할 것인가에 대해서는 지속적인 연구가 필요하다. 그러나 이 말이 곧 사상 자체를 가르칠 필요가 있다는 말과 동일한 말은 아니다. 문학교육에서 사상을 가르치거나 다룰 수 있는 방법으로 다음 두 가지를 생각해 볼 수 있을 것이다.

① 주체가 세계를 바라보는 관점이라는 입장에서 작품 속 등장 인물이 가지고 있는 사상이 인물의 행동·말·사고를 통해 어떻게 드러나는가에 대해 분석

② 사상은 단순히 주인공의 사고로만 나타나는 것이 아니라 여타 다양한 표현 방식으로도 드러난다는 입장에서 작가의 사상이 작가의 글쓰기 방식에 어떻게 투영되는가에 대해 분석

고전 텍스트는 생각·사고·행동 방식에서 그 근본적인 인식 틀이 지금의 우리와 다르다. 그리고 오히려 다르기 때문에 가치 있는 내용적 지식으로 제공될 수 있다. 따라서 텍스트의 감정 구조, 사고 구조, 문화적 측면을 다룰 필요가 있다고 할 수 있다. 그리고 하지만 그것이 이 논문에

서 제시한 '도교사상 교육'이라는 방식처럼 개별 사상에 대한 교육이 될 필요는 없다.

이 연구는 사상·철학 중심 패러다임의 한 지류를 택하고 있다. 도가가 낯설고 오랜 옛이야기가 아니라 아주 친근한 것임을 강조하고 있다. 다만 도가와 도교를 구분하고 있는데, 이는 오히려 도교와 도가가 서로 넘나드는 것으로 수정되어야 할 것이다. 그래야 폭넓은 언어문화를 다룰 수 있다. 체계적인 구조로서의 사상이나 종교에 여타 생활적 요소들이 결합되면서, 도가가 어떠한 서사 문화를 만들어내는가를 살필 수 있어야 한다.

또한 이 논문은 교육 관련 논의에서 우리의 전통적인 논의를 도입하고 의미 있게 수용해야 할 필요를 제기하였다. 전통 사상이나 논의에서 추출할 수 있는 인간관·철학관을 가져와서 의미 있게 재구성하여 교육적으로 제기해 줄 필요 있다.

4) 논의의 확장

사상뿐만 아니라 정서적 특질, 미적 감수성 등을 국어교육에 도입하는 문제가 체계적으로 연구될 필요가 있다. 작품에서 텍스트 중심으로, 지식에서 활동 중심으로 그 패러다임이 바뀌면서, '사상', '멋', '한(恨)' 등이 국어교육(문학교육)에서 너무 소외되고 있다. 이들을 다시 국어교육 안으로 끌어들일 수 있는 방법에 대한 고찰이 필요하다. 활동도 지식이나 문화와 결부되어야만 그 의미를 확보할 수 있기 때문이다. 또한 최근 문화 유산을 교육적으로 수용해야 할 필요성이 부각되고 있다. 문제는 문화유산을 어떤 식으로 구조화할 수 있는가인데, '내용(명제적·개념적 지식) + 방법(절차적 지식)의 결합 양식'을 추구해야 할 것으로 판단된다. 내용에 해당하는 것이 무엇인가는 앞으로 계속 연구되어야 할 것이다.

4. 의의와 발전 방향

이 논문은 문학교육 관련 논의에서 지금까지 소홀히 되어 왔던 우리의 전통적인 사상을 도입하고 의미 있게 수용해야 할 필요를 제기하였다. 또한 전통 사상이나 논의에서 추출할 수 있는 인간관·철학관을 가져와서 의미 있게 재구성하여 교육적으로 제기해 줄 필요성을 설득력 있게 제기하였다. 이를 위해서 문학사상을 분석해 내는 분석단위와 범주를 제시한 점, 문학사상교육을 유형화하고 지도 절차를 구안한 점, 그리고 고전문학 사상의 현재적 의미를 부각시켜 교육적 당위와 필요성을 제시한 점 등이 이 연구의 성과물이다.

그러나 문학사상과 같이 작품 내에 융해되어 있는 관념을 분석하는 방법론이 객관화될 수 있겠는가 하는 점은 여전히 논란거리이다. 사회기호학이나 담론분석, 상징론 등의 방법이 가능한 방법이 될 수 있을 것인데, 현재 고전문학교육 분야에서는 중요하게 검토되지 않고 있다. 이 논문에서 제시한 사상소의 개념을 더 정밀하게 정립하기 위해서는 신화소 같은 개념범주를 검토하는 것이 필요하리라 생각된다.

문학사상과 작가의 관계는 지금까지도 근본적인 문제제기 없이 동일성 원리로 설명해 왔다. 이 논문에서도 그러한데, 예컨대『금오신화』의 각 단편들에 주된 사상적 경향성이 다르게 나타난다면 이것은 작가의 문학사상이 여러 가지라는 것일까, 아니면 작가의 문학사상이 작품의 문학사상과 다르다는 것일까, 그도 아니면 각 단편에 다른 사상적 경향성이 나타난 것이 잘못된 것이라는 뜻일까? 이에 대한 추가적 논의가 필요하다.

서사 텍스트의 심미적 체험의 구조와 유형에 관한 연구*

■ 김중신, 서울대 박사학위논문, 1994 ■

1. 논문 목차

---

* 이 논문은 『소설감상방법론 연구』(김중신, 서울대 출판부, 1995)로 발간되었다.

2. 내용

1) 연구 문제

이 논문은 미적 대상과 미적 체험의 관계에 대해 주목하고 문학작품에 대한 객관적 해석의 가능성을 탐색하기 위한 작업과, 서사 텍스트에 내재된 갈등과 그 해결 과정을 체험함으로써 유발되는 감동의 요인을 규명하는 작업을 보임으로써 문학작품의 객관적 인식의 가능성을 논증하고 있다.

2) 주요 내용

이 논문은 문학작품을 하나의 심미적 대상이라고 보고, 작품을 읽는 행위는 그 자체로서 심미주체의 일상적 생활에서 벗어난 체험이라고 전제하였다. 심미주체는 작품 속에 내재된 서사주체의 '존재'나 '행위'를 자신의 보편적 평균체험에 비추어 우월이나 열등 혹은 가치 지향성을 판단하게 되고, 이 판단은 체험적 평형성에 자극을 가하게 된다고 보았다. 이 자극의 정도나 속성에 의해 심미체험의 구조와 유형은 달라진다. 즉 서사주체의 행위가 가치 상향적일 때는 서사주체의 초월성이나 문제성이 심미주체의 대리 만족이나 모방의 대상이 되므로 선망성을 유발시킨다. 그런데 서사주체의 행위가 가치 하향적일 때는 심미주체에게 감계성을 유발한다. 이것은 서사주체의 열등성이나 혐오성이 심미주체에게 상대적 우월감이나 경멸성을 유발시키는 탓이다. 또한 서사주체의 행위가 가치하향적일 때는 그가 겪는 경험이 심미주체에게 일상적 삶을 재인식시키게 되므로 동정성을 유발한다고 보았다.

이를 유형화함으로써 작품의 의미와 의의를 구분할 수 있는 철학적 근거를 마련하는 한편, 문학교재를 위계화할 수 있는 단초를 열 수 있게 된다.

3) 핵심 어구

심미체험, 서사주체, 심미주체, 보편적 평균 체험, 가치 지향성, 경험적 평형성, 학습독자, 문학 교재의 위계화

3. 논의점

1) 논문의 학문적 근거

이 논문은 문학작품에 대한 객관적 인식의 가능성을 노증하고 있다. 과학과 대비하여 사물현상에 대한 주체의 이미지들로 구성된 세계의 의미를 밝혀 내는 작업은 궁극적으로 주체의 직관을 통해서 파악하고 공감하는 작업이 되어야 하기 때문에 현상학적 방법론을 사용한다. 그러나 그것이 객관성을 갖고 있다 하더라도 그것은 한 개인의 사적 주관성이란 차원을

넘어서 공적으로 보장될 수 있는 타당성을 보장할 수 없다고 하면서 현상학적 방법론의 한계를 지적한다. 이 논문은 사물에 대한 판단이 사람마다 다르다는 것은 관점의 차이에 의한 것이긴 하지만 이것은 판단하고자 하는 대상의 차이에서 기인한 것이 아니라 대상에 대한 인식의 차이에서 비롯된 것이므로, 사물의 객관적 판단은 인식을 전제로 한 대상의 판단이 아니라 대상을 전제로 한 인식이라고 결론을 지음으로써 문학작품에 대한 객관적 해석의 가능성을 마련한다.

그리고 문학작품에 대한 감동을 미적 대상에 대한 심미 체험으로 간주하여 심미체험을 '가치 상향적·가치 하향적·가치 평형적'으로 나누고 각각에 대한 심미 주체의 감동을 '상대적 우월감·감계성·동정성'과 관련지음으로써 서사 텍스트에 내재된 갈등과 그 해결 과정을 체험함으로써 유발되는 감동의 요인을 규명하고 있다.

과연 논문이 상정하고 있는 심미주체는 누구인가? 문학작품은 일상적인 텍스트와는 달리 자체적으로 소유하고 있는 문학적 장치나 내적 코드로 인해 독자들은 문학적 장치에 대한 선지식이 없이는 문학작품의 내재적 의미를 이해하기가 쉽지 않다. 따라서 심미주체는 어느 정도 능력을 갖춘 독자이어야 한다. 즉 언어교육에서 언어 사용의 원리와 전략을 밝히기 위하여 이상적인 언어 사용자의 언어 사용을 분석하는 것과 궤를 같이 하고 있다.

2) 심미적 체험의 '평형지향성'

가. 본고의 기본 가정

"정서 및 심리 상태가 평형 상태를 유지·지향하는 것이 바람직하며, 그러한 평형 상태를 유지하는 것이 인간 발달의 측면이나 교육적인 측면에서 매우 중요하다."라는 이 연구의 본고의 기본 가정(한 개인의 성숙 = 정서적·인격적 평형 상태)은 과연 정당한가?

본 논문이 콜버그의 도덕성 발달 이론/인간발달 이론에 그 학문적 근거를 두었으므로, 심미적 체험의 '평형지향성'에 대한 이러한 가정이 깔릴 수밖에 없다. 콜버그의 이론은 지향해야 할 목표점, 바람직한 가치의 위계를 분명히 표방하는 이론이다.

나. '심미적 체험'을 어떻게 볼 것인가?

연구자가 말하는 심미적 체험 과정은 다음과 같이 도식화할 수 있다.

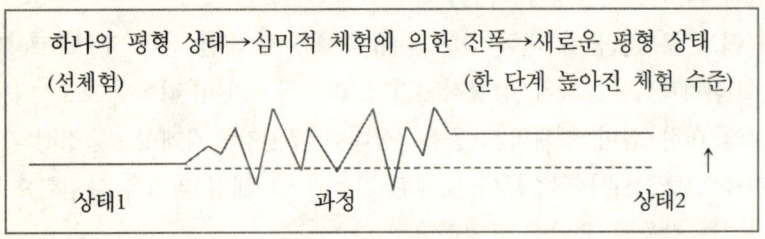

위의 모든 과정 중 시간적으로 근접한 경험을 기반으로 논의를 한 것으로 보인다. 그러나 '평형→일탈→평형'의 과정은 끊임없이 계속되는 것이다. '미적 체험이 축적될수록 평형의 수준이 상승된다'는 것만으로는 논의가 부족한 것 같다.

이 문제는 심미적 체험을 무엇으로 보느냐에 따라 달라질 수 있다. '심미적 체험'을 일종의 정지된 상태인 '평형'으로 볼 때에는, 현실 세계의 가치를 '바람직함'으로서 '평형'을 긍정하는 교육적인 이점이 있다. 그러나 이 논문에서는 '깨어진 상태'를 기준으로 하여 읽기 과정을 동적으로 보고 있기 때문에 사회적으로 공유하는 가치의 변화 폭을 수용한다는 점에 중점을 두고 있다.

다. 콜버그의 도덕성 발달 이론/ '평형' 개념을 차용한 것이 적절한가?

본 연구에서는 정의적 영역의 한 국면인 정서 체험/미적 체험에 대한 유형화·위계화를 시도하기 위해 콜버그의 도덕성 발달 이론/ 평형 개념을 차용했다. 콜버그의 이론이 이미 뚜렷한 목표점, 지향점을 분명히 갖고 있음에도 불구하고, 이 개념을 차용한 이유는 무엇일까?

콜버그의 인간발달 이론을 피아제의 인간발달 이론과 비교해 보면 다음과 같다. 피아제는 보편타당한 절대적 기준(연령)을 바탕으로 발달을 논하고 있는데, 콜버그는 상대적 가치를 바탕으로 논의를 진행시키고 있다. 따라서 이 연구는 콜버그의 이론을 논의의 바탕으로 삼았다. 그러나 Kohlberg 이론은 기본적으로 인지적/도덕적인 영역에 대한 이론이기에, 정의적 영역(정서적/미적)에서는 잘 적용이 안 된다. 정서 체험이나 미적 체험이 하나의 지향점/목표점을 가지고 유형화・위계화될 수 있는지에 대해서는 검증 작업이 필요하다.

3) 정의적 영역(정서적/미적)의 위계화 문제: 특히 '평가'와 관련하여

동일한 텍스트(문학 작품)를 읽어내는 방법은 다양하다. 이를 평가하기 위한 다양한 기준 및 그 기준의 객관성이 논의되어야 한다. 현재 문학교육의 현장에서는 객관적인 기준 없이, 다만 '감'의 수준에 머무르고 있다. 이 논문은 모든 영역들(인지적・정의적・미적・윤리적 등)이 분리되어 교육될 수 없다는 데 착안하여 '사고력'으로 각각의 영역들을 포괄하고 이를 범주화하여 유형화/위계화하고자 하였다.(초등용 사고력 프로그램 개발 연구(1998), 유・초등 국어 프로그램 개발 연구(2000), 서울대학교 국어교육연구소)

여러 영역(인지적・심미적・정서적)을 각각 객관적 기준으로 유형화/위계화하고자 하는 연구에서 체계적인 연구 성과물을 내기 위해서 일단 각각을 분석적으로 논의해야 한다.

그러나 하나의 영역만을 제시하는 텍스트는 없다. 하나의 텍스트에 모든 영역이 포괄된다. 위와 같은 연구 결과를 교육 현장에 적용시키다보면, 개별 텍스트는 학생들의 발달 단계에 맞는 어휘, 문장 길이, 내용 수준으로 환원될 위험이 있다. 정서 발달의 문제, 정서의 다양성 문제, 그리고 이에 대한 평가의 문제가 교육현장에서 어떤 원칙을 가지고 접근되어야 하는지에 대해서는 논의가 더 필요하다.

아울러 문학작품을 학생들에게 제공할 때 학생들의 수준(어휘, 문장)에 맞게 편역하는 것이 교육적인지, 이러한 방법이 작품의 문학적 가치와 충돌하지 않는지에 대한 문제가 남는다. 아무리 어려운 텍스트라도 학생들은 자기 수준에 맞게 이해한다는 의견이 있지만, 텍스트를 언제, 어떻게 제시할 것인가의 문제를 해결하기 위한 연구가 보충되어야 할 것이다.

4. 의의와 발전 방향

이 논문은 문학작품에 대한 객관적 판단을 불가능한 것으로 간주하는 인식론적 허무주의를 극복하고 문학작품에 대한 감동이 작품 자체뿐 아니라 독자에 의해서도 결정된다는 점을 밝혔다. 그리고 분석주의적 방법이 갖는 편향과 수용미학적 방법이 갖는 한계를 극복하고 문학작품의 해석이나 감상에 대한 객관적 판단의 가능성을 어느 정도 보여주고 있다. 따라서 문학교육의 현장에서 학습독자의 심미체험 유형에 따라 문학교재를 위계화할 수 있는 근거를 마련해 줄 수도 있을 것이다.

또한 이 논문은 문학교육의 목표에 대한 교육과정을 통한 원론적 고찰을 통해서 작품에 대한 교육적인 접근 방법을 제공하고 있다. 즉 '삶을 총체적으로 이해한다'라는 교육과정상의 목표를 실현하기 위한 방법으로 학습독자가 작품에 대한 이해에 머무르는 것이 아니라 작품을 통해 삶에 대한 총체적 이해에 다다를 수 있도록 방법론을 구상하였다.

심미주체의 감동 요인을 밝히는 과정은 독서를 통한 심리 치료에 기여할 수 있다. 독서 치료를 독서라는 정서적 자극을 통해 정서적 장애를 치료하는 것이라고 보았을 때 이 논문의 전제와 독서치료의 전제는 다르지 않다. 즉 작품을 읽는 행위는 그 자체로서 심미주체의 일상적 생활에서 벗어난 체험이고 또한 삶의 대리 체험일 수 있기 때문이다.

그러나 학습 독자가 작품을 읽는 행위와 감성을, 자극에 대한 반응으로 간주하여 학습 독자의 역동성을 제한하고 있다. 이 논문이 나오기 전까지 작품에 대한 비평을 수동적으로 받아들이기만 했던 학습자에 비하여 작품을 작품으로서 이해하고 감동한다는 점에서 학습 독자의 역할이 보다 적극적이고 능동적이기는 하다. 하지만 논증의 과정에서 문학작품에 의해서 심미 주체의 체험적 평형성이 조절된다는 전제에 그 적극성과 능동성이 다시 제한되고 있는 것이다. 즉 체험적 평형성의 조절이라는 심미 주체 내부의 역동성이 부각되지 못한 점이 있다.

또한 이 논문에서 '가치 평형적 행위'와 '체험적 평형성'에서의 '평형'이라는 개념의 내포적 의미가 동일하지 않다. 체험적 평형성에서는 '균형잡힘'이라는 의미로 사용된 반면에, 가치 평형에서는 '평평함'이라는 의미로 사용되고 있다. 또한 '보편적 평균체험'과 흔히 말하는 '상식'이나 '선경험'과의 내포적 의미면에서의 차이를 어떻게 설명할 수 있을 것인가도 문제로 남아 있다.

심미적 체험 유형과 효과는 일종의 가설일 수밖에 없다. 따라서 이를 구체적인 현장에서 실증적으로 검증하여 이 개념의 타당성을 확인하는 일이 필요하다. 학습독자의 인지 정의적 발달에 따라 각 유형이 어떻게 위계화 되는지에 대한 면밀한 검증이 뒷받침되어야 할 것이다.

필자의 변

새삼스러울 것도 없는 필자의 학위 논문을 꼼꼼하게 읽고 평을 해 주신 분들께 감사드린다.

평자들이 지적한 것의 상당 부분은 필자도 깊이 공감하는 바이다. 논문에서 모자라고 부족한 부분은 앞의 각주에서 밝힌 바 있는 『소설감상방법론 연구』(김중신, 서울대 출판부, 1995)를 통해 보완을 하였다.

평자들의 지적은 몇 가지로 나누어 볼 수 있다. 이를 중요도에 따라 순서대로 검토해 보자.

첫째, 콜버그의 이론 적용의 타당성에 관한 부분이다. 널리 알려져 있다시피 인지 발달에 관한 이론은 피아제가 독보적이다. 하지만 평자들도 지적했듯이 피아제는 보편타당한 절대적 기준(연령)을 바탕으로 발달을 논한 데 비해 콜버그는 상대적 가치를 바탕으로 발달을 논했다는 점에서 우리 실정에 적합하다고 판단하였다. 실제로 한국교육개발원에서 콜버그의 이론을 바탕으로 해서 우리나라 중학생들의 도덕적 발달 수준을 측정하였다는 점(앞의 책, 243쪽)은 이 이론의 유용성을 입증하는 것이라는 생각이다. 다만 정의적 영역(정서적/미적)에서는 잘 적용이 안 된다는 지적에는 전적으로 동의를 하며 이에 대한 보완 작업이 미진하나마 수행(김중신, 「문학감상에서의 인식과 정서의 관계」, 문학과 교육 10호, 문학교육연구회)되었음을 밝힌다.

둘째, 평가의 문제이다. 과연 문학에 대해 가르치고 그것을 학생들이 배운 것에 대해 공정하고 객관적으로 평가할 수 있을까. 결코 가능하지 않은 일이라고 본다. 이는 단순한 가능성 여부의 문제가 아니라 문예 미학, 문학 철학과 관계되는 문제이기 때문이다. 하지만 한국적인 상황에서 평가는 교육의 모든 것을 좌우한다고 해도 과언이 아닌 실정에서 이것을 외면하는 것은 연구자의 자세가 아니라고 본다. 필자가 4장에서 위계화 문제를 다룬 것은 평가를 정면으로 다루어 보자는 의도의 우회적 표현이다. 위계화는 언제 어느 작품을 가르쳐야하는 문제이다. 얼핏 보아 교재 편찬 문제에만 국한되는 듯이 보인다. 하지만 이는 교수 방법과 함께 평가의 문제와도 깊숙이 관련되어 있다. 어느 수준의 학생에게 어느 작품을 가르쳐야 하는지가 밝혀진다면 그 학생이 작품에 대한 감상 수준도 밝혀질 수 있기 때문이다. 따라서 문학 교육에서의 평가는 문제만 제기될 뿐 결코 끝이 보이지 않을 과제이다. 다만 만족할 수는 없지만 수긍할 수밖에 없는 방식만이 가능할 것으로 생각된다. 그러한 방식의 도출을 위해 이론적, 현실적인 방법을 모색해야 할 것이다.

셋째, 용어상의 문제이다. '평형'이라는 개념이 혼용되어 사용되었다는 점은 앞의 책의 보론 부분에서도 밝힌 바대로 논문 수정 과정에서 발견하였다. 하지만 이를 고쳐 사용하기에는 '가치 평형적 행위'와 '체험적 평형성'의 개념이 너무 막중한 비중을 차지해 손을 댈 수가 없는 지경이었다. 이는 아마 필자의 섬세하지 못함에 기인한다고 볼 수 있으나 이로 인한 과오는 너무 크다. 이후의 그 어떤 논문에서도 이 개념이 인용되거나 차용되는 것을 보지 못했기 때문이다.

넷째, 본 논문을 작품에 대한 객관적 해석의 가능성을 모색해 보자는 의도에서 출발하였다고 보는 것은 평자들의 정당한 지적이라고 생각한다. 다만 심미주체가 누구인가를 묻는 것은 심도가 깊지 않은 질문이라고 본다. 문학작품을 하나의 심미적 대상이라고 할 때 심미주체는 말 그대로 작품을 감상하는 주체 즉 독자, 문학교육의 현장에서는 학습독자가 된다.

마지막으로 본 논문에 대한 우한용 교수(서울대)의 서평이 「소설 수용의 미학적 구조와 그 교육적 의의」라는 제목으로 실려 있음을 밝혀 둔다.

한국 현대시의 공간구조와 교육적 적용 방안 연구

■ 염창권, 한국교원대 박사학위논문, 1994 ■

1. 논문 목차

2. 내용

1) 연구 문제

이 연구는 일제 강점기에 활동하면서 당시의 상황에 가장 예민한 인식을 보여주었던 여섯 시인 즉 김소월, 한용운, 이상화, 이상, 이육사, 윤동주의 시에 나타난 길과 집, 보행과 거주의 양상을 통해 공간 표상을 구조화시키고, 이의 교육적 방안을 탐색하고자 하였다.

2) 주요 내용

이 연구는 위의 여섯 시인의 생애가 모두 해방 이전에 마감됨으로써, 이들의 작품이 모두 일제 강점기라는 사회적 배경 하에 오롯이 놓인다는 점에 주목하고, 이들 시인들의 작품에 나타난 '길'과 '집'의 의미를 살펴봄으로써, 이들이 어떻게 세계에 정위하였으며, 정위하려는 노력을 보여주었는가 그리고 그 정위에 실패하였는가를 고찰하고 있다.

김소월이 시적 공간에서 주로 위치하는 곳은 나그네 집과 미로이다. 김소월은 삶을 나그네의 길로 인식한다. 그의 시에서 나그네가 가는 길은 어떤 전망도 닫혀있는 비극적인 세계로 나타나는데 그것은 님이 부재하는 현실을 고정된 것으로 인식하기 때문이다. 김소월의 경우 삶의 공간에서의 소외는 보호성의 상실이라는 점에서, 계모의 보살핌과 같은 일제 지배 체제와 상동 관계를 이룬다. 따라서 그의 시에서 화자의 떠돎은 바로 유랑민들의 떠돎과 같은 성격을 갖는다고 할 수 있다. 그런데 그러한 유랑의 현실이 실상은 일제강점에 따른 구조적 불합리에 의한 것임을 직시하거나 그 구조적인 모순을 타개할 행동성은 확보하지 못한 것으로 보인다.

한용운의 경우는 주로 기다림의 길이며, 님이 부재하는 결핍된 거주 공간이다. 한용운도 김소월과 거의 유사한 모습을 보이는데, 한용운이 김소월과 다른 점은 그의 시에서는 화자와 님이 보다 역동적인 관계를 맺음으로 써 비록 비현실이지만 그곳에서 존재할 님을 믿어 의심치 않는다는 것이다.

이상화와 이상의 시에서 길은 모두 미로로 나타난다. 이상화 시에서 화자가 선택하는 길은 죽음과 허무의 세계로 향하는 어두운 밤길이다. 집도 또한, 동굴과 침실이라는 구체적인 삶의 정황이 제거된 죽음과 허무의 집이다. 그는 일상인들이 걷는 자족과 굴종의 길 그리고 생활의 고통에 침몰한 집 등의 현실적인 길과 집을 철저히 거부한다. 길 위에서의 보행의 양상도 절룩인다는 점에서 비슷하다. 현실의 집은 궁핍으로 인한 유폐의 공간으로 나타나며 또한 그들이 추구하는 최후의 집은 어둠에 감싸인 죽음의 집이라는 점에서 현실적인 가치를 떠나 있다. 그러나 이상화가 집단적인 신화에 기초한다면 이상은 개인적인 신화에 기초한다.

윤동주와 이육사의 시에는 온전히 거주하고 보행하는 모습이 드러난다. 그들에게는 아니마와 자기(self)가 형성되어 있었기에 집은 치유와 성숙의 방이 되고 길은 탐색과 자기 성찰의 과정이 된다. 그들에게 길은 자기 탐색을 통해 세계와 대결하는 국면이다. 그들은 길에서 지친 몸을 방에서 감싸임으로써 휴식과 새로운 탐색을 준비한다. 그런데 이육사의 시가 집보다는 길 위에 놓여 있다면 윤동주의 시는 주로 '세상으로부터 돌아온 방'에 놓여 있다.

'집'을 중심으로 시대적 변모를 조감하면 20년대에서 집은 주로 결핍된 공간으로 나타난다. 이 시기에는 빼앗김에 대한 인식이 강하게 드러난다. 30년대 초, 중반에서 집은 유폐된 공간으로 나타난다. 이 시기는 두 개의 나라를 동시에 거부하는, 즉 나라에 대한 동일성이 상실된 시기라고 할 수 있다. 30년대 말에서 40년대 초에서 집은 치유와 새로운 모색을 준비하는 공간으로 나타난다.

'길'을 중심으로 시대적 변모를 조감하면 20년대에서는 다양한 길이 나타난다. 이는 '있어야 할 당위의 세계'에 대한 믿음이 확고하거나(한용운) 회의적이거나(김소월) 절망적이거나(이상화) 하는 다양한 인식에서 비롯된다.

30년대 초·중반에서 길은 완전한 미로가 된다. 이는 세계에 대한 전적인 절망이다. 여기서는 있어야할 당위의 세계에 대한 어떠한 비전도 상실되어 있다. 30년대 말에서 40년대 초에서 길은 순환을 거쳐 극복해야 할 길로 나타난다. 여기서는 있어야할 당위의 세계에 대한 믿음이 문제가 아니라 어떻게 걸어야 하는가가 중요시된다.

결론적으로, 위 여섯 시인들의 공간 정위 양상을 구조화시키면 일제 강점기의 공간 좌표에는 결핍된 집과 나그네의 집 그리고 미로같은 집이 중점적으로 드러난다.

이와 같은 시의 공간구조를 읽는 방법으로 다음과 같은 독서 단계를 설정할 수 있다. 1차 독서 단계에서는 텍스트 자족성을 옹호하는 입장에서 지시적 의미를 파악하고 2차 독서 단계에서는 시인의 세계상을 공간 구조를 통하여 해명한다. 3차 단계에서는 시대 역사적 맥락하에 시인의 세계관을 이해하고, 4차 단계에서는 독자의 세계관의 확대 방안을 연속성의 입장에서 이해한다. 염창권(1993)은 김소월의 「길」이라는 시를 중심으로 이와 같은 독서 단계의 적용 가능성을 보여 주고 있다.

3) 핵심 어구

현대시, 길, 집, 공간의 구조화, 공간 표상, 단계적 독서

3. 논의점

1) 공간 구조의 표상을 통한 시 읽기의 새로움

이 연구는 1993년에 발표된 논문으로서 아직 현대시 교육에 관한 연구가 본격화되기 이전, 시교육 연구의 방향을 모색하던 시기에 쓰여진 논문

으로서 문학 연구를 통해 문학 교육 방법으로 논의를 연결시킨 논문이다. 특히 시 읽기 방안으로 새롭게 '공간 구조 읽기'(집, 길)에 주목했다는 점에서 긍정적이다. 문학 연구를 토대로, 주제와 관련 있는 시의 핵심 요소를 중심으로 하여 시 읽기 방법을 제안했다는 데서 의미를 찾을 수 있을 것이다.

2) 현대시 읽기 독서 방법으로 제안한, 4단계의 '단계적 독서 방안'의 적용 가능성 문제

이 논문에서 설정한 독서 단계가 논리적으로는 가능하지만, '이해와 감상'이라는 실제 과정과는 다소 거리가 있을 수 있다는 점을 고려할 필요가 있다. 예컨대 2차 단계에서는 시인의 세계상을 공간구조를 통하여 해명하고 3차 단계에서는 시대, 역사적 맥락 하에 시인의 세계관을 이해한다고 하였는데, 시대 역사적 맥락을 고려하지 않고 시의 공간구조를 이해할 수 있을 것인지에 대해서는 재고해 볼 필요가 있다. 물론 독서 과정에서 계기적으로 이루어지는 활동에 관해 논의할 수는 있겠으나 이 연구에서 제안한 '시인의 세계상'과 '시대, 역사적 맥락'은 긴밀한 관계에 있기 때문에 단계로 분리하기에는 어려울 것이다.

3) Ⅲ장(공간 구조 읽기)과 Ⅳ장(교육적 적용)의 연계성 부족

공간 구조를 중심으로 시 읽기를 가르칠 수 있다는 관점은 충분히 수용할 수 있으며 적용 또한 가능하다. 그러나 공간 구조를 중심으로 하여 시 읽기를 가르치고 배우기 위해 Ⅲ장의 내용을 학생들이 다 배우고 알 필요가 있을지 생각해 볼 필요가 있다. 결국 Ⅲ장은 '20~40년대 현대시의 길 이미지 변천사에 대한 문학 연구'가 된 셈이다. Ⅳ장 논의를 위한 바탕으로 보기에는 긴밀도가 떨어진다.

4) 내용(문학) + 방법(교육학)의 접목 시도의 문제

문학과 교육학을 결합하는 차원에서 논의를 진행하고 있다. 분리되어 있는 내용과 교육 방법을 결합시키는 관점이라면 국어교육은 내용과 분리된 방법의 차원에 그칠 우려가 크다. 분리된 내용과 교육의 결합, 즉 문학 연구와 문학 교육 방법의 결합이 아니라 연구의 문제의식부터 문학교육 혹은 국어교육 차원에서 접근할 필요가 있다. 다만 이 논문을 쓴 시기가 문학교육학의 방법이나 양상, 방향이 아직 정립되지 않았던 시기(1990년대 초반 문학교육 연구가 당면한 과제 및 난점을 잘 보여줌)라는 점을 고려한다면 이 논문만의 한계로 보기는 어려울 것이다.

4. 의의와 발전 방향

이 논문은 시 읽기 방안으로 새롭게 '공간 구조 읽기'(집, 길)에 주목했다는 점에서 긍정적이다. 주제와 관련 있는 시의 핵심 요소를 중심으로 하여 시 읽기 방법을 제안했다는 데서도 의미를 찾을 수 있다. 그리고 당대까지 이루어진 김소월, 한용운, 이상화, 이상, 이육사, 윤동주의 시 연구를 자세하고 폭넓게 정리한 점도 주목할 만하다. 일제 강점기 시인들의 시에 나타난 공간 구조의 표상화를 통해 각 시인들의 세계상을 규명하였으며, 일제 강점기에 활동했던 여섯 시인들의 작품을 하나의 연속선 상에서('길'과 '집'을 중심으로) 검토함으로써 각 시인들의 상호 역동적 작용 국면을 밝혔고, '공간 구조'를 중심으로 현대시를 읽는 방법을 제공했다는 점도 의미가 있다.

이 논문이 아직 문학 교육 연구 방법의 기틀이 잡히지 않았던 초창기의 연구라는 점을 전제로 하여 발전 방향을 논의한다면, 시 연구 내용 자체가 시 교육 방법, 혹은 문학교육 방법의 틀을 제시해 줄 수 있는 방향으로 논의를 전개하는 것이 필요할 것이다. 김소월, 한용운, 이상화, 이상, 이육사, 윤동주의 시를 어떻게 읽을 것인가라는 방식보다는 그 시를 읽는 방법 자체가 다른 시를 읽는 데도 도움을 주는, 즉 전이력을 가진 시 교육 방법에 대한 논의가 필요하다.

시텍스트 해석 모형의 구조와
작용에 관한 연구*

■ 김창원, 서울대 박사학위논문, 1994 ■

1. 목차

---

* 이 논문은 『시교육과 텍스트 해석』(김창원, 서울대 출판부, 1995)으로 발간되었다.

2. 내용

1) 연구 문제

이 논문은 시텍스트 해석 모형의 개념과 구조, 범주, 작용 양상을 체계
화함으로써, 학습독자의 해석 모형을 정교화하고 시텍스트 해석 능력 신
장 방안을 제시하고자 하였다.

2) 주요 내용

연구자는 시교육의 개념을 설정하는 데 있어 기존의 질문들, '시란 무엇인가?', '시에 무엇이 담겨 있는가?'라는 질문들을 '인간이 시와 관련하여 무엇을 하는가?'라는 질문으로 바꾸어야 한다고 제기하였고 이 새로운 질문이 이 연구의 출발점이 되었다. 그래서 연구자는 시 교수-학습 과정을 '기호(체계)로서의 텍스트를 단서로 학습독자가 의미를 구성해 가는 일련의 절차와 방법'으로 본다. 즉, 텍스트의 의미는 언어의 지시적 의미를 바탕으로 작자의 의도, 텍스트의 미적 효과, 상호텍스트의 압력 등에 의해 다층적으로 구성되고, 해석자의 의도와 해석 맥락에 따라 개별적으로 실현된다는 것이다.

이러한 관점을 뒷받침하기 위해서 이 연구에서 이론적 근거로 제시한 것이 기호-소통론적 해석이다. 시텍스트 해석에는 의미의 생산과 전달이 모두 전제되어야 하며 그런 점에서 텍스트의 기호-의미론적 체계와 소통-의미론적 체계를 통합적으로 고려할 수 있는 관점이 필요하다. 기호의 축은 시적 의미 작용, 곧 텍스트 기호의 생산에 관련되는 제반 사항들을 포괄하고 소통의 축은 전달 작용, 곧 텍스트 기호가 담지하는 의미의 사용에 관련되는 사항들을 포괄한다. 연구자는 기호의 축과 소통의 축을 모두 포괄하기 위해서는 기호-소통론적 해석이 필요하다는 점을 강조하였다.

시 텍스트 해석 능력은 세계 지식에 근거한 언어-기호 능력과 문화-기호 능력, 텍스트 기호의 시적 소통 능력, 해석 책략이 요구되는데, 이러한 제 요소를 기능적으로 운용할 수 있게 해 주는 텍스트 해석의 방법적 틀을 '시 텍스트 해석 모형'이라 지칭하고 있다. 시텍스트 해석 모형은 비유적·반어적 사고와 의미 작용, 서술적·대화적 담화에 의한 전달 작용의 구분에 따라, 비유적·반어적·서술적·대화적 모형으로 범주화된다.

비유적 해석 모형이 효과적으로 작용하는 텍스트는 텍스트 기호의 의미가 지시 대상과의 의미론적 유사성에 근거하는 텍스트들이다. 비유적 해석 모형의 작용에서, 학습독자는 텍스트의 지배소를 추출하고 그것이 어떤 의미 체계와 조응할 수 있는지 탐색하며, 그 가능성 중에서 해석적 선택을 함으로써 타당성과 자율성의 범주 안에서 텍스트 의미를 해석할 수 있게 된다. 반어적 해석 모형이 효과적으로 작용하는 텍스트는 기호의의미가 지시 대상과의 심미적 상반성에 근거하는 텍스트들이다. 반어적 텍스트는 그 자체가 텍스트 기호의 유연성을 거부함으로써 기존 담론의 질서를 해체하는 경향을 보이므로 교육적 한계를 지닌다. 그러나 반어적 텍스트는 학습독자의 시적 사고 체계를 보다 심화·확대하는 기회를 제공해줄 수 있다.

발신자의 전달 의도가 언표상으로 직접 표출된 텍스트들의 경우에는 서술적 모형이 효과적으로 작용한다. 학습독자는 작자-화자의 전달 의도를 재진술해 가는 과정에서 심미적 동질성·이질성을 느끼고 그 결과를 자신의 의도에 투사하여 해석적 의미로 나아가게 된다. 동화와 거리두기의 평형을 유지하는 일은 서술적 해석 텍스트의 객관성·타당성을 확보하는 관건이 된다. 대화적 해석 모형이 효과적으로 작용하는 텍스트는 발신자의 의도가 텍스트적 인물의 입을 통해 간접적으로 전달되는 텍스트들이다. 이러한 텍스트에서는 작자의 목소리는 뒤로 숨고 서술자로서의 화자가 전면에 나서며, 텍스트적 인물들의 대화가 텍스트의 주요한 부분을 이룬다. 학습독자는 텍스트에 다층적으로 나타나는 화자-청자의 관계를 명료하게 드러내고 그들 각각의 의도와 그 의도들이 상호 길항하는 양상을 밝혀내게 된다.

여기에서 연구자는 시텍스트의 의미가 독자의 '경험의 주관성'과 텍스트의 '표현의 객관성' 사이에 서서 불확정성을 동시에 지니는 특징을 가지고 있다고 언급하였다. 시교육은 확정성에 근거해서 불확정성의 영역을 확장하는 것이다. 그러므로 시교육의 현장에서 해석 모형이 인위적인 조작이나 투입과 같은 외적 자극에 의해서 발전하는 것이 아니라 궁극적으로 텍스트의 담화적 특성과 독자의 해석적 지향에 따라 다양하게 실현된다.

3) 핵심 어구

시교육, 텍스트 해석, 해석 능력, 해석 모형, 기호-소통 이론, 의미작용, 전달작용, 비유적 모형, 반어적 모형, 서술적 모형, 대화적 모형.

3. 논의점

1) 연구의 이론적 근거

이 연구의 이론적 근거인 기호학, 텍스트 언어학, 소통이론 등은 학습자 변인에 대한 설명이 부족하다. 연구자는 텍스트 언어학, 기호학, 해석학, 소통이론을 중심으로 시텍스트의 기호-소통론적 의미 구조를 밝히고, 시텍스트 해석의 일반 모형과 그 작용 범주를 제시한 후 구체적인 시를 바탕으로 시텍스트의 해석 방법과 그에 대한 교육적 접근을 시도하였다. 연구의 이론적 근거인 기호학, 텍스트 언어학, 소통이론 등은 기호와 소통의 문제를 다루는 데 과학적이고 체계적인 이론 틀을 지니고 있다. 하지만 시 감상의 주체인 학습자의 인지적, 정서적 발달(과정)의 문제들에 대한 설명이 없다는 점에서 한계를 갖는다. 시교육에서 핵심적인 학습자의 시텍스트 해석 능력의 문제는 기본적으로 학습자의 텍스트성 발달에 대한 연구를 전제하지 않으면 안 되기 때문이다. 그러나 현재 이에 대한 연구가 대단히 부족한 현실이다. 또한 시텍스트 해석은 세상사에 대한 지식과 정서적 발달을 포함하는 사고력의 문제와 밀접한 관련을 가진다는 점에서 앞으로 좀더 종합적이고도 폭넓은 접근이 요망된다.

2) 연구의 전제와 방법 간의 차이

연구의 전제로 삼았던 학습독자를 중심으로 한다는 관점이 모형 개발에 효율적으로 반영되지 못했다. 이 연구는 시 교육의 핵심적 목표를 학습독 자들에게 시텍스트 해석 능력을 신장시켜주는 데 있다고 보았고, 이는 궁극적으로 시 텍스트 해석을 통한 소통 능력의 신장으로 연결되어야 한다고 보았다. 이러한 관점에는 시를 작품 그 자체로서 가르쳤던 기존의 교사 전달 중심의 교수학습 방법보다는, 학습독자를 중심으로 시텍스트 해석의 일반 모형을 설정하고 교육하고자 하는 연구자의 의도가 담겨 있다. 이 연구에서 제시한 시텍스트 소통의 구조나 일반모형의 제시는 시교육적 측면에서 충분히 의미가 있다. 그러나 시텍스트 해석 모형의 유형을 제시된 비유적 해석 모형, 반어적 해석 모형, 서술적 해석 모형, 대화적 해석 모형 등은 결과적으로 시텍스트 유형에서 도출된 모형들이라고 할 수 있다. 다시 말해서 학습독자 변인에 대한 분석의 결과가 반영되지 않은 모형들이다. 따라서 학습독자 변인을 중시한다는 연구의 전제와 학습독자 변인이 고려되지 않은 모형 개발 간의 괴리가 한계로 남는다. 물론 개별적인 학습독자를 상정하는 것은 불가능하기 때문에 일반적 용인 가능성을 부여하는 해석 공동체를 전제로 할 수밖에 없다. 그리고 독자와의 소통적 입장에 선다 해도 작품의 유형과 해석이 분리되지 않고 융합적일 수밖에 없다. 그러나 연구의 결과로 도출된 해석 모형이 의미 구조의 유형이라면 '(독자의)해석 모형'이라는 논문 제목과 맞지 않는다.

3) 연구의 부분성

가. 이 연구에서는 학습독자가 시텍스트를 감상하는 여러 단계의 일부 분만을 다루고 있다.

이 연구는 기호−소통론적 관점에 서서 학습독자가 교수-학습이라는 특수한 소통 맥락에서 텍스트의 의미를 능동적으로 재구성해내는 절차와 방법이 어떻게 이루어지는가에 관해 논의했다. 그런데 학습독자가 시텍스트를 감상한다고 했을 때 텍스트의 의미를 구성하는 것뿐만 아니라 자신이 구성해낸 의미에 대한 반응, 즉 내면화의 단계까지 포함하는데 이 연구에서는 이 부분에 대한 논의가 없다. 물론 학습독자가 시텍스트를 적절하게 해석하는 과정에 대한 연구도 매우 중요하고 의미가 있다. 지금까지의 시교육이 주로 교수자에 의한 일방적인 주입 교육으로 이루어졌고, 이에 대한 반발로 무정부주의적 성격을 지닌 수용자 중심 이론이 대두되었기 때문에 텍스트와 학습독자라는 감상의 두 변인을 모두 고려하여 해석 모형을 개발하고자 했던 연구의 의도는 의의가 크다. 그렇지만 시교육의 궁극적인 목적이 시텍스트를 잘 아는 것이 아니라 시텍스트를 통해서 자신의 삶을 이해하고 더 폭넓은 인지적, 정의적 체험을 하는 것이라고 한다면 시텍스트 해석이 학습독자의 내면에 미치는 영향까지 다루어야 시교육의 전체적인 모습이 드러날 수 있을 것이다.

　나. 해석의 또 다른 변인인 교사 변인이 해석 모형에 반영되지 않았다.

　해석 모형을 구안하는 과정에서 기호-소통론은 의미작용의 축(유사성-상반성)과 전달작용의 축(표상적-재현적)으로 나뉘어 고려되고, 이것이 일반적인 시텍스트 해석 모형을 텍스트적 특성에 따라 범주화하는 기준으로 사용됨에 따라, 시 행위 가운데서도 '교실에서 교사와 학생 사이에 이루어진다.'라는 특성을 지닌 시교육의 소통이 해석 모형 구안에는 고려되지 않았다. 즉, 해석 모형의 작용 국면에서 기호-소통론의 소통 측면은 화자와 청자를 고려할 뿐, 교사의 역할에 대해서는 설명하지 않고 있다. 그래서 타당한 텍스트 해석을 위해서는 의미의 생산과 전달이 모두 전제되어야 함을 강조하면서 기호-의미론적 체계와 소통-의미론적 체계를 고려하기 위해 도입된 기호-소통론적 관점이 해석 모형의 작용 국면에 이르러서는 따로 따로인 것을 종합해 둔 듯한 인상을 준다.

4. 의의와 발전 방향

이 연구에서 모형 개념은 시를 권위적 해석의 일방적 전달과 교육 불가능이라는 양극단으로부터 구출하기 위해 도입된 것으로 텍스트 해석의 규범성과 심미성을 동시에 추구할 수 있게 해 줌으로써 시교육 논의에서의 필요성과 의의가 인정된다. 그래서 지금까지 시교육에서 소홀히 했던 학습독자의 능동적인 해석을 중심에 놓고 시텍스트 해석의 모형을 일반화하고 체계화하고자 시도했다는 점은 중요한 의의를 가지고 있다. 시교육을 교사, 작품 중심에서 벗어나 시텍스트와 학습독자의 감상과 소통이라는 국면으로 전환하여 시교육의 새로운 방향을 제시한 점은 이 연구가 이루어졌던 시기뿐 아니라 지금까지도 중요한 시사점을 준다. 그리고 연구의 결과로 시텍스트 해석의 일반모형을 체계적으로 유형화하여 제시하였는데 이는 시텍스트의 소통을 위한 기본적 틀거리를 제공해 주는 것이다.

그런데 시교육에서 핵심적인 학습독자의 시텍스트 해석 능력의 문제는 기본적으로 학습자의 텍스트성 발달에 대한 연구를 전제하지 않으면 안 된다. 그러나 현재 이에 대한 연구가 대단히 부족한 현실이다. 또한 시텍스트 해석은 세상사에 지식과 정서적 발달을 포함하는 사고력의 문제와 밀접한 관련을 가진다는 점에서 앞으로 좀더 종합적이고도 폭넓은 접근이 필요하다. 학습자의 인지언어 능력, 텍스트성 발달, 정서 발달 등의 연구들에 대한 참조와 그에 대한 연구 보완이 요망된다.

필자의 변

먼저, 이 논문이 문학교육 연구사에서 어디쯤에 자리하는지를 살펴볼 필요가 있다. 필자가 생각하기에 이 논문은 한주섭(1987), 최순열(1987) 등 초기 단계의 종합적인 연구와 이대규(1988:형식주의), 권오현(1992:소통이론),

류덕제(1995:수용이론) 등의 문학이론 중심 연구를 극복하기 위한 모색 과정에서 나온 것이다. 그러나 경규진(1993:독자반응이론), 김상욱(1996:리얼리즘)과 마찬가지로 이 논문은 기호학·해석학·소통이론의 영향에서 벗어날 수 없었다. 그러한 한계는 정재찬(1996), 최미숙(1997), 최인자(1997), 이지호(1997) 등에서도 나타나는 것으로, 문학교육 연구(자)의 정체성에 대한 근원적인 질문을 제기한다. 그런 점에서 김중신(1994), 최지현(1997)의 심리적 접근이나 박인기(1994)의 교육과정적 접근이 상당히 유의미해 보인다. 전체적으로 볼 때 문학교육 연구는 문학텍스트(의 역동적 구조)로부터, 문학주체(의 심리)로부터, 문학교육의 (문화적)맥락으로부터의 접근이 밀고당기는 가운데 발전해야 한다고 생각하는데, 그나마 이 논문이 의미를 가질 수 있다면 이러한 세 측면 사이에서 균형을 잡으려고 했다는 점이다.

이 논문은 해석 모형의 유형학을 추구하는데, 이것이 이 논문의 약점이자 동시에 강점이 된다. 유형화의 출처와 논리적 근거가 약하다는 것은 집필 과정에서도 이미 알았던 일이다. 그것을 그대로 밀고 간 이유는 그러한 유형화가 문학교육의 실천에 실질적으로 도움이 된다고 판단했기 때문이다. 교과 학습 내용은 대부분 개념화와 범주화, 그리고 유형화된 지식(혹은 활동) 형태로 제공된다. 문학교육의 경우에는 어떤 때는 갈래별로, 어떤 때는 주제별로, 어떤 때는 시기나 사조별로 작품들을 유형화해서 접근한다. 필자는 그런 것말고 학습독자의 사고 특성별 유형화가 가능하지 않을까, 그렇다면 그것이 문학교육에 더 효과적이지 않을까 생각했다. 큰 갈래에 대해서는 더 생각해 봐야겠지만, 작은 갈래, 예를 들어 향가와 고려가요, 시조, 근대 자유시 등을 수용할 때에는 갈래별로 묶는 것보다 사고 특성별로 묶거나 대조하는 것이 훨씬 효과적이다. 갈래들의 차이를 인식하는 것은 그 다음의 일이다. 그런 점에서 이 논문에 대해 구체적인 교수·학습 방법 제시가 미약하다고 비판한 점은 타당하지 않다고 생각한다. 교수·학습 방법이란 수업 절차나 활동 아이디어, 교재 분석 등이 아니라 '이 목표(혹은 제재)에 어떤 틀로 접근할까'에 대한 고민으로부터 나오는 것이다. 비유적 모형에 의한 수업 전략과 반어적 모형에 의한 수업 전략이 다르다는 것을 인식할 때 세세한 아이디어들은 자동적으로 나오게 되어 있다. 그런 점에서 구인환(외)의『문학교육론』이 수업 모형에 '내면화' 단계를 설정한 것보다 목표별 수업 모형을 제안한 것에 더 감탄한다.

논문과 관련하여 아쉬운 점이 있다면, 모형의 작용상을 더 세세하게 점검하지 못한 점이다. 유형에 대해서는, 세세하면 좋겠지만, 너무 세세할 필요는 없다고 생각한다. 그러면 수업이 불가능해진다. 그보다 '소수의 단순한 모형을 정교하게 운영하는' 전략이 더 중요하다. 그에 관해서는 문학심리학과 수업심리학이 도움을 줄 수 있을 것이다. 그리고, 무엇보다도 중요한 것은, 교사의 문학적 감식안이다.

설명적 텍스트의 내용 구조 분석 방법과 교육적 적용 연구

■ 이삼형, 서울대 박사학위논문, 1994 ■

1. 논문 목차

2. 내용

1) 연구 문제

이 논문은 국어교육 현장에서 간편하게 활용할 수 있는 텍스트 내용 구조의 분석 방법을 모색하였다. 이를 위해 국어 텍스트 구조를 분석하는 간단하면서도 힘있는 방법을 이론적인 차원에서 모색하고, 이를 바탕으로 읽기나 쓰기 교육 등 국어 교육 현장에서 적용할 수 있는 실천적 방안을 탐색하였다.

2) 주요 내용

이 논문은 텍스트의 내용 구조를 응결성과 구조성, 관계성이라는 측면에서 분석하여 체계화하였다. 특히 한 편의 텍스트는 문(文)을 중심으로 하는 관계 단위들간에 수집, 부가, 공제, 인과, 이유, 비교/대조, 문제/해결, 상세화, 초담화라는 관계 의미로 유형화될 수 있다고 보았다. 이들의 다양한 연합으로 한 편의 텍스트가 이루어지는데, 이는 읽기에서의 중심 내용 파악이나 쓰기에서의 작문의 조직에 중요한 교육적 의미를 갖는다.

이 논문은 담화·텍스트 이론과 인지심리학 등의 성과들을 비판적으로 수용하여 국어교육의 장(場)에서 새롭게 적용하고자 한 시도라 할 수 있다. 즉, 기존의 de Beaugrade와 Dressler 등의 텍스트 이론 중, 특히 텍스트성의 핵심적 요소로 지적된 응결성(coherence) 논의와 Sperber와 Wilson, Blass 등의 관련성(Relevance) 이론을 바탕으로 하면서 텍스트의 구조성(관계 의미, 관계 구조)을 텍스트 내용 분석에 추가하고 있다. 이를 바탕으로 교육현장에 적용 가능한 설명적 텍스트의 내용 구조 분석 방법을 명료화하고 체계화하였다.

이 논문은 응결성과 구조성을 포괄할 수 있는 분석 방법으로 관계성과 관계 구조를 설정하고 있다. 두 문장 사이의 의미의 연속성은 관계성을 바탕으로 한다는 것이다. 관계성은 문자적 의미뿐만 아니라 상황이나 배경 지식에 의해서 이루어지는 응결성도 설명해 준다. 관계성에 의해 연결되는 문장들의 관계를 구조화해서 나타낸 것이 관계 구조이다. 이러한 관계 구조는 수형도로 나타낼 수 있다.

이 논문에서는 텍스트 분석의 단위로 관계 단위를 설정하였다. 관계 단위는 응결성이 성립하는 단위를 말하는데, 응결성은 하나의 통일된 사고 단위인 문(文) 사이의 관계를 바탕으로 한다. 관계 단위들이 이루는 유형에는 수집, 부가, 공제, 인과, 이유, 비교/대조, 문제/해결, 상세화, 초담화 등이 있다.

분석 방법의 교육적 적용은 정보들의 중요도 면과 텍스트의 조직 및 구조면으로 나누어 이루어졌다. 정보들의 중요도 면은 중심 내용 파악하기, 요약하기, 읽기 평가 등에서, 조직 및 구조면은 읽기에서의 단락 나누기와 쓰기 지도 내용 및 평가 등에서 적용하였다. 마지막으로 이 연구에서 고안한 분석 방법을 중학생들이 쓴 글을 분석하는 데에 적용해 봄으로써 분석 방법의 타당성을 검증하고 작문 지도 방향에 대한 시사점을 도출하였다.

3) 핵심 어구

응결성, 구조성, 관계성, 관계 구조, 관계 구조의 연합, 관계 단위, 수형도, 내용의 중요도, 텍스트의 조직과 구조

3. 논의점

1) 텍스트성의 요소로서의 '구조성'

이 논문에서는 '구조성'을 텍스트성의 독립된 한 요소로 설정하였다. 그

런데 '구조성'을 응결성과 대응되는 별개의 텍스트성의 요소로 설정할 수 있는가 하는 점은 더 검토가 필요할 듯하다. '구조성'은 텍스트 부분인 문(文)과 문 사이의 의미 관계를 바탕으로 하고 있다는 점에서, 독립된 요소라기보다는 응결성(coherence)을 이루는 하위 특성으로 처리할 수도 있을 것이다. 그리고 한걸음 더 나아가 '응결성'과 '관계 의미', 그리고 '구조성'과 '관계 구조'가 서로 어떤 관계에 있는지도 선명해져야 할 것이다.

2) 응결성과 독자의 주관적인 판단

응결성이나 관계성의 정도에 대한 판단은 매우 가변적이어서 궁극적으로 독자의 주관적인 판단에 의존한다. 예컨대, 연구자가 어색하게 내용이 전개된 텍스트로 제시하고 있는 다음 예문은 해석하기에 따라서는 자연스러운 텍스트가 될 수도 있다.

> (49)′ a. 비가 많이 와서 영희는 약속 장소에 나가지 못했다. 10년만의
> 대홍수였다. 이 일로 영희는 철수와 거리가 멀어졌다.(p.58)

이런 점에서 응결성이나 관계성에 대한 논의가 과연 텍스트 요인만으로 가능한가 하는 점을 생각해 보아야 한다. 응결성이나 관계성을 결정하는 데에는 독자 요인도 매우 중요하게 개입할 것이며, 이러한 요인 중에는 아마도 개인의 취향이나 공동체의 문화 등도 작용할 것이다.

3) 텍스트 분석의 단위: '문(文)'인가 '명제'인가

이 논문에서는 텍스트 분석의 단위를 명제가 아닌 문(文)으로 설정하였는데, 이에 대한 논의도 더 필요해 보인다. 이 논문에서는 텍스트 분석의 단위를 하나의 문으로 설정한 것은 명제 단위에서 놓칠 수 있는 서법이나

양태의 특성들을 반영할 수 있다는 점에서 충분히 의미가 있다. 그러나 한편으로, 텍스트의 '관계성'을 성립시켜 주는 핵심적인 요소가 문장 내 여러 층의의 초점적 정보(음운, 형태, 어휘, 명제 단위 등 다양할 수 있다.)에 의존하는 경우 역시 빈번하다는 점에서 좀더 보완의 여지가 있다고 생각된다. 명제를 처리 단위로 삼는 것은 매우 복잡해서 교육 현장에서 쉽게 적용하기 어려운 점이 있지만, 정보 처리적 관점에서 볼 때 명제 단위의 처리 또한 타당성과 유용성이 존재하는 것도 사실이다.

4) '관계 의미'의 의의와 한계

텍스트의 내용 구조 분석에서 '관계 의미'라는 개념을 도입하여 적용한 것은 반복, 대치 등 텍스트의 표면적인 형식 중심으로 이루어진 기존의 연구 방법에 비해 진일보한 것이 사실이다. 그러나 '관계 의미' 역시 여전히 텍스트 구조 속에 담겨 있는 '필자의 태도'나 '표현 방식' 등의 문제를 다 포괄해 내지 못한다는 점에서 한계로 지적될 수 있다. 특히 관계 의미의 파악은 궁극적으로 독자들의 독해에 의존한다는 점에서 다양한 변화 양상을 어떻게 일반화할 것인가 하는 점도 해결되어야 할 것이다.

5) 용어의 순화

이 논문에서는 깊이 있는 이론적인 논의를 진행한 부분이 많다. 따라서 그 과정에서 '부가', '공제, 초담화'와 등과 같이 현장 교사나 학생들이 쉽게 받아들이기 어려운 용어들이 종종 등장한다. 이들 어려운 용어들을 좀더 쉬운 용어로 바꾸어 공유해야 할 것이다.

4. 의의와 발전 방향

이 논문은 '관계 의미', '관계 구조'라는 새로운 개념을 도입함으로써 텍스트 내용 구조 분석의 방법을 새롭게 제시하고 있다는 점에서 의의가 있다. 또한 이러한 이론적인 연구 성과들을 바탕으로 국어교육의 중심 내용 파악하기, 요약하기, 읽기 평가, 단락 나누기, 쓰기(작문) 지도의 내용 설정 및 평가 등 실천적인 적용 방안까지 다루고 있다는 점에서 중요한 의의를 지닌다.

이 논문은 궁극적으로 "국어 텍스트인 것과 아닌 것을 어떻게 구별할 수 있는가?", "잘 짜인 구조의 글과 그렇지 않은 글을 구별할 수 있는 방안은 무엇인가?", "국어 구조에 대한 지식을 읽기와 쓰기에서 활용할 수 있는 방안은 무엇인가?"에 대답하는 글이라 할 수 있다. 따라서 이러한 질문에 더욱 구체적으로 응답하는 연구로 발전되어야 할 것이다. 가령 "국어에는 '부가'라는 관계 의미 구조가 있다."라는 것을 밝히는 데에서 한 걸음 더 나아가, '부가'구조의 구체적인 실현형에는 어떤 것들이 있을 수 있는지, 글을 읽을 때 '부가'의 구조라는 것을 쉽게 파악해 낼 수 있는 방안 혹은 전략에는 어떤 것이 있는지, 혹은 '부가'의 구조로 글을 쓸 때에는 어떻게 내용을 생성해 낼 수 있고 또 조직할 수 있는지 그 전략이나 방안들을 구체화해 나가야 할 것이다.

필자의 변

텍스트를 분석하는 완벽한 방법이 있을까? 아마도 현재로서는 그것은 꿈의 영역에 해당하는 것처럼 보인다. 그것은 텍스트와 관련된 요인들이 너무도 많기 때문일 것이며, 그에 따라 텍스트를 바라볼 수 있는 층위가 매우 복잡하기 때문이다.

텍스트를 분석하는 완벽한 방법이 없다고 해서 그냥 손놓고 있을 수 있는 것만이 최선의 길은 아니다. 특히 국어교육을 해야 하는 사람들의 입장에서는 더욱 그러하다. 국어교육이란 텍스트를 떠나서는 존재하지 않기 때문이다. 학생들이 텍스트를 수용하고 생산하는 것을 가르쳐야 하는 국어교육에서는 텍스트를 떠날 수 없다.

텍스트의 내용을 표시하는 방법은 여러 가지가 있을 수 있을 것이다. 하나의 그림으로 내용을 나타내는 것이 효과적일 수도 있다. 그러나 모든 것을 그림으로 나타낼 수는 없다. 지금까지 알려진 방법 중에서 가장 지지를 받는 것은 계층적 구조로 나타내는 방법이다. 이 방법이 설명력이 아직은 가장 큰 것 같다.

글의 내용을 계층적으로 나타낼 수 있는 여러 가지 방법이 시도되고 있다. 아직 만족스러운 방법이 개발되지 않고 있다. 가장 중요한 것이 텍스트에 생략된 의미, 독자가 추론한 의미 등 텍스트에 명시적으로 나타나지 않은 의미를 나타내는 방법이다. 본인의 논문은 이러한 방법을 모색한 하나이다.

텍스트 분석에서 아직 해결되지 않은 것이 단위이다. 명제가 분석의 단위로 제시된 적도 있었다. 이는 컴퓨터의 처리 방식과 무관하지 않다. 그러나 텍스트의 처리는 컴퓨터로 처리될 수 없는 면들이 아직 너무 많다. 명제 단위를 버리고 새로운 단위를 시도해 본 것은 그러한 이유이다.

논문을 꼼꼼하게 읽어준 분들에게 감사의 말을 전한다.

소설 담론의 이데올로기 분석 방법 연구*

■ 김상욱, 서울대 박사학위논문, 1995 ■

1. 논문 목차

---

* 이 논문은 『소설 교육의 방법 연구』(김상욱, 서울대 출판부, 1996)으로 발간되었다.

2. 개요

1) 연구 문제

이 논문은 소설을 담론의 특정한 양식이며 이데올로기적 실천의 한 양태로 본 후, 이러한 소설 담론의 이데올로기적 성격을 규명하고 동시에 담론의 이데올로기가 구성되는 양상과 그 과정을 분석하고 있다. 그리고 이러한 분석 방법을 통해 소설 교육의 목표가 궁극적으로 학습자를 이데올로기적 주체로 형성시키는 데 있음을 역설하고 있다.

2) 주요 내용

담론을 통해 담론 생성의 주체가 세계와 관련을 맺으며 그 관계는 담론

주체의 이데올로기로 인해 역동적으로 재구성된다는 점에서, 소설은 담론의 특정한 양식이라고 할 수 있다. 또한 소설은 이데올로기적 실천의 한 형태로서, 효과적으로 이데올로기를 형성하기 위해 적합한 구성과 서술을 기능적으로 선택한다. 이러한 점에서 이 논문은 소설 담론의 이데올로기적 성격을 규명하고, 담론의 이데올로기가 어떻게 구성되고 있는가를 중점적으로 살펴보고 있다.

담론의 이데올로기는 무엇보다도 어휘에 부과되는 함축을 통해 실현된다. 그런데 이 함축은 지배적 이데올로기인 공준된 의미와 담론 속에 실현된 텍스트적 의미의 관계 속에서 구현되는 것으로, 지속, 확장, 전이, 대체로 분류될 수 있다. 그 중 특히 근대 리얼리즘 소설과 밀접하게 관련된 이데올로기적 양상은 확장과 전이인데, 확장이란 공준된 의미 함축을 더욱 구체화하거나 새로운 의미소를 덧붙이는 것이며, 전이는 공준된 의미 함축과는 대립되는 의미를 실현하는 것을 말한다. 담론 주체는 이와 같은 의미 동위소의 확장 혹은 전이를 효과적으로 실현하기 위해 담론의 서술 층위와 구성 층위를 기능적으로 결합한다. 이 논문은 이러한 전 과정을 정치하게 분석하고 해석할 수 있을 때, 소설의 읽기는 내용과 형식의 이분법을 극복할 수 있다고 말하고 있다.

이러한 방법론에 입각하여 이 논문은 20~30년대 리얼리즘 소설의 다양한 유형-최서해의「탈출기」, 현진건의「정조와 약가」, 염상섭의「만세전」, 이기영의「고향」-을 통해 작품에 내재된 이데올로기와 그 이데올로기의 구성 과정을 살펴보고 있다. 이들 작품들은 이데올로기적 주체(단일, 복수)와 이데올로기를 형성하는 서술 대상(단편, 장편)을 기준으로 하여 이데올로기적 구성 과정을 유형화할 수 있는 대표적인 작품이다. 이러한 분석 방법을 통해 이 논문은 소설 교육의 궁극적인 목표가 학습자를 이데올로기적 주체로 스스로를 형성해 가도록 하는 과정임을 규명하고 있다. 나아가 읽기의 과정을 발견적 읽기, 대상의 구성적 읽기, 해석적 읽기, 주체의 구성적 읽기로 재구성함으로써, 소설 교육 과정의 모형을 제시하고 있다.

3) 핵심어

담론, 이데올로기, 의미 동위소(Isotophy), 함축, 확장, 전이, 서술 층위, 구성 층위, 문학 능력, 발견적 읽기, 구성적 읽기, 해석적 읽기

3. 논의점

1) 학문적 근거: 문학 사회학

이 논문은 "소설은 미적 고안물임과 동시에, 특정 이데올로기적 관점에 입각하여 삶에 대해 평가하고 이를 독자에게 전달하고자 한다."고 전제하고, 소설에 사용된 언어와 그에 내재된 이데올로기를 문제삼기 위해서 언어 분석의 단위를 담론의 차원으로 확장하여 살피고 있다. 이러한 기본 전제는 페터 지마(P. Zima), 바흐친(Bakhtin), 뻬쉐(Pêcheux) 등이 제창한 문학 사회학(텍스트 사회학)에 기대어 있다고 말할 수 있다. 문학 사회학은 "언어 자체가 이데올로기적으로 매개되어 있고, 과학에서도 문학에서도 가치중립적 언표란 존재하지 않는다."라는 기본 인식을 바탕으로 하여, ① 언어 체계는 소쉬르가 말하는 것처럼 가치중립적이고 정적인 총체적 구조가 아니라, 대립적 관심을 언어적 표현 속에 머금고 있는 역사적이고 동적인 단위이며, ② 문학 작품은 이와 같은 언어적 표현에 반응하는 것이므로 특정한 의사소통의 맥락 내에서만 이해될 수 있다고 말한다(Zima, 1980). 이러한 텍스트 사회학(문학 사회학)의 기반 하에서, 이 논문은 소설 담론의 이데올로기적 특성을 밝히고 이러한 이데올로기가 어떻게 구성되는지 살펴본 후, 그러한 구성 과정을 분석하고 해석함으로써 주체의 형성이 가능하다는 논리를 펼치고 있다.

또한 이 논문은 '문학 능력'이라는 개념을 통하여 그 구성 과정의 정합

성을 밝히고 있는데, 여기서 문학 능력이란, Culler(1975)가 제안한 개념을 수용한 것으로, 언어 능력과 의사소통 능력을 안으로 포괄하면서 문학 텍스트의 고유한 문학적 문법을 내면화하는 것을 말한다. 그리고 내면화란 문학적 문법의 규칙을 습득함으로써 문학 텍스트의 생산과 수용에 적극적으로 활용할 수 있게 되는 실질적인 가능성을 의미하며, 구체적인 활동으로서 해석과 평가를 내포한다. 결국 이 논문은 문학 능력의 개념을 도입하고 이를 바탕으로 소설을 분석·해석하는 방법론을 제시함으로써, 소설교육의 목표와 내용을 재설정하고 있다고 말할 수 있다.

2) 의미 동위소

이 논문의 핵심 어구 중의 하나인 의미 동의소는 그레마스가 창안한 것으로 구조주의적 텍스트 개념에서 사용되던 개념이다. "텍스트는 하나의 의미를 중심으로 모여 있다."는 명제와 관계 있으며, 작가의 이데올로기가 집약되는 것으로서의 의도, 이데올로기, 의미를 강조한다. 탈구조주의로 이행하면서 "텍스트는 여러 의미소들이 역동적으로 투쟁하는 장으로서, 하나의 동위소로 모든 의미로 결집될 수 없다."라고 논의된다. 이 논문에서는 구조주의적 개념(동위소)과 탈구조주의적 개념(텍스트는 하나의 역동적 대화로 보는 바흐친의 이론)을 번갈아 사용하고 있다. 이러한 점에서 문제가 있다. 물론, 의미 동위소 자체의 한계가 아니라, 의미 동위소를 하나의 충위, 하나의 계열로 본 것이 문제라 할 수 있다. 텍스트를 둘 이상의 동위소들 사이의 역동적 관계로 볼 수도 있지 않은가?

3) 문학교육의 목표 설정 문제

이 논문은 기존의 거시적 문학교육 목표(문학적 문화의 고양 등)에 반(反)하여, 문학 능력, 문학적 문법(문학적 장치)의 습득 및 내면화 등과 같은 미시적인 층위의 목표를 제시하고 있다. 거시적 목표와 미시적 목표는 장단점이 있다. 미시적 목표와 더불어 거시적인 목표도 언제나 필요한 것이라는 관점도 가능하고, 거시적인 목표를 강조하다 보면 사회과, 윤리과와의 차별성·변별점이 적어진다는 관점도 가능하다. 국어교과의 정체성이라는 측면에서 타 교과와의 차별성은 중요하다. 그러나 교과 구분 및 설정의 문제는 역사적인 것이며, 교과들이 나눠진다고 해서 삶의 부분들도 그렇게 나눠진다고 볼 수는 없다. '언어를 통해 접근'한다는 측면에서, 언어의 문제로 파생되는 여러 부분은 국어교육 안에 문제없이 끌어들일 수 있다. 문학과 언어-이데올로기는 한 몸이며, 언어와 이데올로기가 한 몸임을 인정하고 이를 어떻게 교육적으로 유의미하게 국어교육 안에 끌어들일 수 있는가를 논의해야 할 것이다. 아울러 미시적/거시적, 밑/위로 나누는 그 순간부터 복합적인 실체를 과도하게 축소시킬 우려 있다. 소설 교육에서 이데올로기 교육의 목표는 쉽게 말해서 잘 읽고 잘 쓰게 하기 위한 것이다. 소설을 이데올로기와 언어의 결합이라고 볼 때, 소설의 어느 한 요소, 어느 한 층위에만 주목하다 보면 그 실체를 제대로 포착할 수 없다.

4) 이데올로기의 문제: 본 논문의 국어교육적 의의와 관련하여

"소설에는 이데올로기가 존재한다. 그러므로 그것을 읽어낼 수 있어야 한다."가 이 논문의 입장이다. 그런데 이는 기본적으로 '가치' 혹은 '선호'의 문제이다. 기존의 인지론·인식론에는 가치의 문제가 개입되어 있지 않다. 그러나 문화나 삶에는 언제나 가치, 선택, 배제의 문제가 개입된다. 한 개인의 삶이 자신의 가치관을 공고히 하고 그 결과 뭔가를 생성해 나가는 것이라면, 작품을 통해 나의 이데올로기를 형성해 나가는 것이 중요하다. 1980년대~90년대 초 활발히 논의되던 '이데올로기' 화두는 어느 정도 국어교육 전반에 수용된 양상이다. 정서, 문화, 사고 등 최근 논의는 이데올로기의 논의를 포함하여 확산시킨 것이라고 볼 수 있기 때문이다. 이데올로기는 최근 논의되는 '주체성'과 본질적으로 그리 다르지 않다. "다른 여러 가지 요소가 있는데, 왜 하필 이데올로기인가?"라는 질문에 대해 최근의 이데올로기는 이전의 거대 담론으로서의 이데올로기가 아니라, 미시적으로 문화론이나 매체론 안에 녹아들어 있어서 의식적이지는 않지만 정서적 느낌으로 자각되는 것이다. 그래서 정서, 사고와 그다지 다르지 않다. 최근 포스트 모더니즘 논의가 활성화되면서 거대담론의 논의가 많이 쇠퇴한 것이 사실이다. 그러나 이 논문의 방법론은 리얼리즘 소설을 읽는 데에는 여전히 분석도구로서 유용하다. 현 패러다임이 이 논문의 논의를 부정하는 것은 아니며 그는 엄격한 틀(텍스트에 한정)에 근거하여 논의를 전개하고 있는 것일 뿐이다.

4. 의의와 발전방향

이 논문은 소설을 읽는 과정을 소설 담론에 내재하는 이데올로기와 소설을 읽는 주체의 이데올로기가 서로 소통하면서 서로를 구성해 나가는 역동적인 대화의 과정으로 봄으로써, 기존의 신비평적 소설 교육이 지니는 한계점을 벗어나고 있다. 또한 소설 담론의 이데올로기 분석 방법을 통해, '문학 작품의 이해와 감상' 위주로 막연히 전개되던 기존의 소설 교육을 체계화할 수 있는 교육적 장치를 마련하고자 하였다.

1) 의의

① 문학교육 목표 설정 문제(문학 능력) - 문학교육은 특정한 교과(문학)의 형식적 테두리 안에서 이루어지며, 따라서 그 형식에 상응하는 목표를

지녀야 한다고 볼 때, 기존의 문학교육이 제시하고 있는 목표, 예를 들어 '문학적 문화의 고양', '인간에 대한 이해', '삶의 본질에 대한 통찰' 등은 기실 적절한 목표가 될 수 없다. 이것은 문학 행위 속에서 달성되는 효과일 뿐 문학교육을 통해 구성될 수 있는 특정한 능력일 수는 없기 때문이다. 이 논문은 '문학 능력'이라는 개념을 도입하여 문학 교육의 목표를 다음과 같이 새롭게 제시하고 있다. 이런 관점에서 제시된 문학 교육의 목표는 "문학 텍스트를 해석하고 평가하는 문학능력을 신장시킴으로써 바람직한 주체의 형성에 이바지한다."이다.

② 문학교육 내용 위계화 문제(읽기의 위계화) ─ 소설 읽기의 과정을 발견적 읽기(이해) ─ 대상의 구성적 읽기(분석) ─ 해석적 읽기(해석) ─ 주체의 구성적 읽기(비판)로 위계화함으로써, 추상적이고 개인적인 읽기 과정을 일정 부분 객관적으로 체계화하고자 했고, 이를 통해 문학교육의 내용과 평가를 체계화하여 학교급별, 학년별 교육 목표·내용을 구성할 수 있는 기반을 제시하고 있다.

③ 절충주의적 입장을 취하면서 기존의 문학 연구, 문학교육의 양극적 경향을 모두 수렴하고자 하였다. 우선 내용과 형식의 이분법적 연구 경향을 탈피하고 내용과 형식을 한데 아우르는 분석 방법을 택하였고, 또한 문학 작품에 대하여 언어적으로 접근하고자 했다. 뿐만 아니라 내용적으로는 텍스트의 객관성과 주체의 주관적 실천을 모두 고려함으로써, 방법적으로는 텍스트의 주관적 의미를 객관적으로 분석함으로써, 수용미학과 신비평의 중도를 선택하고 있다.

④ 소설에 사용된 언어와 그에 내재된 이데올로기를 문제삼기 위해서 언어 분석의 단위를 담론의 차원으로 확장하여 살피고 있다.

2) 발전 방향

① 이데올로기가 명시적으로 드러나지 않는 다른 계열의 작품들에까지

논의가 확장되지 못하고 있으며, 이데올로기 분석은 필연적으로 주제론에 귀착되어 소설 작품을 구성하는 다른 부분을 배제하고 있다.

② 주체 형성의 구체적인 측면이 실제 작품 감상(분석과 해석)에는 어떻게 적용되고 있는가를 상세화하지 못하고 있다. 즉 '발견적 읽기', '대상의 구성적 읽기', '해석적 읽기', '비판적 읽기'에서 제시된 내용 항목을 작품을 통하여 검증하지 못하고 있다.

③ 문학 작품을 접함으로써 형성할 수 있는 자질을 오직 '이데올로기적 주체 형성'의 측면에서만 보고 있어서, 그 외의 가능성, 즉 '정서적 체험 증폭'이나 '사고력 확장'의 측면 등이 논의에서 배제되고 있다. 다시 말해 문학 작품을 읽고 획득할 수 있는 '문학 능력'의 다차원적이고 다면적인 층위를 다 포괄하지 못하고 있다.

④ 소설 읽기 행위(과정)를 일종의 대화 과정, 주체 형성의 과정으로 보면서도, 그 과정이 구체적으로 드러나지 않아 결국은 작품의 분석에 그치고 있다는 인상을 준다. 읽기 행위가 갖는 주체 형성의 측면을 구체적으로 제시할 필요가 있다.

필자의 변

보내주신 제 논문에 관한 비판적 논의를 잘 읽었습니다. 그 동안의 학문적 경향이 저마다 자신의 우물을 파기에 급급했을 뿐, 이미 드러난 광맥이 얼마나 소중한 것인지를 돌아보는 데에는 소홀했던 듯 합니다. 그렇다고 제 논문이 광맥에 해당한다는 억측은 아닙니다. 하지만 어느 정도 지형들이 답사된 지금에 이르러, 기존의 제기된 논의들을 진지하게 검토하고, 그 영역 안에서 한 걸음 더 진전할 수 있는 디딤돌을 모색하는 학회의 작업을 전적으로 소중하게 생각하고 있습니다.

이러저러한 부산한 논의보다 직접적으로 핵심을 거론하는 것으로 답신을 갈음하고자 합니다. 먼저 제 논문의 '학문적 근거'를 펼쳐 보이는 것으로 논의를 시작하는 것이 좋을 듯 합니다. 검토하신 글에서는 제 논문이 문학사회학에 뿌리를 내리고 있는 것으로 평가되고 있었습니다. 그러나 제 생각에는 전혀 관련이 없다고 할 수는 없지만, 그것이 중심축이라고 생각되지는 않습니다.

제가 논문을 기획한 출발점은 문학과 언어의 기묘한 분리에 대한 반발로부터 시작되었습니다. 하여 언어적인 분석을 통해서도 충분히 문학의 미적 자질들을 걸러낼 수 있으리라고 가정하였습니다. 그리하여 먼저 텍스트 언어학과 담화분석에 관한 공부들을 거듭하였습니다. 그러나 텍스트 언어학의 분석틀은 지나치게 정치한 나머지, 교육적 맥락 안에서는 무의미한 것이라는 판단이 들었습니다. 그리고 담화분석 또한 다르지 않았습니다. 담화장르에 따른 연구성과들이 풍부하게 축적되었음을 확인할 수 있었지만, 문학적 담화의 분석은 아주 기초적인 상황이었습니다. 하여, 제가 담화분석으로부터 제가 선택한 것은 기초적인 개념들을 빌어오는 것이었습니다. 그 개념들은 제 논문에 언급된 대로 주로 M.A.K.Halliday에 근거하고 있습니다. '체계언어학'으로 소개되고 있는 "Language as a Social Semiotics"가 가장 중요한 글이었습니다. 그 가운데 잠재적 의미와 실현된 의미라는 개념을 중심적인 개념으로 저는 빌어왔습니다. 그리고 이러한 논의에 기대어 담론로서의 문학으로 진전되었고, 그 기저에서 다시금 프랑스의 철학적 담화분석가인 Pecheux를 만날 수 있었던 것입니다. Bakhtin의 'Ideological accent'나 Greimas의 'Isotopy' 역시 논의의 아주 중요한 개념들이었습니다. 저는 P. Zima의 논의가 문학사회학을 정교하게 검토한 글이라는 데에는 이견이 없습니다만 분석의 틀로 문학사회학의 논의를 끌어오는 데에는 속류적 편향들에 언제나 노출되어 있다는 점에서 그리 반가워하지 않는 편입니다.

그리고 '문학능력' 개념을 거론하면서 Culler의 논의를 빌어왔다고 지적되었는데, 사실 컬러는 촘스키적인 '내면화된 문법'으로 문학능력을 정의

하고 있습니다만, 저는 교육적 맥락 안에서 학습된 능력으로 바라보고 싶었습니다. 따라서 엄밀히 동일한 의미는 아니라고 생각하고 있습니다.

다음으로 검토할 수 있는 것은 논문의 의의를 언급하고 있는 부분입니다. 저는 이 가운데 두 번째 항목에서 거론된 소설텍스트 읽기의 위계화가 가장 중요한 성과라고 생각하고 있습니다. 특히 '대상의 구성적 읽기'와 '주체의 구성적 읽기'를 이끌어 낼 수 있어 아주 다행이란 느낌입니다. 이 논의는 향후 더욱 정치하게 분석되고, 정당하게 위계의 요소들이 설정됨으로써 우리의 소설교육을 한층 진전시켜 나갈 것이라고 생각하고 있습니다.

한계로 언급된 점들에 관해서는 어쩔 수 없이 몇몇 변명을 늘어놓아야 할 듯 합니다. 먼저 '다른 계열의 작품들'로 논의가 확장되지 않았다고 했는데, 방법론을 통해 확장시키면 됩니다. 텍스트 분석의 실제에서 다룰 때에는 언급하지 않았으나, 소설 구성의 기본적인 원리라고 저는 생각하고 있습니다. 또 '주제론에 귀착'되었다는 평가에 관해서는 명백히 오독이라고 생각합니다. 문제는 주제가 아니라, 주제라는 중심적인 의미소를 바탕으로 이끌어 내는 담론의 분석과정이기 때문입니다. 저는 충분히 이 과정 자체에 주목하였다고 생각하며, 정작 교실에서의 텍스트 분석 역시 이 과정을 함께 공유하는 방향으로 진행되어야 한다고 생각합니다.

또 다른 비판으로는 분석의 과정들을 검증하지 않았다고 했는데, 이는 후속 작업에서 진행될 예정입니다. 다만 제 게으름이 거듭 미루어 두게 만들 뿐입니다. 또 '문학능력의 다차원적, 다면적인 층위'를 다 포괄하지 못했다는 비판 역시 다른 기회에 보완되어야 하리라고 생각합니다. 다만 '정서적 체험'이나 '사고력 확장'이 '주체 형성'의 하위 범주여야 한다고 생각하고 있습니다. 그 주체는 정서적 주체이나 사고하는 주체이기도 하니까요.

끝으로 보충할 점에 관해서는 4장이 겉돈다는 비판인 듯 합니다. 그러한 측면을 무시할 수는 없지만, 저는 문학능력이 텍스트 분석 능력과 다르지 않다고 생각합니다. 적절하게 텍스트를 분석할 수 있다는 것이야말로 문학능력의 전체를 포괄적으로 대변하는 가장 구체적인 예증이 될 것입니다. 저는 심지어 문학교육의 가장 마지막 단계에 놓여 있는 '내면화단계'조차 신뢰하지 않습니다. 두루뭉실한 주관적 과정이라고 평가될 수 있는 이 '내면화단계'는 분석이 끝나고 난 다음에 이루어지는 작업이 아니라, 분석과 함께 동시적으로 진척되는 개념이라고 생각하기 때문입니다. 이는 정서적 체험이 인지적 체험과 결코 분리하여 논의할 수 없다는 생각과 궤를 함께 하는 것입니다.

어설픈 논문을 정교하게 읽고 논의한 이들에게 모두 감사드립니다. 지적된 사항들을 검토하며, 모두가 함께 조금씩 전진할 수 있는 적절한 논의의 장이 더 한층 활성화될 듯해 고마울 따름입니다.

모두들 건강하시길 바랍니다.

텍스트 의미 구조의 표지 연구

■ 김봉순, 서울대 박사학위논문, 1996 ■

1. 논문 목차

---

* 이 논문은 『국어교육과 텍스트 구조』(김봉순, 서울대 출판부, 2002)로 발간되었다.

2. 내용

1) 연구 문제

이 논문은 내용 요소들간의 연결 관계를 표시함으로써 명확한 표현을 위한 '장치'가 되고 정확한 이해를 위한 '단서'가 되는 '텍스트 의미 구조의 표지'의 체계 및 기능을 밝히고, 효과적인 표현과 이해를 위한 표지 사용 전략, 즉 텍스트 생산 전략과 텍스트 이해 전략을 개발하고자 하였다.

2) 주요 내용

이 논문은 텍스트 언어학, 그 중에서도 메이어(Meyer)에 이론적 바탕을 두고 있다. 이 논문은 텍스트의 의미 구조를 정의하고, 설명적 텍스트(expository text)를 중심으로 의미 구조와 텍스트를 비교함으로써 표지를 분석하여 표지의 체계를 밝힌 후 표지 체계의 기능을 구체적으로 설명하는 단계와, 이러한 논의를 바탕으로 효과적인 표현과 이해를 위한 표지 활용 방안을 제시하는 단계로 크게 나뉘어 있다.

먼저 텍스트의 의미 구조는 다음과 같이 규정되고 있다. 텍스트의 의미 구조(text-structure)란 명제들이 위계적이고 결속적으로 연결되어 이루는 의미 단위로서, 객관적인 지식 구조와는 달리 텍스트 생산자의 주관적 태도에 의해 결정되는 것이다. 텍스트 의미 구조는 관계가 성립할 관계 대상 명제들이 지정되고, 여기에 특정 종류의 관계가 규정되며, 이 두 과정에 따라 점점 상위 명제가 결정됨으로써 구성된다. 관계 대상 명제란 일차적인 연결 관계를 갖는 명제들로서, 상하위 범주와 등위 범주의 두 가지에서 설정된다. 상하위 범주에서 작용하는 것으로는 핵심-부가 관계가 있으며, 등위 범주에서 작용하는 것으로는, 원소-원소 관계, 대응점-대응점 관계, 원인-결과 관계, 문제-해결 관계가 있다.

한편 텍스트의 의미 구조가 텍스트로 언어화될 때, 그 의미 구조의 위계적 체계성을 드러내기 위해서 명제들만이 아니라 명제들간의 연결 관계 양상도 언어화된다. 이 중 관계를 표현하는 언어 요소는 그 자체로서 의미 구조에 새로운 내용을 더하지는 않고 내용 명제들이 관계를 맺는 제 양상을 드러냄으로써 내용 명제들이 의미 구조로 응집되어 의미 구조를 구성하는 양상을 보여주는 언어 요소로서, 이를 텍스트의 의미 구조의 표지(markers of text-structure)라고 규정하였다.

이 논문에서는 텍스트 의미 구조 표지가 크게 다음의 세 가지 차원에서 실현된다고 보고 있다. 첫째는 관계가 성립되는 대상 명제들을 명시적으로 지적함으로써 관계가 성립되는 지점을 드러내는 것(관계 대상 지정 표지)이고, 둘째는 그 대상 명제들에 성립하는 관계의 종류를 지적함으로써 관계의 양상을 드러내는 것(관계 종류 규정 표지)이며, 셋째는 관계 대상이나 관계 종류만을 지적하는 것이 아니라 구조 전반을 압축적으로 드러내는 것(구조 개관 표지)이다. 이들 표지는 다시 각기 지시형, 제시형, 반복형, 복잡형(관계 대상 지정 표시), 핵심－부가, 원소－원소, 대응점－대응점, 원인－결과, 문제－해결 관계 표지(관계 종류 규정 표지), 단순 지시형, 제시형, 반복형(구조 개관 표지) 등의 다양한 형식으로 실현될 수 있다고 하였다.

이러한 텍스트 의미 구조의 표지는 의미 구조를 정확하게 전달하는 기능을 한다. 이는 다음의 두 가지 방법으로 실현되는데, 하나는 내용 명제 간의 관계 양상을 표지를 통해 예측하게 하고 확인하게 함으로써, 다른 하나는 표지를 통해 새로운 내용 명제를 생성해 내거나 이해되지 않던 내용 명제의 의미를 추리해 내게 함으로써 가능하다고 밝히고 있다.

다음 단계에서는 이상과 같은 텍스트 의미 구조 표지의 체계와 기능을 고려하여, 표현력과 독해력을 향상시킬 수 있는 전략을 제안하고 있다. 먼저 텍스트 생산 전략으로, 표지가 필요한 상황 유형과 과제 해결 요인을 정의하여, 상황에 따라 적절한 해결 요인을 찾을 수 있도록 하였다. 이에 따라 표지 획득 전략(1단계)－의미 구조 분석 전략(2단계)－독자 분석 전략

(3단계) – 표지 선택 전략(4단계) – 대체 표지 선택 전략(5단계) – 점검 전략(6단계)을 제안하였다. 다음으로 텍스트 이해 전략은 독해 과정에서 당면하는 문제 유형에 따라 적절한 해결 방안을 찾을 수 있도록 하였다. 이에 따라 표지 기능 획득 전략(1단계) – 표지 분석 전략(2단계) – 대체 표지 분석 전략(3단계) – 표지 활용 전략(4단계) – 점검 전략(5단계)을 제안하였다. 이들 표현 전략과 이해 전략은 단계적으로 지도되어야 함을 강조하고 있다.

3) 핵심 어구

국어교육, 텍스트 분석, 텍스트 의미 구조, 텍스트 의미 구조 표지, 표지, 표현 전략, 이해 전략

3. 논의점

1) 텍스트 의미 구조(textual structure) – '의미'와 '정보'

'textual structure'를 '텍스트 구조'라 명명하지 않고 굳이 '텍스트 의미 구조'라 명명한 이유는 무엇인지 궁금하다. '텍스트'와 '의미'는 같은 층위에서 함께 논의될 수 있는 성격의 것인지, '텍스트 의미 구조'에서 '의미'란 '정보'로서의 의미, 즉 객관화시킬 수 있는 의미 단위로서의 정보를 의미하는 것은 아닌지 의문이 제기될 수 있다. 이 논문에서 텍스트 의미 구조란, 위계적이고 결속적으로 연결되는 의미 단위를 중심으로 하여 텍스트의 구조를 다룬다는 뜻에서 사용된 명명이라고 할 수 있다. 즉 표지는 여러 차원에서 분석될 수 있는데, 그 중심 단위를 의미 단위로 두겠다는 뜻이다. 그러므로 여기서 의미 단위란 '결속 구조·응집성(coherence)'을 염두에 둔 내용 정보로서의 의미적 명제(정보)를 지칭한다고 할 수 있다.

2) 표현과 이해 과정의 선조성의 문제

이 논문에서는 표지 사용 전략을 논하면서, 텍스트의 생산 전략과 텍스트의 이해 전략을 구분하여 제시하고 있다. 이는 표지의 사용과 관련하여 텍스트의 생산과 이해를 다음과 같이 구조화하고 있다.

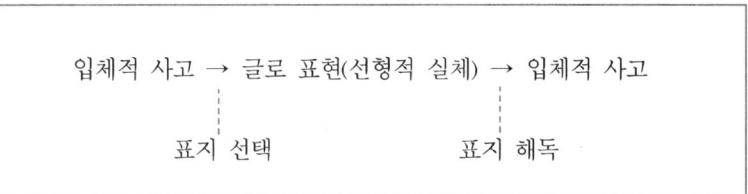

이처럼 전달 대상이 되는 사고 내용이 필자의 머리 속에 있으며, 이를 언어로 번역하는 인지적 작업이 표현이라는 점, 이렇게 표현된 언어의 순차적 형태를 다시 입체적인 형태의 사고 내용으로 전환하는 과정이 이해라는 점은 노명완(1988, 국어교육론, 한샘)의 큰 틀을 그대로 수용한 것이다. 따라서 성공적인 의사 소통을 위해 사고 내용을 순차적인 언어로 정확히 표현하고, 언어로 쓰여진 사고 내용을 독자가 다시 입체적으로 수용하는 것이 중요하다. 이러한 관점에서 표지는 내용 요소들을 연결하여 필자가 전달하고자 한 입체적 사고 내용을 정확하게 재구성할 수 있게 하기 때문에, 언어 사용 능력을 신장시키고자 하는 국어교육에서 중요하게 취급되어야 한다고 할 수 있다.

그러나 위와 같은 구조화는 자칫하면 텍스트와 표현과 이해 과정을 선형적인 것으로 인식하는 오해를 불러올 수 있다. 사실 사고의 표현과 이해 과정이 선조적으로 형상화될 수 있는 실체가 아니라는 점은 이미 널리 합의되고 받아들여진 사항이기 때문에, 위와 같은 표현-이해의 도식은 설명의 편의를 위한 것일 수 있다. 그러나 텍스트 생산 전략과 이해 전략을 이분법적으로 구분하여 논의하는 것은 선조성 문제와 관련하여 논의를 불러일으킬 수 있는 소지를 남기고 있다.

3) '사실적 읽기'와 '비판적 읽기'의 문제

최근의 '읽기'와 관련한 연구의 흐름은 대부분 '비판적 읽기'나 '능동적 독자'를 강조하는 방향으로 나아가고 있는 것이 사실이다. 그러므로 필자가 지정해 놓은 의미를 독자가 이해하는 것을 '읽기'로 상정하고 표지의 체계나 기능을 분석하고 있는 본 연구는 이러한 흐름에서 일정 부분 비껴나 있다고 할 수 있다. 텍스트에 하나의 의미가 아니라 다양한 의미 층위가 존재할 수 있으며, 그에 따라 다양한 읽기 방식이 가능하다는 점을 염두에 둔다면, 본 연구가 바탕으로 하고 있는 '필자 중심적 읽기', '소극적 읽기', '사실적 읽기'는 읽기의 많은 부분을 놓치고 있다고 할 수 있다.

물론 이 논문은 '표지'를 텍스트 생산자의 선택적 차원, 그리고 수용자의 적극적인 해석의 차원을 밝혀낼 수 있는 요소 중 하나임에 주목하고, '설명적 텍스트(expository text)'를 대상으로 하여, 비판적 읽기의 전 단계로서 정확한 표지 해석을 통해 '정확히 읽기'·'사실적 읽기'를 신장시키기 위한 방법을 모색한 연구이다. 그리고 이처럼 표지를 활용한 사실적 읽기 방법을 제안했다는 점에서 그 자체로 충분히 의의를 지닌다. 특히 이러한 연구는 학습자의 발달 단계에 맞추어 사실적 읽기를 요구하는 학년이나 영역에 실질적으로 적용되고 활용될 가능성이 높은 연구라고 할 수 있다.

그러나 표지 역시 가능한 여러 표지들 중에서 텍스트 생산자가 의도적으로 선택한 결과물이라는 점을 감안하면, 텍스트 이해 과정에서 표지를 활용할 때 비판적인 읽기가 요구되는 지점이 분명 존재한다. 이처럼 텍스트 생산 및 이해 과정에서 적극적이고 비판적인 관점이 개입할 수 있는 여지가 있다면, 이를 효과적인 이해 및 생산 전략의 하나로 구체화할 수 있는 가능성 역시 존재한다고 할 수 있다.

4) 텍스트 언어학과 인지심리학

이 연구가 텍스트 언어학을 기본으로 하여 인지심리학적 연구를 받아들이고 있다는 지적이 있을 수 있다. 사실 아래와 같이 텍스트의 생산 과정을 간단히 도식화할 수 있다고 할 때, 필자가 텍스트를 생산하는 과정에 초점을 맞추면 인지 심리학적 연구, 텍스트 그 자체에 초점을 맞추면 텍스트 언어학적 연구라고 할 수 있다. 그러나 이 둘은 .별개로 다루어질 수 없으며, 점차 텍스트의 개념이 확장되고 그에 따라 텍스트 언어학의 영역이 확장되면서 함께 논의되는 것이 추세이기도 하다.

5. 의의와 발전 방향

이 논문은 텍스트 의미 구조 표지의 체계와 기능을 체계적으로 분석하고, 이를 활용하여 표현력과 독해력을 향상시킬 수 있는 표지 활용 전략을 모색한 연구로서, 언어 사용 지식을 활용 가능한 전략으로 체계화하고자 했다는 데 가장 큰 의의를 찾아볼 수 있다. 절차적 지식을 활용 가능한 능력으로 파악하려는 태도는 박수자(1993)의 연구로부터 계속된 것으로, 이 논문은 전략을 단계적으로 설정하고 전략의 지도도 순차적으로 명시화함으로써 언어 사용 지식의 체계화에 기여하였다.

또한 이해와 표현을 통합적으로 가르칠 수 있는 틀의 가능성을 보였다는 데 이 논문의 또 다른 의의가 있다. 비록 이해와 표현 전략을 나누어 고찰하기는 하였지만, 표현 전략의 경우, 표지 획득 전략－의미 구조 분석 전략－독자 분석 전략－표지 선택 전략－대체 표지 선택 전략－점검 전략의 단계적인 구조로 되어 있어, 이해를 통한 표현이라는 이해와 표현의 통합적 틀을 마련하였다고 할 수 있다.

그러나 다루고 있는 대상이 설명적 문자 텍스트, 그것도 매우 잘 구성된 텍스트를 중심으로 하고 있다는 점에서 앞으로 지속적인 연구가 요구된다고 하겠다. 즉 '궁극적으로 설득적이지 않은 텍스트는 없다'는 지적도 있듯이, 설명적 텍스트라고 하여 정보적인 내용의 파악이 읽기의 최종 목표일 수는 없다. 또한 텍스트 언어학의 장점이 문학과 언어학을 아우를 수 있다는 데 있기 때문에, 앞으로 연구 대상이 되는 텍스트는 좀더 확장되어야 할 필요가 있다. 이는 근본적으로 텍스트란 완결된 의미가 담겨진 것이라기보다는 필자와 독자가 만나 의미를 생성되는 공간으로 보는 관점에 기인한 것으로, 수용자의 의미 생성을 좀더 적극적으로 인정하고, 징후적인 독해가 가능한 대상, 다양한 의미 층위를 가진 대상으로서 텍스트를 심층적으로 이해하는 것이 필요하다. 그리고 저자의 입체적 사고 내용이 완벽하게 선형적인 글로 표현되었다고 하는 전제는 역시 재검토될 필요가 있다.

또한 전략 자체를 국어교육의 지식으로 구조화해 내는 작업이 지속적으로 이루어져야 할 필요가 있다. 기존의 언어 사용 지식과 연관성을 마련하며, 구조화된 언어 사용 지식을 제시할 수 있는 수준에 다가설 때에야 전략이라는 지식 항목이 나열의 수준을 벗어날 수 있을 것으로 보인다.

필자의 변

이 논문은 텍스트언어학과 인지심리학을 토대로 하고 있다. 텍스트언어학 중에서는 구체적으로 반 다이크(van Dijk)의 텍스트구조 이론을 근거로 한 것이다. 메이어(Meyer)의 연구도 반 다이크(van Dijk)가 미국에 건너가 인지심리학자들과의 공동 연구로 텍스트의 심리적 작용 양상을 연구하던 맥락에서 서 있는 것이기 때문에, 궁극적으로 텍스트언어학 중 반 다이크(van Dijk)의 텍스트구조 이론이 이 연구의 기저라고 할 수 있다. 그러나 구체적인 관점과 분석의 틀은 메이어(Meyer)의 연구에서 아이디어를 많이 얻을 수 있었다. 표현과 이해의 과정에 대한 전제는, 필자가 텍스트에 자신의 의도를 담아 놓고 독자가 그것을 단서로 이해할 수 있다는 것이지, 표현의 과정이 그대로 이해의 역과정이 될 수 있다든지, 표현 의도가 독자에게 그대로 전달된다든지 하는 의미가 아님을 알 것이다.

또한 이 논문은 텍스트언어학을 거름으로 국어교육의 열매를 따고자 한 것이다. 그러기에 어떤 것으로든 국어교육에 기여를 해야 하는 것이 당연하다. 그런데 의외로 텍스트구조를 언어학자나 심리학자의 작업이 아니라 교사의 작업이 될 수 있도록 친근하게 인식시키는 계기가 된 것 같아 기쁘고 고맙다. 한편으로 텍스트언어학 분야에서도 '표지'의 개념과 체계는 의의를 가질 수 있을 것 같다. 최소한 결속구조(cohesion)의 요소인 지시와 접속을 '표지'를 통해 하나의 결속 현상으로 기술하는 것은 결속구조에 대한 또 하나의 통찰이 될 수 있지 않았나 한다.

그러나 무릇 논문이 그렇듯, 나는 내 논문을 어떤 '범위 내'에서 썼다. 논문 서두에서 밝혔듯이 '설명적 텍스트'를 대상으로 하였고, 그 중에서 '잘 된 텍스트(well-formed text)'만 분석했고, 일단 선택된 텍스트에 대해서는 필자의 의도가 최대한 '정확하게 표현된' 텍스트임을 가정하였다. 이 범위 내에서 '텍스트구조'와 '표지'를 가능한 한 완전하게, 논리적 결함이 없이 설명하고자 했다.

물론 현실 세계에 존재하는 텍스트는 매우 다양하고 특성도 복잡다단하다. 세상에는 문학 텍스트도 있고 설명적 텍스트도 있고 특정 범주로 분류하기 어려운 여러 가지 형태의 텍스트가 있으며, 필자의 의도가 명시적인 것도 있고 아닌 것도 있고 심지어 잘못 표현된 것도 있을 수 있다. 따라서 이런 것들을 모두 아우를 수 있는 연구가 있다면 더욱 좋을 것이다.

그러나 대상이 넓어지면 통찰의 깊이가 얕아질 수 있다. 어떤 연구든지 통찰의 깊이를 보이려면 모든 현상을 다 연구 대상으로 삼기 어렵다. 따라서 의도한 통찰의 깊이를 담보하기 위해서는 현재의 학문적/이론적 수준에서 연구의 범위를 한정해야만 한다. 혹자는 '이 논문에서 다루는 텍스트가 좀더 확장되었어야 한다'라고 말한다. 그리고 '문학텍스트의 저자 의도의 모호성를 고려했어야 하지 않았나'라고 말한다. 그러나 이 지적은 연구의 범위에 대하여 너무 욕심을 부린 것이 아닌가 한다. 당시의 관련 학문의 논의 수준에서 '설명적 텍스트와 문학 텍스트'를 포괄한, 그리고 '필자 의도의 모호성'을 고려한 연구는 불가능하지 않았나 한다. 물론 좋은 연구과제이고 앞으로 풀어야할 문제임은 두말할 나위 없다.

발제자가 지적한 것 이외에, 이 연구에서 더 다루어졌으면 하는 것으로 제안된 것이 있다. 매우 광범위하게 사용되는 '그런데'의 기능이 좀 더 자세하게 설명되어야 하지 않는가, '조건문'은 텍스트 구조 분석에서 어떻게 되는가, 구조 개관 표지의 발견 전략은 별도로 있어야 하지 않는가 하는 것 등이다. 이것에 대한 간단한 의견은 있으나, 본격적인 검토가 앞으로 있어야 할 것으로 생각한다.

마지막으로 이 논문의 '텍스트 의미 구조'에 해당하는 용어 문제인데, 이에 해당하는 기존 용어는 '텍스트 구조'이다. 물론 텍스트 구조는 곧 텍스트의 의미적 구조를 뜻한다. 그런데 굳이 '텍스트 의미 구조'라는 용어를 사용한 이유는 다음과 같다. 이 논문에서 텍스트를 '언어 형식'으로 정의하였다. 텍스트를 언어 형식이 아닌 '실체화되지 않은 어떤 것'으로 정의하기도 하지만, 대부분은 실체화된 언어 형식을 텍스트라 하므로 이 정의는 무리하지 않다. 그런데 심사위원이신 은사님께서 '텍스트'가 언어 형식인데 '텍스트 구조'라 함은 형식의 구조가 되므로, 비록 학계에서 사용되는 기존의 용어가 있기는 하지만 논문이니만큼 제대로 된 용어를 사용하면 어떻겠느냐는 발의를 하셨고 이에 따라 '텍스트 의미 구조'라는 용어를 사용하게 되었다. 이 용어가 엄밀히 옳은 것이었다고 지금도 생각한다. 이후 이 용어를 학계에서 통용되는 '텍스트 구조'로 하고 기타의 용어를 간략히 수정한 것에, 중심 내용 분석 원리와 발달 과정을 밝힌 후속 연구를 더하여 『국어교육과 텍스트구조』(서울대학교 출판부, 2002)라는 책으로 출판한 바 있다.

텍스트 요약 전략에 대한 국어교육학적 연구

■ 김재봉, 조선대 박사학위논문, 1996 ■

1. 논문 목차

---

* 이 논문은 『텍스트 요약 전략에 대한 국어교육학적 연구』(김재봉, 집문당, 1999)로 발간되었다.

2. 내용

1) 연구 문제

이 논문은 요약을 통한 언어 사용 기능의 신장을 위해서 여러 가지 텍스트 구조 이론을 토대로 텍스트 요약 전략을 수립하고, 수립한 전략을 적용해 봄으로써 그 교육적 효용성을 규명하고자 하였다.

2) 주요 내용

이 연구는 설명적 텍스트를 대상으로 하여 텍스트 요약 전략을 수립하고 각각의 전략을 교육적으로 적용해 봄으로써, 이론과 실제를 통합하고자 시도하고 있다. 따라서 텍스트의 구조에 따른 요약 전략을 유형별로 규명하고, 각각의 요약 전략을 바로 교육적으로 적용해 보는 연구 방식을 택하고 있다.

텍스트 요약 전략을 수립하기 위해 먼저 텍스트언어학의 중심 개념인 결속구조(cohesion)와 결속성(coherence)을 고찰하고 있다. 이들은 모두 텍스트의 연속성에 기여하는 개념이지만, 결속구조는 표층적인 통사적 현상이며, 결속성은 심층적인 의미적 현상이라는 점에서 구분된다. 요약은 재해석 및 재구성 과정이므로, 이를 위한 단서로 결속성의 심층적인 틀(분절 구조, 주제 구조, 관계 구조)과 표층적인 틀(결속 구조)을 상정하여 텍스트의 요약 전략을 수립하는 이론적 토대로 삼고 있다.

요약 기능은 '요약을 잘하기 위해서 동원되는 개인의 가변적인 내적 능력'이며 기능의 하위 요소에는 '중요 어휘 의미 파악, 중심문과 보조문 파악, 생산자의 생산 의도 파악, 요약자의 재구조화, 추론하기, 논리적인 연결관계 파악'이 포함된다. 요약 방법에는 문장의 요약 방법과 단락의 요약 방법이 있다. 한편 요약 규칙은 의미의 상속성, 규칙 적용의 반복성, 스키마에 의한 추론성을 일반적인 원리로 하여, 일반화 규칙과 생략 규칙, 선택 규칙과 구성 규칙과 같은 거시 규칙으로 나뉠 수 있다.

이러한 요약 기능, 방법은 요약 전략과 함께 위계적인 관계를 지니는데, 이와 관련하여 기능은 방법의 하위 범주로, 방법은 전략의 하위 범주로 설정될 수 있다고 보고 있다(기능<방법<전략). 요약의 기능은 어떤 텍스트이건 두루 적용될 수 있지만 요약 방법은 기능에 비해서는 적용에 한계가 많고, 전략은 상황에 따라 달리 적용될 수 있으므로 요약 방법에 비해 더 적용상의 제약이 많기 때문이다.

요약 전략은 텍스트의 분절구조, 주제구조, 관계구조에서 이끌어질 수 있다. 텍스트의 분절구조란 어휘의 분절 구조(한 언어 전체와 개개 낱말 형식 사이에 존재하는 분절의 단위)를 텍스트의 차원으로 확장시킨 것으로, '개개 문장과 전체 텍스트 사이에 존재하는 분절 단위의 통합체'를 가리킨다. 여기서 분절 단위란 '변별적 자질과 이에 의거한 진술을 통합한 개념'으로 사용하였다. 그러므로 대상과 대상에 대한 진술이 중요하게 다루어진다. 한편 주제구조란 텍스트의 주제 전개 유형에 따른 주제−평언의 기능적 배열을 총체적으로 언급하는 용어이다. 수사구조는 핵과 위성을 중심으로 구성되는 텍스트의 구조를 말한다.

텍스트 구조에 따른 전략은 다음과 같이 제시될 수 있다. 첫째, 분절 구조에 의한 전략은 1) '변별적 자질을 중심으로 텍스트의 분절구조를, 거시 규칙을 적용하여 논리적인 선후관계에 따라 요약하라'는 것이다. 둘째, 주제 구조에 의한 요약 전략은 다음과 같다. 2) 텍스트에서 주제부와 설명부의 전후 맥락을 잘 살피고, 이들에 거시 규칙을 적용하여 인과 관계가 형성되도록 텍스트를 요약하라. 3) 주제는 동일하므로 각 문장의 설명부를 동일한 정보 내용으로 분류하고 거시 규칙을 적용하여 요약하라. 4) 주제문의 설명부를 근거로 하여 보조문의 설명부 중심으로 거시 규칙을 적용하여 요약하라. 5) 상위 주제 인식을 근거로 주제를 동일한 정보 내용으로 구분하고 거시 규칙을 적용하여 요약하라. 6) 주제부와 설명부를 구분하고 텍스트의 분절구조를 보조 자료로 그린 다음 거시 규칙을 통한 거시 명제를 파악하여 이들을 중심으로 통합적으로 요약하라. 셋째, 텍스트의 관계 구조에 의한 전략은 7) '텍스트의 관계 명제에 유의하면서 텍스트를 핵과 위성 구조로 파악한 다음, 관계 구조도를 작성하고 핵 중심으로 요약하라.'는 것이다.

이와 같은 전략의 교육적 효용성을 입증하기 위해서 실제 실험을 실시하였다. 이때, 분절 구조 활용 전략과 주제 구조 및 관계 구조 활용 전략 사이의 상하 관계를 엄밀히 설정할 수는 없지만 분절구조 활용 전략이 가장 초보적인 단계에서 활용할 수 있는 전략이고 나머지는 중상위 수준에서 활용할 수 있는 전략으로 상정하여 초등학교에서는 분절구조를 활용하는 전략을 적용하고 대학교에서는 주제구조와 관계구조를 활용하는 전략을 적용하여 실험 연구를 진행하였다. 실험 방법으로는, 대상 집단과 통제 집단에게 기능과 방법 및 규칙을 알려준 다음 대상 집단에게는 전략을 알려주고 통제 집단에게는 전략을 알려 주지 않는 방법을 사용하였다. 주제구조의 경우, 대상 집단에게 분절구조 관련 전략과 주제구조 관련 전략을 함께 가르쳤다.

실험의 결과는 다음과 같다. 분절구조 관련 전략의 경우, 전략 적용 집단이 비적용 집단에 비해 30%`정도 앞섰다. 대상 집단(전략 적용 집단)은 요약문의 분량, 내용에 대한 장기적인 파지 정도, 요약에 대한 흥미 정도와 타교과에 대한 전이력, 어휘의 정확한 사용, 관형절을 이용한 정보 통합, 지시어와 기능어의 사용, 정보의 재구조화를 통한 규칙 적용의 우수성이 통제 집단에 비해 앞섰다. 문제점으로는 분절구조를 그리는 데 많은 시간이 걸렸으며, 분절구조의 체계가 위계적이지 못했고, 분절구조를 잘 그려 놓고도 이것을 활용하지 못하는 학생이 많았다는 점이다. 주제구조와 관련된 전략의 경우, 핵심 정보를 선택하는 비율, 규칙을 적용하는 능력, 핵심 정보의 선택량이 적더라도 논리적으로 요약문을 작성하는 능력 면에서 대상 집단이 통제 집단에 비해 앞섰다. 수사구조와 관련된 전략의 경우, 대상 집단은 중요 정보를 선택하는 비율이 앞서고, 규칙을 잘 적용하며 요약문 자체가 간결하면서도 논리적이며 중요 정보를 많이 선택하지 못할지라도 규칙의 적용 능력이 앞서 요약문 자체가 논리적 일관성을 띠고 있었다. 위와 같은 실험 결과를 통해 요약 전략의 교육적 효용성은 입증되었다.

3) 핵심 어구

결속 구조, 결속성, 요약 기능, 요약 방법, 요약 규칙, 요약 전략, 분절 구조, 주제구조, 관계구조

3. 논의점

1) 실험 설계 방법의 타당성

이 논문은 이론과 실제의 통합을 목표로 하여, 텍스트 구조 유형에 따른 요약 전략을 이론적으로 마련하고, 그 결과를 실험을 통해 경험적으로 적용하고 확인하는 방식을 택하고 있다. 그러므로 이러한 방식의 연구는 실험 설계 및 결과 해석의 타당성과 신뢰도가 매우 중요한 부분을 차지할 수밖에 없다.

이 논문은 실험 집단과 통제 집단의 두 집단을 선택하여, 실험 집단에게는 이론적 연구를 통해 도출한 요약 전략을 가르쳐 주고, 통제 집단에게는 요약 전략을 가르쳐 주지 않는 방식으로 실험이 설계되어 있다. 실험 결과 실험 집단의 학습자들이 통제 집단의 학습자들보다 요약 능력에서 우위를 점하고 있음을 밝히고, 요약 전략의 교육적 타당성을 확보해 보이고 있다.

그러나 이러한 실험 설계의 경우, 실험 집단에게 결과적으로 '요약'에

대한 학습이 추가로 주어졌다는 데에서 통제 집단과의 타당한 비교가 이루어질 수 없는 문제가 있다. 교수·학습과 관련하여 그 효과나 효용성을 검증하기 위해서는 좀더 정밀하고 신뢰할 수 있을 만한 실험 설계가 마련되어야 할 것으로 보인다.

2) 요약 전략 수립의 이론적 토대

필자는 결속성과 결속구조가 텍스트의 성립과 이해에 결정적인 역할을 하는 요소임에 주목하고, 결속성의 심층적 틀(분절구조, 주제구조, 관계구조)과 표층적인 틀(결속구조)을 상정하여 텍스트의 요약 전략을 수립하는 이론적 토대로 삼고 있다. 그런데 결속성 및 결속구조를 논하면서 결속성과 분절구조, 주제구조, 관계구조의 관련 양상이 정밀하게 논의되고 있지 못하다. 물론 결속성을 국부적 결속성(local coherence)과 전국적 결속성(global coherence)으로 나누어 기술하면서, 텍스트가 전국적 결속성을 띠기 위해서는 결속성을 띠게 해 주는 일종을 틀을 상정할 필요가 있으며, 이러한 틀로 텍스트의 구조-분절구조, 주제구조, 관계구조-를 설정할 수 있음을 언급하고 있다. 그러나 결속성과 이들 텍스트 구조가 요약 전략을 도출하기 위한 이론적 토대가 된다는 점을 상기할 때, 결속성과 텍스트 구조들간의 관련 양상이 좀더 정밀하게 논의되어야 할 것으로 보인다.

3) 텍스트 구조들, 요약 전략들간의 관련성

연구자는 '분절구조, 주제구조, 관계구조'와 관련하여 총 7개의 전략 제시하고 있다. 분절구조에서 하나, 주제구조에서 5개, 관계구조에서 하나의 요약 전략이 도출되었다. 이처럼 전체적인 논의 전개 방식이 개별적인 텍스트의 구조에 대한 논의를 중심으로 요약 전략을 도출해 내는 흐름을 취하고 있기 때문에, 각각의 요약 전략은 일단 텍스트의 구조에 종속되어 있는 양상을 취한다. 예를 들어, 텍스트가 주제-평언의 주제 구조를 취하고 있다면, 이에 알맞은 요약 전략을 택하여 텍스트를 요약할 수 있다는 것이다.

그러나 분절구조, 주제구조, 관계구조와 같은 텍스트의 구조 유형은 서로 양립하거나 상충되는 개념이 아니다. 다시 말해, 현실적으로 하나의 텍스트가 하나의 텍스트 구조에 대응되는 경우가 많다고 하더라도, 원론적으로 하나의 텍스트는 관계구조, 주제구조, 분절구조의 세 가지 측면에서 동시에 분석되고 논의될 수 있다. 또한 경우에 따라서 각 구조의 양상이 유사할 가능성도 매우 높다. 그렇기 때문에 텍스트의 구조별로 논의를 전개하고, 그에 따라 요약 전략을 도출하는 연구 방식은 위와 같은 텍스트의 분석 가능성, 그에 따른 다양한 방식의 요약 가능성을 원천적으로 배제하는 결과를 초래할 수 있다. 설혹 텍스트의 구조들간의 상호침투적·상호교섭적 성격에 대한 인식을 근간으로 하되, 논의의 명쾌함이나 분석의 체계성을 확보하기 위하여 이와 같은 전개 방식을 택한 것이라면, 이에 대한 분명한 언급이 제시되었어야 할 것이다.

4. 의의와 발전 방향

무엇보다도 이 논문은 '요약 능력'에 주목했다는 점에서 국어교육적으로 매우 의미 있는 연구라고 할 수 있다. 요약이 독해에서 이해의 정도를 명시화할 수 있는 가장 큰 방법이면서 정보의 확대와 심화를 중요한 특징으로 하는 논술의 기초가 된다는 점에서 국어교육적으로 매우 중요함에도 불구하고, 그 동안 요약 능력이나 요약의 기제에 관한 연구는 거의 전무하다시피 했다. 그러므로 텍스트의 구조를 고려하여 텍스트 요약 전략을 수립한 이 연구는 그 교육적 가치를 충분히 확보하고 있다고 말할 수 있다. 한편 텍스트의 구조와 그에 따른 요약 전략을 분석적으로 기술하고 있는 부분 역시 매우 체계적이고 정밀하게 논의를 전개하고 있어 이론적인 타당성을 확보하고 있다. 또한 텍스트 요약 전략을 실제 실험을 통해 증명하여 실제 수업 현장의 응용 가능성을 높임으로써, 궁극적으로 이론과 실제의 통합을 지향했다는 점에서도 의의가 있다.

그러나 전략의 특성상 전략의 교수·학습과 관련하여 현재까지도 상당한 논란이 지속되고 있는 상황에서, 요약 전략의 교육적 유용성을 확보하기 위한 실험에서 전략의 지도 부분은 매우 간단하게 처리되어 있다. 다시 말해, 전략의 성격이 무엇인지, 절차적 지식·기능·상위인지 등과는 어떻게 구별되는지, 전략은 어떻게 가르치고 학습될 수 있는지, '전략이 학습된 상태'란 과연 어떠한 것을 의미하며 또 어떻게 확인될 수 있는지 등에 대한 논란이 끊임없이 제기되고 있음에도 불구하고, 요약 전략을 어떻게 지도할 것인지에 대한 고민은 거의 찾아보기 어렵다. 다만 '규칙 훈련 단계–구조를 그려보는 단계–그려진 구조에 거시 규칙을 적용하여 요약문에 활용하는 단계'를 밟아 요약 전략을 지도했다는 진술을 각주에서 찾아볼 수 있을 뿐이다.

전략이란 교육 내용의 하나로서 명제의 형태로 제시될 수 있으나, 그것의 학습은 능력이나 수행의 형태로 드러나는 이중적인 특징을 지닌다. 그러므로 전략의 교수·학습은 가르칠 내용으로서의 전략을 마련하는 일, 그리고 이러한 전략을 가르칠 수 있는 교수·학습 방법을 마련하는 일, 이 두 가지 연구를 모두 필요로 한다. 전체적으로 이 논문은 이 중 전자에 중점을 둔 것이라 할 수 있다. 전략의 교육적 효용성을 검증하고자 한다면, 전략의 교수·학습 방법에 대한 좀더 충분한 논의가 바탕이 되어야 할 것이다.

또한 이 논문은 설명문만을 그 대상으로 하고 있다는 점에서 한계가 있다. 요약 전략의 중요성을 고려할 때, 텍스트의 유형을 확대하여 지속적인 논의가 이루어져야 할 필요가 있다. 그뿐 아니라 텍스트의 구조 외에도 요약에 작용하는 기타 요소들, 예컨대 제목이나 핵심어 등이 텍스트 요약에 작용하는 양상에 대한 심도 있는 논의가 지속된다면, 텍스트의 요약 기제가 좀더 충실하게 밝혀질 수 있을 것으로 보인다.

필자의 변

부족함이 넘치는 글을 읽어주셔서 감사합니다. 지적한 부분 중 특히 '설계 방법의 타당성과 전략들 간의 상관성 부분'에서 제기해 준 문제는 매우 소중한 지적이자 앞으로 개선할 점이라고 생각합니다.

다음 사항에 대해서는 저도 생각이 달라졌습니다. 2) '주요내용'의 네 번째 단락 부분의 내용(이러한 요약 기능, 방법은……)인데요, 그 부분에 대해서는 다음과 같은 생각을 갖고 있습니다.

"언어 사용 기능을 향상시키기 위해서 방법과 전략을 사용할 수 있다. 기능과 전략과 방법의 위계화는 이러한 점에서 문제가 있다. 방법과 전략은 위계화가 가능하나, 다른 영역이라고 생각되는 기능과 '방법·전략'을 위계화하는 데는 문제가 있다. 마치 서술적 지식과 절차적 지식을 동일한 기준으로 적용하는 것과 같기 때문이다. 결론적으로 전략을 사용하는 목적은 기능을 신장시키는 것인데, 목적을 달성하기 위한 수단으로서의 '전략과 방법'을 기능과 관련시켜 위계화시킨 것은 필자가 현상을 잘못 이해한 것으로 생각을 바꾸고자 한다."

담화의 구조와 주제 구성에 관한 연구

■ 서 혁, 서울대 박사학위논문, 1996 ■

1. 논문 목차

2. 내용

1) 연구 문제

이 논문은 국어 담화의 구조와 주제 구성 방식에 관한 연구이다. 담화텍스트 언어학적 이론을 기반으로 하여 텍스트의 구조를 입체적으로 탐색하고, 이를 바탕으로 국어교육에서 중요하게 다루어지고 있는 주제의 발견과 구성 문제를 다루었다.

2) 주요 내용

이 논문에서의 주제는 '담화 주제'의 개념으로서, 전체 글이 함의하고 설명하는 대상에 대한 일반화로서의 중심 내용을 가리킨다. 담화는 표면적 다층성을 가질 뿐만 아니라 담화 해석의 층위와 관련하여 담화적 주제, 담화수반적 주제, 담화효과적 주제로 구분되는 내면적 다층성을 갖는다. 이것은 독자의 텍스트 이해 수준과 관련되기도 한다.

담화의 주제를 발견하거나 구성하기 위해서는 텍스트 구조에 대한 이해를 필요로 한다. 텍스트 내적 구조는 구성 층위에 따라 미시·거시 구조, 상위구조, 수사적 구조로 나뉜다. 텍스트 외적 구조는 상황성을 중심으로 이루어지는 화용적 구조로 설명된다. 텍스트 미시·거시 구조적 측면에서 요소들 간의 관계 분석을 통해 주제를 구성하는 것을 '관계 모형'이라고 하는데, 이와는 달리 정보 초점들을 중심으로 하여 수렴적으로 구성하는 것을 '초점 모형'이라고 한다. 텍스트에서 초점화는 강세, 어순, 태, 관형화, 의미장을 통한 응집성, 장면의 구체화, 메타적 진술 등을 통해 이루어진다. 유형으로는 유표적과 무표적, 협의와 광의, 상위와 하위, 명시적과 암시적, 축소적과 확대적 초점이 있다. 초점화는 발신자의 태도와 함께 주제 이해에 중요한 기능을 한다. 태도는 크게 긍정적, 부정적, 중립적 태도로 나뉜다.

담화 구조의 이해를 바탕으로 한 주제 구성의 원리는 다음과 같다. 1) 주제 구성은 담화 화제 확인과, 초점적 서술 내용을 중심으로 이루어진다. 2) 비유적 의미로 사용된 담화 화제나 초점적 평언은 그 지시적 의미를 탐색한다. 3) 정보의 중요도는 일반, 전체, 상위, 결론, 결과, 목적, 해결에 해당하는 개념이나 명제가 우선한다. 4) 주제 구성은 '의미 함의의 원리'와 '최소 일반화의 원리'에 따른다.

주제 지도는 위계적으로 이루어져야 효과적이다. 즉, 주제 유형이나 담화의 유형, 담화의 길이, 과제의 수준 등에 따라 단계적으로 접근해야 한다.

3) 핵심 어구

주제, 화제, 주제 구성, 주제의 다층성, 담화적 주제, 담화수반적 주제, 담화효과적 주제, 텍스트 구조, 상황성, 초점, 관계짓기

3. 논의점

1) '주제 파악', '주제 구성', '주제 표현'의 관계

이 논문에서는 일반적으로 사용되는 용어인 '주제 파악' 대신에 '주제 구성'이라는 용어를 사용하였다. '주제 파악'이 독자들의 능동적인 의미 구성 과정을 포괄하지 못하는 용어라는 점에서 수긍이 되는 용어법이다. 그런데 문제는 '주제 구성'이라고 하면 표현 과정에서 텍스트를 구체화해 가면서 주제를 만들어 나가는 것과 혼동될 여지도 있다. 곧, '주제 구성'과 '주제 표현' 사이의 관계이다. 이들 용어 사이의 의미 분담이 필요할 것이다.

2) 경제성과 반(反)경제성의 문제

"효과적으로 주제를 전달하기 위해 수행되는 주제적 원리는 경제성의 원리 이외에도 다양한 방식들이 동원되며, 그 대표적인 예가 반경제성(혹은 상세화)의 원리이다."(p.87) 그리고 "주제적 원리가 등장하게 되는 가장 큰 이유는 언어 사용의 경제성과 효율성으로 설명될 수 있다."(p.1)라고 하였다. 그렇다면 '주제적 원리'와 '경제성 원리', '반경제성 원리'가 서로 어떤 관계인지 분명해져야 할 것이다. 그리고 '반경제성'을 '상세화'로 본다면 '경제성'을 '간명화'로 본다는 뜻인데, 이것은 비용과 효과의 관계로 설명하고 있는 경제성의 원리에서 '비용'의 측면에만 초점이 놓인 것은 아닌가 하는 의문이 제기된다.

'효과'를 다룰 수 있는 틀은 불분명하며, '효과의 극대화'는 모든 발화의 목적(무표적)이기 때문에 굳이 드러내어야 할 필요가 없다는 점을 고려하면 이 논문에서 '비용'에만 초점을 맞춘 이유는 이해된다. 그리고 이 논문에서 반경제성을 논한 것은 담화의 구조가 꼭 경제적이어야 할 필요는 없다는 점을 강조하기 위한 것으로 보인다. 그렇지만 '경제성'을 바라보는 일반적인 견해는 '비용+효과'이며 이렇게 본다면, '반경제성'은 '경제성' 안에 포섭될 수 있는 개념이다. 따라서 경제성과 반경제성의 의미가 불명확해진다. 경제성, 공손성과 같은 담화 원리는 문화적이고 복합적인 층위를 가진 실체이다. 정교하게 다시 논의되어야 할 필요가 있다.

3) 수사적 구조 및 화용적 구조의 성격

수사적 구조가 상위구조(장르로서 굳어진 것을 가리킴)와 어떤 차이가 있는지 분명하지 않다. 수사적 구조는 어휘/문장/담화 층위에서 다층적으로 논의될 수 있다. 그리고 수사적 구조라는 용어가 어떤 계보에서 나온 것인가에 따라서도 그 의미가 달라진다. 그라임스(Grimes), 마이어(Meyer)의 rhetorical predicate의 의미라면, 수사적 구조는 상위구조를 의미한다. 반다이크(van Dijk)는 논증/학술 논문 등을 사회적으로 관습화된 상위 구조라고 하였다. 그런데 만일 '수사적 구조'라는 용어를 전통적인 수사학에서 가져온 것이라면, 이는 또 다른 의미를 지닌다.

이와 관련하여 화용적 구조나 수사적 구조는 기존의 상위/거시/미시 구조와는 다른 층위의 것으로 봐야 한다는 의견도 가능하다. 즉 그것은 상위/거시/미시 각각의 구조에 모두 개입되고 적용될 수 있는 성질의 것으로 볼 수 있다는 것이다. 따라서 화용적 구조나 수사적 구조라는 개념을 도입한 것은 네 가지 구조(미시-거시/상위/수사/화용)가 일관된 기준으로 설명될 수 있다는 것을 보이기 위한 것이 아니라, 글의 구조가 지니는 다층성, 다양성을 보이기 위한 것으로 이해할 수 있을 것이다.

4) 불분명한 주제

Searl은 하나의 발화는 발화 행위/발화수반 행위/발화효과 행위를 다 가진다고 했다. 이런 논리를 수용하면 모든 담화는 주제를 지니게 된다. 그렇다면 이 논문에서 논의되고 있는 '불분명한 주제'가 무엇인가 하는 의문이 생긴다.

논문에 제시된 그대로 이해한다면, 주제가 제대로 표현되지 않았거나 잘 소통되지 않아서 불분명한 것을 의미한다. 그렇다면 다음처럼 목차의 위계 조정이 필요할 것이다.

```
1. 분명한 주제
   1.1. 담화적 주제
   1.2. 담화수반적 주제
   1.3. 담화효과적 주제
2. 불분명한 주제
```

5) 담화적, 담화수반적, 담화효과적 주제

이 논문에서 담화는 담화 해석의 층위와 관련하여 담화적 주제, 담화수반적 주제, 담화효과적 주제로 구분되는 내면적 다층성을 갖는다고 하였다. 이러한 담화 주제의 유형 분류는 Austin이나 Searle로 대표되는 화행 이론의 발화 행위(locutionary act), 발화수반행위(illocutionary act), 발화효과행위(perlocutionary act)의 구분을 원용한 것으로 보인다.

그런데 Searl이 발화/발화수반/발화효과 행위를 논한 맥락은 '지배적' 행위의 유형을 가지고 발화의 유형을 구분하는 것이 아니었다. 예를 들어, 어떤 발화에서,

┌ 발화 행위 − 수반 행위가 일치하면, 발화적(제보적) 발화
└ 발화 행위 − 수반 행위가 일치하지 않으면, 발화수반적 발화

라는 식으로 Searl은 설명하였다. 곧, 어떤 발화가 발화 행위만 가지고 있거나 발화수반적 행위만 지니거나 하는 것이 아니라 둘 다 가지는 것이다. 그런데 이 논문에서 이야기되고 있는 '담화적/담화수반적/담화효과적 주제'는 그 성격이 매우 다르다. 곧 하나의 텍스트는 그 지배적 특성에 따라 '담화적/담화수반적/담화효과적 주제' 중에서 하나만 가지는 것으로 처리된다. 따라서 Searl의 구분(발화/발화수반/발화효과 행위)과는 다르며, 용어만 차용한 것이다. 이것을 이론의 주체적 변형을 통한 발전으로 볼 것인지 아니면 불충분한 이해에서 비롯된 왜곡으로 볼 것인지는 더 논의가 필요할 것이다.

6) 국어교육 연구에서의 구조(structure)와 과정(process)의 통합 문제

이 논문은 텍스트의 구조와 텍스트 처리 과정의 관계를 다음과 같이 상

정하고 있다.

구조	과정
관계 모형	상향식 모형
초점 모형	하향식 모형
종합적 모형	상호작용 모형

그런데, 이들 구조 모형과 과정 모형이 어떻게 관련이 되는지 자세하게 밝혀져 있지 않다. 이들의 관계를 천착해 규명하여야 할 것이다.

우선 '관계 모형'은 '상향식 처리 과정'과 비교적 쉽게 연결을 지을 수 있을 듯하다. 여기서 말하는 '관계'의 개념을 '위계적 관계'로 본다면, 낮은 위계의 구조 처리를 통해 높은 위계의 구조 처리로 나아가는 것은 상향식 모형과 잘 호응하기 때문이다.

이에 비해 '초점 모형'과 '하향식 처리 과정'의 관계는 다소 복잡하다. 먼저, '하향식'의 개념을 독자의 배경 지식을 바탕으로 추론하고 예측하는 것으로 보지 않고, 핵심 내용(가장 큰 단위의 주제)로부터 출발하여 하위 단위의 의미를 추론해 가는 과정이라고 본다면 어느 정도 서로의 관련성을 찾을 수 있다. 그러나 이 경우에는 '핵심 내용'이 먼저 주어져 있어야 한다는 것을 가정해야 한다. 그렇다면 그 핵심 내용은 어떻게 주어지는가? 만약 그것을 '직관'으로 처리한다면 교육을 부정하는 결과를 초래하게 될 것이고, 텍스트의 처리로부터 구성되는 것으로 본다면 관계 모형으로 회귀하게 될 것이다.

텍스트 차원에서의 '초점'이란 핵심 내용 혹은 주제가 될 것인데, 텍스트 차원에서의 초점을 파악하거나 구성하는 원리가 무엇인가 하는 것에 대한 설명이 있어야 한다. 이 논문의 정체성은 '초점 모형'을 주장한 데 있다. 따라서 관계 모형이 아닌 초점 모형에 따른 주제 구성 원리가 무엇인가 하는 점이 논문을 읽는 독자들이 기대하는 내용이다. 특히 주제가 겉으로 드러나 있지 않은 텍스트에서 초점 모형이 어떻게 적용될 수 있는지 그 모습을 선명하게 그려 낼 수 있어야 할 것이다.

4. 의의와 발전 방향

이 논문은 다음과 같은 의의를 지닌다. 첫째, 국어교육에서 혼란스럽게 사용돼 온 '주제' 개념을 명확히 하고 유형화함으로써, 이해의 측면뿐만 아니라 표현의 측면 특히 작문의 원리에 대한 단서를 제공하고 있다. 둘째, 기존에 이루어져 왔던 담화의 주제 구조 분석의 문제점을 보완하고 주제에 대한 더 합리적이며 실질적인 접근 방법을 제공하고 있다. 특히 주제 접근 방식에서 '초점화'와 '태도'의 문제를 다룸으로써 실제 담화의 분석과 주제 파악에서 활용되었던 기존의 '관계 모형' 방식을 보완해 주었다. 셋째, '주제'는 읽기 및 쓰기의 핵심이다. 이 논문은 '어떻게 주제파악을 잘 가르칠 수 있을 것인가?'를 본격적인 문제의식으로 하고 있다는 데에도 그 의의가 있다. 넷째, 그 동안의 담화 텍스트 연구가 주로 설명적 텍스트에 한정하여 논의해 왔는데 이 논문은 그러한 한계를 극복하려고 노력하였으며, 텍스트의 유형에 따라 주제 파악 방식 및 글의 구성 방식이 다를 수 있음을 제시하고 있다.

이 논문과 관련하여 앞으로 다음과 같은 연구들이 더 이루어질 필요가 있을 것이다. 첫째, 이 논문에서 제시되고 있는 상위 구조, 수사적 구조, 화용적 구조에 대해서 좀 더 깊이 있게 논의하여 이를 발전시키고 보완할 수 있는 논의가 필요하다. 둘째, 텍스트의 상위구조나 수사적 구조, 화용적 구조의 특성들에 대한 연구 결과에 기반을 두고, 텍스트의 주제 구성에 관한 교수 학습 방법을 개발하고 적용하는 연구가 필요하다.

특히 이 논문은 '주제'라는 용어가 혼란스럽게 사용되고 있음을 지적하고, 이를 정리하였다. 국어교육(학)에 인접(배경) 학문의 용어와 개념이 도입되면서 기존 용어와 충돌하여 혼란이 발생하게 되었다. 따라서 국어교육 연구와 실천 과정에서 원활한 의사소통이 이루어지기 위해서는 이들 용어와 개념이 정리될 필요가 있다. 다음과 같은 경우가 이에 해당한다.

· 주제, 화제, 참주제, 가주제
· 응집성, 결속 구조 : 통일성, 일관성, 완결성

필자의 변

결코 만족스럽지 못한 논문을 읽고 꼼꼼하게 지적해 준 비평자에게 감사드린다.

서혁(1996)은 '담화의 구조와 주제 구성에 관한 연구'라는 제목에서 시사하고 있듯이 담화(혹은 텍스트)의 구조를 밝혀냄으로써, 국어교육에서 중요한 내용 중 하나인 '주제'의 이해와 표현에 대해 살펴보고자 한 것이다. 국어교육에서 '주제'에 대한 논의는 그만큼 중요하다고 판단했기 때문이며, 실제로 이해 영역이건 표현 영역이건 간에 주제는 매우 중요한 범주임에 틀림없다. 그러나 논문을 쓰고 나서 솔직한 개인적 심정은 논문 작성자 자신의 '주제'도 모르고 '(담화의 구조와) 주제 (구성)'를 '주제'로 잡았다는 점이다.

1) '주제 파악', '주제 구성', '주제 표현'의 관계와 관련하여

첫째, '주제 구성'과 '주제 표현' 사이의 용어의 혼란에 대한 문제 제기와 관련하여

'주제 구성'이라는 용어는 필자와 독자에 모두 적용될 수 있다는 점에서 용어의 혼란 가능성이 있다는 지적은 타당하다고 본다. 즉, 필자가 의도한 텍스트(혹은 담화)에 나타난 주제 구성과 그 텍스트를 읽은 독자가 구성해 낸 결과로서의 주제 구성이라는 두 의미로 구분될 수 있는 것이다. 다시

말해 '주제 구성'은 필자의 '주제 표현'과 독자의 '주제 이해'로 나뉠 수 있다. 그런데 엄밀히 말해 서혁(1996)에서 말하는 '주제 구성'은 '표현'의 측면보다는 '이해'의 측면에 주목한 것이다. 다시 말해 '필자, 쓰기'보다는 '독자, 읽기'의 관심에서 논의를 전개해 나가고 있다는 점이다. 그럼에도 불구하고 서혁(1996)에서 특히 '주제 구성'이라는 용어를 사용하고 있는 것은 전술한 '주제 표현'과 '주제 이해' 사이의 밀접한 관련성을 부각시키고자 하는 의도를 담고 있다. 즉, 가장 객관적이고 정확한 주제 이해는 텍스트(혹은 담화)를 기반으로 할 수밖에 없으며, 이는 필자가 표현해 낸 텍스트의 구조를 이해할 때 좀더 정확하고 효과적으로 접근할 수 있다고 보는 것이다. 이는 흔히 독서를 필자와 독자의 만남이라는 정의와도 통하는 것이라 하겠다. 물론 '표현된 주제'와 '이해된 주제'가 일치할 수 있는가에 대해서는 논란의 여지가 크다. 그러나, 텍스트에 기반한 객관적 주제의 존재 가능성을 완전히 배제해 버린다면 주제 논의는, 특히 교육적 측면에서는, 무의미해질 수 있다. 그렇다고 교육적 측면에서 어떤 단일한 주제를 제시하는 것도 결코 바람직한 것이 될 수는 없다. 오히려 학습자들의 다양한 경험과 지식 그리고 언어 능력을 바탕으로, 텍스트를 통해 필자가 제시하고자 하는 중심 생각 혹은 주제를 이해해 나가는 과정이 바로 텍스트 이해와 감상의 과정이라 할 수 있다. 더 나아가서 서혁(1996)에서는 주제의 다양성의 핵심은 오히려 주제의 다층성으로 보아야 한다는 점을 제기하고 있다.

2) 경제성과 반(反)경제성의 문제에 대하여

서혁(1996)에서 언급하고 있는 '반경제성'은 [−경제성] 정도의 의미로 이해될 수 있을 것이다. 결론적으로 말해서 '반(反)경제성'이란 용어를 사용한 이유는 기존의 '경제성의 원리'로만으로는 온전하게 설명할 수 없는 담화의 양상을 지적하기 위한 것이다. 즉, 기존에 '최소의 비용(발화?)으로 최대의 (표현)효과'를 노린다는 '경제성의 원리'는 중요한 담화의 기본 원리였다. 그러나 우리의 언어 사용 현상에는 이러한 '경제성의 원리'로만은 설명될 수 없는 예들이 빈번하다는 점을 지적하고자 한 것이다. 달리 말해서 '비용이 아무리 많이 들더라도 특정의 효과를 위해서는 아낌없이 투자(표현)'하는 경우가 많다는 점이다. 오히려 비용을 극대화함으로써 담화 혹은 텍스트의 목적을 달성해 나가는 것이다. 예컨대 특정 장면이나 심리적 상태를 묘사하는 경우는 물론, 수없이 쏟아내는 발화 행위 자체를 통해서 만족을 얻는 수다떨기나 핵심 회피를 위한 장광설의 말하기 등이 그러하다. 이러한 예는 경제성의 예외적인 현상이라고만 보기에는 너무도 널리 퍼져 있는 담화 양상의 하나이다. 이는 '상세화의 원리' 혹은 판소리 사설에서와 같이 '장면의 극대화'와도 통할 수 있겠으나 엄밀한 의미에서 이 둘은 '반경제성'의 하위 범주에 넣는 것이 타당하다고 생각된다. 어찌 되었든 '반경제성의 원리'라는 용어 자체가 경제성의 원리를 바탕으로 파생된 것은 사실이기 때문에, 하나의 독립된 원리로 추가할 수 있는 것인지 아니면 경제성의 원리의 하위 범주나 예외적 현상으로 볼 것인지, 또는 또다른 적절한 대안적 용어를 고려하는 것이 좋을지는 좀더 논의가 필요하다고 본다.

3) 수사적 구조 및 화용적 구조의 성격과 관련하여

'화용적 구조나 수사적 구조라는 개념을 도입한 것은 네 가지 구조(미시-거시/상위/수사/화용)가 일관된 기준으로 설명될 수 있다는 것을 보이기 위한 것이 아니라, 글의 구조가 지니는 다층성, 다양성을 보이기 위한 것으로 이해'하는 것은 매우 적절하다고 할 수 있다. 실제로 서혁(1996)에서는 수사적 구조, 화용적 구조라는 범주들을 도입한 것은 기존의 텍스트 언어학적 측면의 텍스트 구조 논의를 한발 넘어서 보고자 의도한 것이라 할 수 있다. 그러나 텍스트 구조 자체가 워낙에 방대한 범주이며, 수사적 구조나 화용적 구조 자체가 매우 복잡 다양하기 때문에 이에 대한 구체적인 분석 작업은 이루어지지 못한 것이 큰 한계라고 할 수 있다. 앞으로 담화와 텍스트 구조 논의에서 이들 범주들을 고려할 필요가 있으며 좀더 구체적인 분류 작업이 요청된다고 본다.

4) 불분명한 주제와 관련하여

서혁(1996)에서 '불분명한 주제'에 대한 언급은 기실 불완전한 담화 혹은 텍스트의 존재를 지적하기 위한 것이었다. 그렇더라도 앞에서 제시된 목차의 위계 조정의 필요성은 매우 타당한 지적이라는 점을 인정한다. 비평자의 지적에 감사드린다.

5) 담화적, 담화수반적, 담화효과적 주제라는 용어와 관련하여

서혁(1996)에서 말하는 '담화적 주제, 담화수반적 주제, 담화효과적 주제'는 화행 이론에서 제시된 '발화 행위, 발화수반행위, 발화효과행위'의 구분을 참조한 정도이지 원용한 것으로 볼 수는 없다. 즉, 썰(Seaarle)의 용어와 개념을 인용 제시한 후 용어를 참조한 정도이지 원용이라고는 할 수 없다는 점이다. 썰은 결코 한편의 글에 해당하는 전체 텍스트를 염두에 두고 논의한 것은 아니기 때문에 더더욱 그러하다. 따라서 본 논문의 개념이나 용어들을 구체적으로 썰의 용어와 굳이 비교 대조할 하등의 이유가 없다. 다만 그러한 오독의 소지를 미리 방지하지 못한 부분이 있다면 연구자의 잘못이라는 점을 인정한다.

6) 초점 모형과 관련하여

서혁(1996)에서 텍스트의 구조와 처리 과정과 관련하여 '초점 모형'을 제기한 이유는 다음과 같다.

첫째, 명칭 자체에 대한 불만족이다. 즉, 기존의 '상향식, 하향식, 상호작용식'이라는 명칭 자체가 텍스트 처리 과정을 제대로 드러내지 못하고 있다고 판단한 것이다.

둘째, 기존의 '상향식, 하향식, 상호작용식'이라는 명칭이 뭉뚱그려진 텍스트 전체와 독자에만 초점이 맞추어져서 텍스트 구조에 대한 문제를 소홀히 하고 있다는 판단 때문이다.

셋째, 기존의 모형 분류 체계가 대단히 기계적이면서도 실제 처리 과정을 모두 설명하지 못한 부분이 있다는 점 때문이다.

좀더 구체적으로 설명하자면, 논문작성자의 경험은 물론 현장 교사들과의 개인적인 의견 교환 과정에서, 기존의 '상향식, 하향식, 상호작용식'만으로 설명이 안 되는 좀더 일반적인 텍스트 처리 과정이 있다는 생각에 이르게 된 것이다. 예컨대 독자들은 글을 읽어 나가면서 대체로 글의 초반부에서 중요하다고 판단되는 어떤 '초점적 내용'들을 바탕으로 텍스트의 주요 정보들을 매우 효율적이고도 신속하게 처리해 나간다는 점이다. 여기에는 분명 상향식과 상호작용의 상호 결합만으로는 설명될 수 없는 어떤 부분이 있다고 보는 것이다. 즉, 상호작용식 모델은, 비록 독자의 적극적 역할을 강조한다 하더라도, 텍스트 중심과 독자 중심 이론의 기계적 결합의 성격을 강하게 보여준다. 그러나 상호작용식 모델은 독자(혹은 화자)가 어떻게 적극적으로 텍스트(혹은 이야기)를 처리해 나가는지 구체적으로 설명하지 못한다. 초점 모형에서는 '독자의 적극적 역할'이 독자가 초점(적 내용)을 부여하는 어떤 기능을 가지고 있다는 점을 드러내 보이고자 선택된 용어라 할 수 있다. 한편으론 초점 모형은 텍스트와 독자 사이의 상호 작용에 의존할 수밖에 없기 때문에 상호작용 모형에 더 가깝다고 볼 수도 있다. 그러나 상호작용 모형이 독서의 일반 모형에 해당한다면 초점모형은 독자에 따른 다양한 독서 현상들을 설명해 줄 수 있는 특수모형에 가깝다.

예컨대, 동일한 독자 혹은 동일한 수준의 스키마와 읽기 능력을 가진 독자가 동일한 텍스트를 읽고서도 서로 다른 텍스트 처리 결과를 보여준다고 가정해 보자. 이 때 그 차이를 설명해 줄 수 있는 것은 독자가 부여한 텍스트 부분 혹은 전체에 대한 초점 부여의 차이에 있다고 설명하는 것이 가장 타당하다. 이러한 초점 모형이 좀더 정밀화 될 수 있다면, 독서의 과정에서 독자가 잘못된 초점 부여로 인해 정확한 주제 구성에 실패하는 경우나, 거의 동일한 읽기 능력에 있다고 볼 수 있는 독자들(예컨대 전문적인 비평가 집단)이 동일한 텍스트에 대해 서로 다른 주제 구성을 보여 주는 주제의 다양성과 관련되는 논의들을 좀더 쉽게 설명할 수 있을 것이다. 이때의 초점은 독자의 스키마나 텍스트에 따라 고정된 어떤 것이 아니라 상황에 따라 (동일한 독자 자신도) 얼마든지 변할 수 있는 여지를 열어 두게 된다. 독서의 과정은 이러한 (하위)초점의 종합과 조정 과정을 통해 최종의 초점에 도달하여 주제를 구성해 나가는 과정인 것이다.

요컨대 초점 모형은 독자의 스키마를 강조하는 하향식 모형뿐만 아니라 상호작용 모형과도 매우 밀접한 관련을 갖는 것이 사실이다. 그러나 좀더 엄밀히 말해서는 이 둘 사이에 존재하는 또 다른 하나의 모형이 될 수 있다고 연구자는 본 것이다. 그러나 애초의 의도나 목표와 달리 이에 대해 구체적으로 밝혀내지 못한 것은 연구자의 한계이며, 앞으로 이에 대한 좀더 정밀한 검토가 요구된다고 본다.

우리 교육 현장에서 글의 구조와 주제적 이해 혹은 표현에 대한 교육은 오래 전부터 이미 일반화되어 온 것이 사실이다. 그러나 논문 작성의 과정에서 담화 혹은 텍스트의 구조에 대한 논의는 실체로 매우 방대한 작업이라는 점을 뼈저리게 느끼고 좌절한 적이 한두 번이 아니다. 아울러 주제 구성이라는 심리적 과정을 밝혀낸다는 작업 자체도 매우 어려운 작업임에 틀림없다고 본다. 그러나 때로는 너무도 당연한 것처럼 인식되고 있는 문제들을 정밀하고도 체계적으로 접근해 보고자 하는 노력들이 여전히 국어 교육에서 크게 요청되고 있는 현실이 아닐까. 서혁(1996)을 마치고 나서도 그랬던 것처럼 스스로 이제 시작에 불과한 부끄러운 작업이라는 생각은 예나 지금이나 변함이 없다.

┌─────────────────────────────────────┐
│   │
│   # 문학비평 이론의 시교육적   │
│   # 적용에 관한 연구*   │
│   ─ 신비평과 독자반응 이론을 중심으로 ─ │
│   │
│ ■ 권혁준, 한국교원대 박사학위논문, 1997 ■ │
│   │
└─────────────────────────────────────┘

1. 논문 목차

---

* 이 논문은 『문학 이론과 시교육』(권혁준, 박이정, 1997)으로 발간되었다.

2. 내용

1) 연구 문제

이 연구는 신비평과 독자반응 이론의 본질적 성격과 시교육적 의의, 그리고 그 한계를 탐색해 보고, 교육적 효용성과 문학적 당위성에 대한 논의를 통해 두 이론을 통합하여 지도할 수 있는 방안을 탐색하고자 하였다.

2) 주요 내용

신비평 이론은 그 태동기부터 시교육적인 상황과 밀접한 관련을 갖고 있었으며, 시를 중심으로 정치한 이론을 발전시켜온 문학 이론이다. 1950년대부터 우리나라에 소개된 신비평은 우리의 문학 연구에도 지대한 공헌을 하였지만, 특히 시교육 분야에서는 그 성공과 실패를 책임져왔다고 해도 과언이 아니다. 그러나 문학 연구의 패러다임이 다양하게 변화하고 있는 오늘날에는 신비평의 교육적 효용에 회의를 품고 있는 사람이 늘어나고 있다. 이것은 그 동안 신비평이 시교육에 긍정적인 영향보다는 부정적인 영향이 더 많았다는 인식 때문이다. 그런데 신비평이 우리의 시교육에 많은 폐해를 끼친 것은 사실이나 그것은 신비평 자체의 이론적 결함 때문이라기보다는 수용과 적용의 과정에서의 오류가 더 큰 원인이었다. 시 교육의 현장에서 본질적 이론보다는 지엽적인 방법이 더 중요하게 수용되었으며, 이것은 입시 제도를 비롯한 제도적인 측면과 맞물려 시를 감상의 대상이 아닌 분석의 대상으로 여기게 했던 것이다.

신비평을 다른 이론으로 대치해야 한다는 의견도 있지만 아직도 우리 시 교육에 공헌할 바는 많으므로, 잘못 적용되었거나 왜곡되어 이해된 부분이 있으면 바로잡아 시 교육에 유용한 이론으로 활용해야 한다. 즉 신비평은 기초적인 훈련이 가장 중요한 문학 교실의 현장에서는 아직도 그 유용성을 인정할 만한 이론이다. 다만 훈련 자체가 목적이 되어 문학의 즐거움을 향수하지 못한 채 지식 자체, 분석 자체에 머문다면 심각한 폐해를 남길 수 있다.

신비평의 개념이나 분석 방법을 익히는 것 자체가 목적이 되어서는 안되며, 학생 스스로 시를 읽고, 해석, 감상하는 능력을 기르는 바탕으로 기능해야 하며, 최종적으로는 비평 텍스트를 쓸 수 있는 능력을 기르는 토대가 되어야 한다. 어떤 교육이든 학생의 학습 능력을 신장시킬 수 없다면 그 교육적 의미를 상당히 퇴색될 것이다.

독자반응 이론은 텍스트만을 중시하고 독자를 배제한 신비평에 반대하여 독자의 지위를 작가의 수준으로까지 부상시킨 문학 이론이므로 인간 자체가 목적이 되어야 하며, 학습자가 주체가 되어야 한다는 현대의 교육적 요구에 부응할 수 있는 이론이다. 따라서 학습자 중심의 시 교육을 지원하는 이론적 근거를 제공하며, 열린 해석과 다양한 구체화를 주장함으로써 교사 중심의 수동적인 수업을 탈피하여 학습자가 주체가 되는 능동적인 수업을 촉진할 수 있는 장점을 가지고 있다. 독자반응 이론의 가장 중요한 시교육적 의의는 심미적 경험의 중요성을 인식시키고 심미적 반응을 촉진시킴으로써 시교육의 본질적인 목표를 달성할 수 있게 해 준다는 것이다.

반면에 독자반응 이론은 독자적인 해석 방법을 마련하지 못하고 독자의 개념을 너무나 이상적으로 설정하였기 때문에 문학 교육에 그대로는 적용되기 어려운 치명적인 결함을 안고 있다. 이상적인 독자는 학습 독자의 목표는 될 수 있을지언정 지금 당장의 학습독자와는 너무나 큰 거리가 있다. 그러므로 이상적인 독자를 상정하고 전개된 많은 개념들은 문학 교육에 수용되기 위해서는 상당한 정도의 변용이 요구되지 않을 수 없다. 독자반응 이론의 또 하나의 과제는 적절한 구체화의 기준이 모호하다는 것이다. 열린 해석의 강조로 초래된 이 문제는 학습자가 주체가 되는 자유로운 구체화를 격려한다는 장점이 있는 반면에 어느 정도까지를 적절한 구체화로 인정해 줄 것인가에 대한 기준이 모호하여 학습독자들의 혼란을 초래할 염려가 있다.

독자반응 이론은 학습자가 주체가 되어야 한다는 교육적 당위성을 일깨워 주기는 하였지만, 문학 교육의 현장에서 활동할 수 있는 구체적인 방법론을 마련하기가 어렵다. 반면에, 신비평은 작품을 해석하고 문학적 능력을 신장시킬 수 있는 프로그램을 준비하고 있지만 문학 작품은 독자 스스로 즐길 수 있어야 하며, 학습자의 체험과 관련될 때 효과가 있다는 문학 교육의 본질적인 목표에 대한 인식이 소홀하다. 두 이론은 상보적으로 통합 적용될 때 문학적 목적과 교육적 목적이 행복하게 달성될 수 있다. 다만, 여기서의 통합은 문학 비평이론을 통합해야 한다는 것은 아니며, 어디까지나 교육적 상황을 전제로 두 이론을 통합하여 적용해야 한다는 것이다.

이 논문에서는 신비평과 독자 반응 이론을 통합 적용하기 위해 다음과 같은 준거를 제시하였다. 첫째, 문학 능력을 기를 수 있는 이론일 것, 둘째, 심미적 체험을 효과적으로 도울 수 있는 이론일 것, 셋째, 인지적, 정의적, 심미적 영역이 통합적으로 지도될 수 있는 이론일 것, 넷째, 문학의 본질적 목적과 교육의 실제적 효용성을 만족시키는 이론일 것, 다섯째, 이상의 모든 통합은 유기적으로 융합될 것 등이다. 위와 같은 준거하에 구안한 통합된 시교육 방법을 제시하기 위하여 일단 시 읽기의 단계를 첫째, 축어적 읽기, 둘째, 해석적 읽기, 셋째, 심미적 읽기, 넷째, 창조적 읽기로 나누고, 각 단계마다 신비평의 시 읽기 방법과 독자 반응 이론에서 제안하는 활동들을 유기적으로 융합하여 적용하려 하였다.

3) 핵심 어구

신비평, 독자반응 이론, 수용이론, 반응중심, 통합, 축어적 읽기, 해석적 읽기, 심미적 읽기, 창조적 읽기,

3. 논의점

1) 통합을 가능하게 하는 구체적인 기준에 대한 논의 필요

이 연구에서 제안하고 있는 두 이론간의 통합이 어떤 기준에 의해서 이루어지는지에 대한 구체적인 논의가 필요하다. 이 연구에서는 문학비평이론의 통합이 아니라고 했지만 결국 이론의 통합으로 볼 수 있다. 이 연구에서 강조하는 통합이란 '학습자가 자신의 배경 지식과 경험을 활용하여 시어의 비유적 의미를 나름대로 구체화해 보는 것'이라 할 수 있다. 학습자가 자신의 배경 지식과 경험을 활용하기 위해서는 독자반응 이론을 적용해야 하며, 시어의 비유적 의미를 구체화하는 과정은 신비평이론의 도움을 받아야 할 것이다. 그런데 별다른 근거 없이 두 이론을 기계적으로 결합하고 있는 듯하다는 비판이 가능하다. 다시 말하면 신비평적 요소들도 가르치고, 독자반응적 요소도 가르치자는 것인가, 아니면 하나의 요소를 두 관점에서 모두 다루자는 것인가라는 질문을 할 경우, 이 연구에서

의 '통합'은 전자에 더 가까운 듯하다.

2) 시 읽기의 단계에서 이루어지는 '통합'의 문제

이 논문에서는 통합적 적용에 의한 시읽기 전략(축어적 읽기-해석적 읽기-심미적 읽기-창조적 읽기)을 제시하고, 이에 의한 교수 학습 모형을 보여주고 있는데, 이는 단지 과정(process)상에서 분리되어 이루어지는 결합(축어적 읽기/해석적 읽기에서는 신비평, 심미적 읽기/창조적 읽기에서는 독자 반응)을 고려한 모형인 듯하다. 물론 각 단계에서 통합이 이루어진다고 서술하고 있기는 하지만 통합이 가능한 계기나 지점을 밝힌 것은 아니다. 이것은 통합이 아니라 결합 또는 절충으로서 양쪽의 의의를 가져와 하나로 합쳐 놓은 것이라 할 수 있다.

3) 읽기 이론을 문학 작품의 해석과 감상에 적용하는 문제

읽기이론의 상향식 모델, 하향식 모델, 상호작용 모델을 그냥 직접 문학 해석과 감상에 적용할 수 있는지 생각해 볼 필요가 있다. 물론 문학작품도 '읽어야' 하기 때문에 읽기 이론을 적용하는 것 자체가 가능하지 않은 것은 아니다. 다만, 상향식 모델, 하향식 모델, 상호작용 모델을 중심으로 한 읽기 이론은 주로 인지적 영역에 관계하는 것으로 볼 수 있으며, 그렇게 본다면 애초부터 이 논문에서 전제하고 있는 인지적 영역과 정의적 영역의 통합은 어려워지는 것은 아닌가 하는 의문이 생긴다.

4) 신비평과 독자반응 이론의 통합이 지니는 문제점

그 동안 이루어진 시교육 논의 과정에서 이미 두 이론의 한계를 모두 인식하고 있었는바, 이 둘은 문학교육 연구에서 가장 많이 논의되어 온 이론이면서, 또한 서로 가장 극단에 놓인 이론이기도 하다. 그런데 여기서 생각해 보아야 할 점은 독자반응 이론이나 수용 미학은 '철학'으로 볼 수 있지 '방법론'으로 보기는 어렵다는 점이다. 그렇기 때문에 수용 미학이나 독자 반응 중심의 연구가 항용 구체적인 방법론의 미비라는 비판을 받을 수밖에 없었던 것이다. 경규진(1993)이 논의했던 독자반응 이론에서도 구체적인 방법론을 제시해 주지 못하였음을 기억할 필요가 있을 것이다. 또 신비평은 문학을 학문으로 성립시킬 수 있는 강력한 지지 근거가 되었던 학문으로, 강단 중심으로 시작되었기에 '신비평식 강의법'이라는 '방법론'을 가지고 있었던 이론이다. 따라서 이 둘을 별다른 매개 없이 통합시키는 것은 무리가 있는 작업이다.

4. 의의와 발전 방향

이 연구는 무엇보다도 그 동안 시교육에서 해결해야 할 과제로 인식하고 있었던 작품의 해석과 그것의 심미적 감상의 분리라는 문제점을 해결하는 방법을 시도했다는 점에서 의의를 찾을 수 있다. 이는 작품의 올바른 해석을 가능하게 하는 해석 방법과 학습자의 심미적 능동성을 신장시킬 수 있는 방법을 결합시키고자 했던 고민의 산물이라는 점에서 그러하다. 그 결합이 논리적으로 무리를 동반하고는 있으나, 시교육에서 한 번은 고민했어야 할 문제를 해결하려한 시도라 할 수 있을 것이다.

이러한 의의를 인정하면서 이 논의를 발전시켜 나가기 위한 방향을 모색해 보면 다음과 같다. 이 연구를 좀더 구체화하기 위해서는 두 관점을 통합할 수 있는 기준이나 관점을 먼저 제시하고, 이에 근거한 구체적인 시교육적 내용(contents)을 제시한 후, 그것을 적용할 수 있는 교수·학습의 방법론을 제시해야 한다. 또, 우리가 필연적으로 부딪히는 문제는, 최근 문학 교육 논의에서 독자의 다양한 반응을 강조하고 있기는 하지만 그러한 다양한 반응을 무조건 인정하기만 할 것이 아니라 그 반응 중에서 교육적으로 의미가 있는 것과 수정해야 할 것을 판단할 수 있는 능력에 대한 교육이 필요하며, 그것을 위해서는 이 논문이 고민했던 바람직한 해석 방법에 대한 논의로 다시 되돌아 갈 수밖에 없다는 점이다. 예전의 시교육이 다른 해석을 용인하지 않는 권위적인 해석만을 인정했다면 그것을 극복하되 시교육적으로 의미 있는, 다양하고 자유로운 반응을 인정하면서도 주체적인 해석 방법에 대한 구체적인 논의가 이루어져야 할 것이다.

한국 근대 소설의 신체성 중심의 읽기에 대한 연구

■ 문영진, 서울대 박사학위논문, 1998 ■

1. 논문 목차

2) 죽음의 경험과 에로스의 발견

3) 현실원리에 대한 쾌락원리의 우위

4) 에로스 추구의 역설에 의한 죽음의 욕동의 실현

2. 생활세계의 합리화와 신체의 대응

1) 왜곡된 신체의 확장과 일탈

2) 신체의 분절화와 성장

3) 신체의 포획과 도피

4) 행위의 소거와 죽음

3. 본래적 체험과 사물화된 체험의 결합

1) 본래적 체험의 재구성의 시도

2) 사물화된 체험에 의한 본래적 체험의 대체

3) 본래적 체험과 사물화된 체험의 결합적 병치

4) 본래적 체험과 사물화된 체험의 분리적 병치

Ⅳ. 신체성과 소설 읽기의 지평

1. 역동적 독서 체험의 형성

2. 정체성의 조정

3. 심미적 체험과 그 효과

4. 총체성과의 만남

Ⅴ. 결론

2. 내용

1) 연구 문제

이 논문은 신체성을 중심으로 한 소설 읽기의 방법을 모색하면서, 소설 속의 신체는 사회적·역사적·문화적인 맥락에서 파악될 필요가 있음에 천착하여, 신체성의 시학을 통해서 작품의 구성 원리를 주로 탐구하고자 하였다.

2) 주요 내용

연구자는 작품의 구성 원리로서의 신체성의 시학을 정신, 행위, 체험 등 세 개의 하위층위로 설정하고 작품 구성의 원리를 논하였다. 연구자가 상정한 신체성은 '사람들이 살고 있는 일상세계, 인간의 일상적인 존재의 방식, 인간과 세계의 관계, 타자 등을 이해하는 실마리가 되는 체험된 신체의 특성'을 의미한다.

정신의 층위에서 신체성은 삶의 욕동과 죽음의 욕동이라는 두 욕동이 대립하는 방식으로 작품을 구성하는 원리가 되며, 행위의 층위에서 신체성은 세계 내 존재인 개인과 세계는 행위라는 개념을 매개로 연관된다는 사실에 근거를 두면서, 주로 인물과 환경 간에 존재하는 대립의 방식에서 작품의 구성 원리를 규명하였다. 그리고 체험의 층위에서 신체성은 두 개의 대립적인 성격을 가지는 체험인 본래적인 체험과 사물화된 체험의 결합 방식을 통해 작품을 구성하는 원리로 보았다.

이 연구는 소설과 신체성의 관련양상을 구체적으로 추적하기 위한 분석 작품으로 이기영의 「서화」, 현덕의 「남생이」, 이태준의 「사냥」, 최명익의 「심문」 등을 삼았다.

그리고 신체성의 시학을 통한 소설 읽기의 방법이 갖는 교육적 의의를 역동적 독서 체험의 형성, 정체성의 조정 효과, 심미적 체험의 심층적 효과, 총체성과의 조우 체험 등으로 보았다.

이 연구가 상정한 신체성의 시학에 의한 소설 읽기는 인문학적 전망, 개인과 사회의 전면적 발전이라는 교육의 포괄적 발전 전망과 연관된다. 이 논의는 인식론적 차원에 입각한 개념 우위의 사물 파악에 대한 하나의 대안이 되며, 문학교육 현장에서는 소설담론에 대한 다양한 문화적 실천 방법과 교수 학습 방법에 대한 하나의 시사를 준다.

3) 핵심어구

신체성, 욕동, 본래적 체험, 사물화된 체험, 정체성, 심미적 체험, 전율, 총체성

3. 논의점

1) 연구의 이론적 근거

이 연구의 논의의 핵심은 신체성이 소설 읽기의 한 방법이 됨을 전제하여, 신체성의 시학이 소설 읽기에서 갖는 의의를 이성 중심주의적 미학에 대한 반성의 기회를 제공한다는 점, 소설의 기본적 동인이 되는 욕동의 문제를 보다 구체적으로 사고할 수 있다는 점, 신체성의 개념이 인간의 본질과 연관되는 것으로 보고 있다. 이 논문이 근거로 삼고 있는 학문적 기반은 포스트 모던적 관점에 대한 하나의 대안이라고 할 수 있는 신체성의 철학, 레비나스의 개념으로는 타자성의 개념이라고 할 수 있다. 이 연구에서 신체성의 개념을 소설 읽기에 끌어들인 가장 큰 이유는 신체성 시학의 욕동이 서사의 기본적인 추동원리라는 점, 무의식을 포함한 '정신'은 주로 신체에 근원을 두고 있다는 점, 사회적인 것의 규정력 속에서 인물의 활동은 신체의 움직임을 떠나서는 생각할 수 없다는 점 등 때문이다.

이 연구에서 크게 문제점은 없어 보이지만, 이 연구의 관점은 그가 말한대로 모든 작품을 해독하는 틀이 되지 못하고, 정신, 행위, 체험 층위에서의 신체성을 타자성을 고려한다고 하면서도 실상은 타자성을 협소하게 보는 관점이 있는 것 같다. 즉, 타자성을 라깡, 데리다, 사르트르, 바흐친 등의 관점을 종합적으로 파악하면서 상정한 것이 아니라, 타자성을 신체의 극단적 체험인 죽음을 통한 '자기가 스스로 할 수 있음이 없음'의 개인

적인 수용의 차원에서 논한 한계를 갖는다. 이 관점은 레비나스가 상정한 스스로 할 수 있음이 없음으로서의 체험을 통한 타자에 대한 헌신의 관점을 연상시킨다. 그리고 신체성을 작품 구성의 원리로 상정하였는데, 이 관점은 작품의 구성 원리에서 인물과 인물이 관계 맺음 속에서 드러내는 차이성을 간과하는 오류를 범한 것 같다.

2) 연구의 검토

가. 신체성의 개념

이 연구는 최근 육체를 가진 인간, 몸에 주목하는 문화 연구의 흐름과 맞닿아 있는 것으로 용어 자체는 생경하지만, 그동안 충분히 문제적으로 인식되어온 문제를 정면으로 제기한 것이다.

신체성은 정신과 육체가 분리되고 정신이 육체를 지배한다는 이성 중심주의를 거부하고, 육체(신체)가 정신을 포섭하는 새로운 인식을 제공한다. 예를 들면, 불면증이나 몸이 아플 때를 생각해보자. 이러한 현상은 모두 신체적 징후가 정신을 지배하는 경우이다.

이성·인식을 통해 사물을 파악하고 세계와 만남(경험)
정신·이성에 대한 지나친 강조

⇩

개인이 '몸'으로 직접 세계와 조우함(체험)
신체·몸에 주목함/ 직접적인 체험을 가능하게 하는 것이 욕동(慾動)

신체성 논의는 탈식민지적 상황에서 개인의 신체에 하나의 징후로 표출된다는 인식으로부터 출발한다. 즉, 이성 중심주의 세계관이 붕괴되고 이른바 주체 상실의 시대가 되었을 때, 이에 대한 대안으로써 제기되고 있

는 데리다나 푸코 류의 이론들은 자칫 허무주의적 색채를 띠고 있어 올바른 대안으로서의 임무를 다하지 못하고 있다. 이에 비해, '신체성'의 개념은 개인을 지탱해줄 수 있는 끈으로서 대안의 성격을 지닐 수 있다.

이 연구는 새로운 용어를 많이 쓰고 있다. 새로운 용어의 도입은 이전의 용어로는 충분히 설명되지 않거나 잘 논의되지 않는 측면을 보충하기 위해 도입되는 것이다. 그런데, 개념에 대한 정확한 정의없이 자의로 사용하는 경우가 있어 논지 이해에 많은 어려움을 주고 있다. 예를 들면 '경험과 체험'이나, '신체성과 몰입/동일시'같은 경우이다.

나. 신체성과 타자성의 관계

신체성은 한 사람 내부의 문제가 아니다. 신체성의 개인성을 강조하다 보면, 사회가 개인의 체험과 행동을 유발할 수 있는 사회-개인의 관계는 다양하게 분화될 수 있는 여지를 박탈하게 된다.

그렇다면, 신체성과 타자성이 어떻게 연계되는가? 신체성 개념을 확장하면 타자성으로 나아갈 수 있다. 무의식 속에 타자에 대한 의식이 자신의 행동을 조절하게 된다. 신체성은 개별적-독단적 개념이 아니라 다른 사람들과의 관계 속에서만 생겨날 수 있는 개념이다. 예를 들면, 소설 속 갈등, 인물의 신체성도 여러 차원으로 분화 가능하다. 한 인물 내, 인물 대 인물, 인물 대 사회가 그러하다.

이 논문은 개인의 '몸'을 사회적 행위의 추동원리로 간주하고 이를 통해 사회 질서를 구축한다는 것이 기본 관점이다. 즉 문화적 식민상태를 '몸'이라 가정하면, 몸으로 식민 상태를 경험하게 된다. 이는 욕동을 추발하게 되고, 저항 논리를 생성하게 되고 궁극적으로 탈식민성을 지향하는 것이다.

신체성에 관해서 필자는 복잡하게 논의하고 있지만, 여기서 신체는 몸 그 자체로 해석할 필요가 있다. 그저 신체와 사회를 연관시키는 새로운 방법으로 신체성을 긍정적으로 수용할 필요가 있다. 타자성을 너무 강조하면 신체성의 고유 의미가 축소될 우려가 있기 때문이다. 신체성은 개별자가 갖는 심미적 체험이나 자극을 중시하는 개념이다. 물론 사회적 측면 가질 수 있지만 그 사회적 의미 역시 개인의 몸에 영향을 주는 차원일 뿐이다.

다. 신체성의 교육적 의미: 국어교육의 장 안에 어떻게 수용할 것인가?

이전의 관점, 즉 이념중심적, 관념중심적, 정신적 관점에서 작품을 보는 것과 신체성의 관점에서 작품을 보는 것은 어떤 차이가 있을까? 신체성은 삶의 본질이나 신체가 원하는 대로 가는 것이 인간 삶에 있어서 훨씬 주체적인 것이라는 관점에 서 있다. 기존의 틀로는 바람직하지 않은 상황이 신체성의 측면에서 보면 바람직하게 설명할 수 있는 틀이 생긴다. 그것은 욕동에 의해 삶의 정체성 확립해 나가려는 의지를 긍정적으로 보기 때문이다. 이런 관점에서 보면 「서화」의 '원준의 처'에 대해 새로운 평가가 가능해진다.

또한 작품을 읽는 행위를 하나의 '체험'으로 볼 때, 신체성은 이를 분석할 수 있는 틀을 제공해 줄 수 있다. 작품 읽기 행위 즉, 문학적 체험은 지식이나 가치관 전수의 차원을 넘어선다.

물론 신체성의 개념을 교육적으로 구체화하기는 참 어렵다. 오히려 위험할 수도 있다. 하지만, 따라서 이 신체성을 가르칠 '내용'이 아니라 설명하는 '개념틀'로 간주하면 이러한 위험은 사라질 것이다. 즉, 소설 읽기에서 '신체성'이 수용될 수 있는 두 층위가 있다. 하나는 작품 내적인 측면으로서 작품 내 인물들의 행위를 설명하는 틀이며, 다른 하나는 작품 외적인 측면으로서 학생들의 읽기 행위를 설명하는 틀이다.

이런 면에서 오히려 신체성을 하나의 교육 원리로 간주하고, 이를 교육적으로 적용된 교실 현실을 상상해 보는 것이 훨씬 더 의미 있을 수 있다. 신체성을 강조하는 문학 수업에서는 교사가 끼어들 자리가 거의 없지 않을까 하는 의문이 든다. 학생들에게 문학적 체험을 많이 제공하는 것이 중시될 것이며, 이는 결과적으로 그저 작품을 읽히는 것에 주안점이 놓일 것이다.

하지만, 이 반면에 세련된 미적 감수성을 길러주는 일이 강조될 수 있다는 장점도 있다. 결국 읽기 과정을 '나를 작품 속에 몰입하고 투사하여 글을 읽어내는 방식'이라 할 때, 신체성은 읽기 과정이나 태도의 문제를 다룰 수 있는 단초가 될 것이다.

4. 논문의 의의와 발전 방향

이 논문은 작품의 구성원리로서 신체성의 시학을 상정하면서, 신체성을 정신, 행위, 체험의 층위에서 논하면서, 이를 바탕으로 교육적 의의를 논한 소설분석의 새로운 패러다임으로 보여 주고 있다. 또한 신체성의 역동적 양상에 주목하면서, 이를 바탕으로 문학교육에서 신체성의 시학을 통한 교육적 활용 방안에 대한 시사를 주고 있다.

하지만, 신체성의 시학을 설명하면서 부분적으로 타자성의 시학을 상정하고 있는데, 이 타자성의 시학은 일면적인 양상을 보여주고 있다는 점에서 신체성의 시학을 통한 타자성의 개념에 대한 보다 구체적인 천착이 필요하다.

또한 신체성의 시학을 통한 문학교육적 전망을 논하였는데, 문학교육에서 그 구체적인 실천 방안, 예를 들어서 내용 체계라든가 교수학습 방법 등에 관한 논의가 더욱 진전되어야 할 것이다.

담화 구조와 배경 지식이 설명적 담화의 독해에 미치는 효과에 관한 연구

■ 이경화, 한국교원대 박사학위논문, 1999 ■

1. 논문 목차

2. 내용

1) 연구 문제

이 논문은 담화의 구조와 독자의 배경 지식이 독해에 어떤 영향을 미치는지를 실험을 통해 검증하는 것을 목적으로 한다. 그리하여 담화의 구조와 독자의 배경 지식 각각이 독해에 미치는 영향과 이 두 요인의 상호 작용 효과를 구체적으로 파악하고, 이를 바탕으로 독자의 수준이나 담화의 특성에 알맞은 읽기 지도의 방안을 모색하는 데 시사점을 얻고자 하였다.

2) 주요 내용

이 논문은 독해와 관련된 기존 연구들이 대부분 담화 구조와 배경지식 요인을 각각 독립적으로 다룸으로써 독해 현상이 지니고 있는 총체성을 제대로 반영하지 못했다는 비판에서 출발한다. 즉, 담화분석적 접근법은 담화 구조에 치중한 나머지 담화 내용 부분을 제대로 다루지 못했으며, 독자 중심의 접근법에서는 내용 스키마에만 치중하여 형식 스키마를 다루지 않았을 뿐 아니라 배경 지식의 수준 역시 제대로 평가하지 못했다는 문제를 제기하고 있다. 이러한 맥락에서 읽기가 글과 독자의 상호 작용이라는 점에 기반하여, 독해의 상호 작용 변인의 동시 조작을 시도하고 있다.

이러한 문제 의식을 바탕으로 이 논문에서는 6학년 4개 반 155명 중 읽기 능력이 중위 집단에 해당하는 아동 103명을 선정하고, 이들을 다시 배경 지식(내용 스키마 + 형식 스키마)의 수준에 따라 상위와 하위 수준에 포함되는 72명을 최종적으로 선정하여 이들을 대상으로 담화 회상 검사를 실시하였다. 담화 회상 검사에 제시된 글은 담화의 내용 구조를 동일하게 하고, 표현 구조를 네 가지로 다르게 구성한 글로서, 회상 정도는 Meyer의 '개념 중심' 명제 분석법을 활용하였다. 결과 처리는 회상 명제의 양적 분석과 질적 분석을 병행하였다. 실험의 결과는 다음과 같다.

첫째, 담화 구조 유형에 따라 비교 대조 구조, 문제 해결 구조, 인과 구조, 수집 구조의 순으로 언어 회상에 차이가 나타난다. 즉, 담화의 구성력(cohesion, 결속 구조)이 강한 담화 구조가 언어 회상에 우세하였다.

둘째, 독자의 배경 지식(담화 내용, 담화 구조) 수준에 따라 언어 회상에 차이가 나타났다. 곧, 내용 및 구조와 관련되는 배경 지식이 많은 상위 집단이 그렇지 못한 하위 집단보다 회상 점수가 높다.

셋째, 독자의 배경 지식과 담화 구조의 상호 작용 효과가 나타난다. 예컨대, 독자가 필자와 동일한 담화 구조를 사용하는 경우에 회상에 도움이 된다.

이러한 결과를 토대로 이 논문에서는 담화 구조 유형에 대한 인식과 그 구조를 사용할 수 있는 구조 전략(structure strategy)을 가르쳐야 한다는 제안을 하고 있다.

3) 핵심 어구

설명적인 담화, 상위 구조, 담화 유형, 인지 구성주의, 구성력, 명제 분석법, 형식 스키마, 내용 스키마

3. 논의점

1) '텍스트(text)'의 개념

이 논문에서는 담화와 텍스트의 개념을 엄밀하게 구별하고 있는데, 이에 대해서는 이론(異論)이 있을 듯하다. 담화와 텍스트의 의미 구분과 관련하여, '담화(discourse)'는 [＋문장 이상]과 [＋사용]의 두 가지 의미 자질을 반드시 보유하고 있는 구체적이고도 관찰 가능한 자료이고, '텍스트(text)'

는 언어 사용자의 독해가 배제된 즉, [-사용]의 의미 자질의 추상적인 구성물을 일컫는다."는 개념 구분은 비록 필자가 Edmonson(1981)의 견해에 따르고 있다 하더라도 재고의 여지가 있지 않을까 한다. 이것은 '텍스트'에 대한 일반적인 인식과는 차이가 있기 때문이다. '텍스트'라는 용어 자체가 언어 사용의 상황과 독자를 고려하여 출발한 것이라는 점과 아울러 1990년대 이후 텍스트 언어학의 연구 성과들은 더욱 더 언어사용의 상황과 소통의 문제를 중시하고 있기 때문이다. 이러한 점을 감안하더라도 담화와 텍스트를 구별하는 것이 옳거나 유용하다면 그 까닭이 자세하게 논의되어야 할 것이다.

2) 실험용 자료, 어디까지 변형 가능한가

이 논문에서는 글 구조 효과를 검증하기 위해 같은 내용의 글을 서로 다른 구조의 글로 변형하였다. 이것은 실험의 목적상 불가결한 조치로 보인다. 그러나 이러한 자료의 변형이 어디까지 수용 가능한지에 대해서는 반성적 논의가 필요하다.

이 연구에서는 '몸의 수분 줄이기'라는 거의 동일한 내용의 글을 구조를 달리하여 제시한 후, 전문가 집단과 학습자들에게 투입·적용·검증하는 방법을 택하였다. 그런데 문제는 내용을 동일하게 하고 구조 유형을 다르게(수집 구조, 인과 구조, 문제해결 구조, 비교대조 구조) 텍스트를 인위적으로 변형하는 과정에서 무리가 따른다는 점이다. 이 논문에서는 특히 수집 구조를 적용하여 재구성된 실험용 텍스트는 응집성(coherence) 차원에서 국어 텍스트로서 적절한지에 대한 문제 제기의 소지가 있다. 실험용 텍스트라는 점을 감안하더라도 부자연스럽게 변형된 텍스트는 실험 결과에 영향을 줄 것이다. 사실상 어떤 하나의 내용은 그 내용을 가장 최선으로 담는 단 하나의 구조가 있을 것으로 가정된다. 이렇게 보면, 과연 다른 구조로 변형된 글이 과연 원래의 글과 같은 내용의 글인지에 대해서 의심을 가질 수도 있다. 구조의 변형은 의미의 변형을 수반하기 때문이다.

3) 표집의 크기

이 논문의 '연구의 제한점'에서 밝힌 바와 같이 실험 대상 학습독자의 인원이 72명으로 제한되어 있다는 점이 아쉬움으로 남는다. 그리고 이들 제한된 인원들도 다시 글 구조 유형과 배경 지식의 정도에 따라 다시 8개 집단으로 나뉘기 때문에 한 집단에는 평균 9명 정도가 소속된다. 이처럼 소수 인원을 대상으로 한 실험 결과가 통계적으로 어느 정도 의미 있는지 따져볼 필요가 있을 듯하다.

표집의 크기와는 좀 다른 차원에서 특정 지역의 학교와 학년(경북 상주시 S초 6학년)으로 표집의 범위가 제한되어 있다는 것도 지적이 가능하다. 그러나 이 연구는 우리 나라 전체 초등 학생의 경향을 살펴보려는 것이 아니라, 단지 담화 구조와 배경 지식이 독해에 어떤 영향을 미치는지 파악하기 위한 것이므로 표집의 범위가 좁다고 해서 결과의 신뢰성이 결정적으로 훼손되지는 않는 것으로 판단된다.

4) 글 구조 학습의 단계적 제시 방안

이 연구 결과로 제시되고 있는 교육적 시사점 부분에서는 설명적 담화의 상위 구조 제시 순서로 '문제 해결 구조, 비교 대조 구조, 인과 구조, 수집 구조'의 순으로 제시할 것을 주장하고 있다. 또한 필자의 구조 인식과 독자의 구조 인식에 차이가 있기 때문에 작문과 독해에서 담화의 구조 유형별 지도 순서가 다르게 제시될 필요가 있음을 제기하고 있다. 이것은 매우 중요한 문제이므로 간단한 실험 하나로 판단할 수 있는 문제는 아닌 것으로 판단된다. 많은 연구와 논의가 뒷받침되어야 한다.

우선 국어 텍스트에서 '문제 해결 구조'의 글이 과연 그렇게 일반적으로 활용되는 글 유형인지에 대해서도 검토가 필요하지 않을까 한다. 이것은 영어와 국어의 텍스트 구성 방식에 어느 정도 차이가 있을 수 있다는 개연성에 바탕을 두고 있다.

회상이 잘 되는 구조이기 때문에 먼저 가르쳐야 한다는 논리의 당위성에 대해서도 다르게 생각할 수 있다. 우선 이 논문은 6학년만을 대상으로 하였기 때문에 기본적으로 발달 연구와는 무관하다. 6학년 학생들이 '문제 해결 구조'의 글을 잘 회상했다고 해서 자동적으로 '문제 해결 구조'의 글을 저학년에서 먼저 가르쳐야 한다는 것을 정당화하는 것은 아니기 때문이다. 그리고 같은 '문제 해결 구조의 글'이라고 하더라도 구조의 응집성은 글마다 다르기 때문에 단 한 번의 실험으로 판단하기는 난망이다. 나아가 좀더 근본적으로 회상이 잘 되는 구조(기억하기 쉬운 구조)와 이해하기 쉬운 구조는 다른 것 아닌가 하는 의문도 든다. 가령 수집 구조는 이해하기는 쉽지만 기억하기는 어려운 반면, 문제 해결 구조는 이해하기는 어렵지만 일단 이해가 되면 기억이 용이한 구조가 아닌가 한다. 이러한 판단이 옳다면 제시 순서는 다시 논의되어야 할 것이다.

그리고 특히 읽기 지도에서 글의 구조 유형을 순서를 정해서 차례대로 가르치는 것이 옳은지에 대해서도 더 많은 논의가 있어야 할 것으로 생각된다. 읽기에서 독자가 읽는 글의 구조는 이미 주어져 있으며, 그 유형은 다양하다. 이러한 사정은 쓰기와는 차이가 있어 보인다. 따라서 특정 학년에 특정의 구조를 제시하여 집중적으로 가르치는 방안보다는, 동시에 다양한 유형의 텍스트 구조들을 제시하고 텍스트 수준에 차이를 두어 반복적으로 이루어지도록 하는 것이 더 타당하지 않을까 한다. 객관적이고 풍부한 근거를 바탕으로 더 많은 논의가 있어야 할 문제이다.

4. 의의와 발전 방향

이 연구는 담화 구조나 스키마 등 기존에 독립적으로 다뤄져 왔던 연구 문제들을 통합적으로 접근하여, 읽기의 특성을 밝히고자 하였다는 점에 의의가 있다. 가령 담화의 구조에 따른 회상 실험들이 독자의 배경 지식 문제를 소홀히 함으로써 서로 다른 연구 결과를 낳았기 때문에, 이러한 문제를 극복하기 위해서는 담화 구조와 배경 지식 요인을 통합적으로 다루어야 한다는 것이다. 이와 관련하여 동일한 내용('몸의 수분 줄이기')을 서로 다른 텍스트 구조로 재구조화 한 실험용 텍스트를 제작한 다음, 이를 바탕으로 학습자들의 텍스트 구조적 지식의 활용 정도, 텍스트 구조별 독해 효과 등을 비교 검토하여 검증했다는 점에서 큰 의의를 갖는다.

그러나 이 연구의 실험 디자인과 관련하여 실험용 텍스트의 재구성 문제에 대해 좀더 정밀한 보완이 요구된다. 동일한 정보량과 응집성(coherence)을 갖고 있으면서도 서로 다른 구조의 텍스트로 재구성해 내는 방안에 대해 지혜를 모아야 할 것이다. 그리고 이 논문은 기본적으로 독해 현상에 대한 기술적인 연구이다. 곧, 사람들이 글을 읽고 이해를 할 때 글의 구조와 배경 지식이 어떤 영향을 미치는지 있는 그대로 기술(記述)해 내는 것이 이 논문의 핵심이다. 따라서 이 연구의 결과를 교육 현장으로 옮겨가기 위해서는 다리 역할을 하는 많은 연구들이 필요하다. 독자들의 발달 특성에 대한 연구도 그 중의 하나가 될 것이다.

상호텍스트성을 바탕으로 한 읽기 지도 방법 연구*

■ 김도남, 한국교원대 박사학위논문, 2002 ■

1. 논문 목차

---

* 이 논문은 『상호텍스트성과 텍스트 이해 교육』(김도남, 박이정, 2003)으로 발간되었다.

2. 내용

1) 연구 문제

본 논문은 독자의 텍스트 이해가 상호텍스트성을 바탕으로 이루어진다는 관점에서 읽기 지도 방법을 연구하고자 하였다. 이를 위해 독자의 텍스트 이해 과정에서 상호텍스트성을 조장하기 위해서는 다중 텍스트를 활용해야 한다고 보고, 읽기 교수 학습 과정에서 다중 텍스트를 활용하는 방법을 제시하고 있다.

2) 주요 내용

본 연구에서는 독자의 텍스트 이해 과정이 상호텍스트적임을 밝히기 위하여 먼저 상호텍스트성과 읽기와의 관계를 이론적으로 모색한 후에, 읽기 과정에 개입하는 상호텍스트적인 측면을 면밀히 검토하고 있다. 그리고 이러한 분석적 논의를 토대로 하여 상호텍스트성을 바탕으로 한 읽기 지도 방법을 구안하고 있다.

먼저 Ⅱ장에서는 상호텍스트성과 읽기의 관계를 논의하고 있다. 이에 읽기 과정에 대한 심리학적 관점, 내용 파악에 대한 기호학적 관점, 의미 이해에 대한 해석학적 관점을 살펴보면서, 읽기에 대한 그간의 교육적인 접근을 비판적으로 검토하고 있다. 그리고 상호텍스트성의 개념 변화를 설명하면서, 텍스트 이해가 상호텍스트성에 의하여 이루어진다는 점을 지적한 후, 상호텍스트성을 조장하는 방향으로 읽기 교육이 이루어져야 함을 역설하고 있다.

Ⅲ장에서는 상호텍스트성을 바탕으로 한 읽기 교육에 접근하기 위하여, 읽기 과정이 어떻게 상호텍스트적으로 이루어지는지를 설명하고, 읽기 지도를 위한 접근 단계와 각 단계에 따른 활동 요소를 정리하고 있다. 먼저 기호의 삼분법을 빌려, 독자는 다른 텍스트의 내용들과 끊임없이 관련을 지으면서 텍스트를 읽는다고 설명한 후, 읽기의 과정이란 기호 해독을 통하여 내용을 인식하고, 인식한 내용을 해석하여 의미를 찾고, 찾은 의미를 융합하여 새로운 의미를 구성하는 것으로 보았다. 그리고 이를 바탕으로 읽기 과정을 인식하기, 해석하기, 이해하기로 단계화하였다. 즉 읽기 과정에서 기호를 해독하여 내용을 파악하는 활동을 '인식하기'로, 내용을 통하여 의미를 찾는 활동을 '해석하기'로, 해석하기에서 찾은 여러 의미를 바탕으로 새로운 의미를 구성하는 활동을 '이해하기'로 규정하였다.

또한 읽기 과정에서 독자는 텍스트의 내용을 표상하고 의미를 구성한 결과, 마음속에서 '내적 텍스트(inner text)'를 구성한다고 보고 있다. 이때 독자가 구성하는 내적 텍스트는 텍스트의 내용을 사실적으로 마음속에 표상한 '인식 텍스트', 텍스트의 내용이 드러내는 의미를 찾아 인식하여 구성한 '해석 텍스트', 해석 텍스트의 의미를 바탕으로 새롭게 의미를 구성한 '이해 텍스트'로 나누어진다. 이들 내적 텍스트들은 상호텍스트성을 바탕으로 구성되며, 읽기 지도 단계-인식 텍스트 구성 단계, 해석 텍스트 구성 단계, 이해 텍스트 구성 단계-를 이룬다. 그리하여 이들 각 단계를 지도하기 위하여 각 단계에 따른 활동 요소를 구체적으로 선별하여 정리하고 있다.

【 상호텍스트성을 바탕으로 한 읽기 과정 모형 】

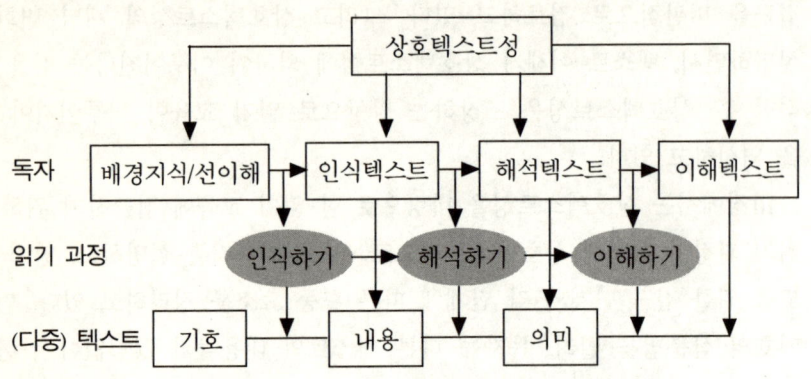

Ⅳ장에서는 이상과 같은 논의를 토대로 상호텍스트성을 바탕으로 한 읽기 지도 방법을 모색하고 있다. 먼저 다중 텍스트(multiple text)를 활용한 읽기 지도의 요인을 탐색한 후에, 다중 텍스트의 구성 방식을 보완 관계, 논쟁 관계, 통제 관계, 대화 관계, 변형 관계로 구분하고, 각 구성 방식에 따른 학습 요소를 정리하였다. 그리고 다중 텍스트를 활용한 읽기 지도 모형과 읽기 지도 방법을 탐색하였다. 읽기 지도 모형은 글레이저 (Glaser)의 수업 모형을 바탕으로 '계획하기-진단하기-교수·학습 활동-활동 평가-송환하기'로 제시하였다. 이 중 교수·학습 활동은 '목표 확인-활동-반성'으로 정하고, 활동 과정을 인식 텍스트 구성하기, 해석 텍스트 구성하기, 이해 텍스트 구성하기로 구분하였다. 이 논문에서는 읽기 지도 방법이 교수·학습 활동을 누가 중심이 되어 이끌어 가는가, 텍스트 구성 요소 중 어디에 초점을 두느냐, 다중 텍스트의 구성 방식을 개방하느냐, 제한하느냐에 따라 여러 가지로 나눌 수 있다고 보고 있다. 마지막으로 실제 교수·학습을 통해 단일 텍스트와 다중 텍스트를 활용한 읽기 지도 결과를 비교 분석함으로써, 다중 텍스트를 활용한 읽기 지도가 텍스

트 이해에 더 의미가 있음을 밝히고 있다.

3) 핵심 어구

읽기, 읽기 교육, 읽기 지도, 읽기 과정, 읽기 학습, 상호텍스트성, 내적 텍스트, 다중 텍스트, 독해

3. 논의점

1) 상호텍스트성의 개념 및 범위 설정 문제

본 연구의 핵심을 이루는 용어는 다름 아닌 '상호텍스트성(intertextuality)' 이다. 그 동안 주로 필자의 텍스트 구성을 중심으로 논의되었던 상호텍스트성의 개념은, 소쉬르와 바흐친을 거쳐 크리스테바(Kristeva), 데리다(Derrida)에 이르면서, 모든 담론과 텍스트는 상호텍스트적으로 연결되어 있으며 결국 모든 의미 구성과 의사소통은 근본적으로 상호텍스트성을 갖는다는 의미로 그 개념이 확장되었다. 그리고 본고에서는 이러한 확장된 상호텍스트성의 개념을 수용하여, 독자가 텍스트를 읽고 이해하는 과정에서도 상호텍스트성은 필연적으로 작용하고 있음을 전제로 하여 논의를 전개하고 있다.

읽기 과정 자체가 상호텍스트적이라는 것은 기호 자체의 특성, 즉 재현성(再現性)에서 기인한 특성이다. 따라서 이러한 특성에 따르면 이 세상 어떤 텍스트라도 이미 상호텍스트적인 것이며, 그 결과 이러한 텍스트의 의미를 이해하는 과정 역시 상호텍스트적일 수밖에 없다. 그러나 이처럼 텍스트와 텍스트, 텍스트 내용과 독자의 선(先) 경험, 읽기 과정에서 독자가 형성하는 여러 내적 텍스트의 관계 등 텍스트를 읽고 의미를 이해하는 과정을 모두 상호텍스트성 개념 하나로 설명하고자 하는 시도는 텍스트를 읽는

과정에 개입하는 각종 변인들, 개인 경험, 연상 작용, 사전 지식, 사고의 흐름 등을 분명히 구분지어 배제하지 못하는 결과를 낳는다. 즉 상호텍스트성의 개념을 너무 포괄적이고 확장적으로 제시한 후 이 개념을 바탕으로 텍스트 이해 과정을 모두 설명하다보니, 상당 부분 논의에서 제외되어야 하는 부분들도 불분명하게 섞여서 논의가 추상적이고 모호해지고 있다.

2) 상호텍스트성과 다중 텍스트

본 연구가 논의의 바탕으로 삼고 있는 상호텍스트성이라는 개념은 상당히 확장적이고 포괄적인 개념이다. 앞서 언급한 것처럼 이러한 개념적 정의에 따르면, 세상 모든 텍스트가 이미 상호텍스트적이며, 이러한 텍스트의 의미를 이해하는 과정, 즉 읽기 과정 역시 상호텍스트적이다.

그런데 본 연구에서 제시하고 있는 '다중 텍스트를 활용한 읽기 지도 방법'은 서로 관련이 있는, 특히 주제적으로 관련이 있는 텍스트를 여럿 제공함으로써 텍스트의 이해를 활성화시키는 것에 주로 한정되어 있다. 즉 본 연구에서 제안하고 있는 보완 관계 텍스트, 논쟁 관계 텍스트, 대화 관계 텍스트 등이 주제나 화제 면에서 관련 있는 텍스트들을 제공하는 방식에 해당한다. 그러므로 다중 텍스트를 활용한 읽기 지도는 본고에서 제안하고 주장하는 '읽기'에 대한 상호텍스트적 관점(매우 확장적인)을 온전히 구현해 내는 방법과는 좀 거리가 있어 보인다.

3) 다중 텍스트를 활용한 읽기 지도 방법의 구안 및 효용성

다중 텍스트를 활용한 읽기 지도 방법을 구안하는 데 있어, 다중 텍스트의 구성 방법, 즉 텍스트의 범위를 선별하는 것, 텍스트를 선정하고 제시하는 것, 다중 텍스트를 구성하는 방법 등에 대한 구체적인 언급이 충분히 제시되어 있지 않다. 이러한 논의가 실질적인 읽기 지도와 연계된다는 점에서 아쉽다.

또한 실제 다중 텍스트를 활용한 읽기 모형이 하나의 중심 텍스트를 먼저 제공하고 이에 관련되는 텍스트를 추가로 제공하여 원(原) 텍스트의 의미 이해를 돕는 것인지, 처음부터 여러 개의 다중 텍스트를 제공한 후 각 텍스트의 내용을 인식하고 해석하고 이해함으로써 하나의 통합적인 이해 결과를 얻도록 하는 것인지 그 경계가 분명히 언급되지 않고 있다.

그리고 실제 학교 현장에서의 읽기 교육이 기본적으로 텍스트의 의미를 이해하는 것을 목표로 삼는다고 할 때, 현실적으로 여러 종의 텍스트(다중 텍스트)를 제공하는 읽기 지도 방법이 어느 정도 효율적일 것인지에 대해서는 다소 의문이 든다. 즉 원 텍스트의 독해조차 잘 되지 않는 학습자에게 오히려 더 혼란만 주는 결과를 초래하지는 않을지 궁금하다. 또한 학습 부담이나 시간적인 문제 등 현실적인 실현 가능성 역시 고려하지 않을 수 없다. 다중 텍스트를 제공하는 것이 궁극적으로 텍스트의 이해에 긍정적인 도움을 줄 것이라는 전제는 좀 더 경험적인 연구가 뒷받침되어야 할 것으로 보인다.

4. 의의 및 발전 방향

먼저 독자의 텍스트 이해 과정을 독자가 텍스트를 읽어나가면서 단계별로 내적 텍스트를 생산해 나가는 과정이라고 여긴 본 연구의 기본 관점은 논리적으로 합당하며, 교육적으로도 타당하다. 특히 인식 – 해석 – 이해의 단계를 밟아나가면서 텍스트의 의미를 이해하는 읽기 과정이 결국 독자(학습자)의 마음에 질적 변화를 가져오는 것으로 보는 관점은 교육적으로 그 의미가 크다. 또한 텍스트를 읽는 과정이 기호를 매개로 하여 텍스트간의 내용을 연결하는 과정, 즉 상호텍스트성을 바탕으로 이루어지는 과정이며,

효과적인 읽기 지도를 위해 다중 텍스트를 활용해야 한다고 주장한 점 역시 텍스트 내용이나 텍스트 이해에 있어 열린 관점을 제안하고 있다는 데에서 그 의의를 찾을 수 있다.

정리하면 이 연구는 텍스트의 읽기 과정에 대한 체계적인 접근을 시도하였고, 그 결과 읽기 교육에 이론적이고 철학적인 근간을 제공해 주었다고 할 수 있다. 그리고 이러한 이론적 작업을 읽기 지도 방법과 유기적으로 연결하고자 시도함으로써 그 교육적 실천 가능성을 모색하고 있다.

그러나 읽기 과정을 단계화한 후 각 단계별 활동 요소들을 추출하여 유목화하고 이를 지도 방법과 연결시키는 과정에서, 추상적이고 이론적인 접근만을 꾀하고 있다는 점에서 좀더 보완이 있어야 할 것으로 보인다. 예를 들어, 읽기 과정이 상호텍스트적으로 이루어진다는 점, 읽기 과정에서 독자가 내적 텍스트를 구성한다는 점, 각 단계의 내적 텍스트는 선조적이면서도 회귀적으로 텍스트 이해에 작용한다는 점, 각 단계의 내적 텍스트는 서로간에 상호텍스트적으로 연결되어 있다는 점 등이 모두 선언적으로 당연하게 언급되거나 이론적으로만 설명되고 있다. 이 부분에 대한 구체적인 접근이 요구된다.

마지막으로 논의의 상당 부분이 '상호텍스트성을 바탕으로 한 읽기의 구조(Ⅲ장)'를 이론적으로 밝히는 데 할애되고 있다. 읽기의 구조 혹은 읽기 과정의 구조는 이론적인 접근뿐만 아니라 실제 학습자의 읽기 과정을 직접 살펴보는 경험적인 접근이 함께 동반될 때 좀더 구체적인 모습을 드러날 것으로 보인다.

텍스트 이해의 과정과 전략에 관한 연구

―'비판적 읽기' 이론 정립을 위한 학제적 접근―

■ 김혜정, 서울대 박사학위논문, 2002 ■

1. 논문 목차

2. 내용

1) 연구 문제

이 연구는 독자 중심적 읽기라는 관점 하에 비판적 읽기의 개념과 특성, 그리고 비판적 읽기에서 특히 강조되는 텍스트 이해 과정의 층위와 양상별 특성을 분석·기술하였다.

2) 주요 내용

이 연구에서는 비판적 읽기의 개념 범주를 설정하였고, 이를 바탕으로 비판적 읽기를 전제한 텍스트 이해 과정을 상세화 하였으며, 나아가 읽기 전략을 구체화하고자 하였다.

이 연구에서는 비판적 읽기는 읽기 기능의 한 단계로서가 아니라 텍스트 이해의 전 과정에 참여하는 독자의 비판적이고 적극적인 태도를 강조하는 확장된 의미이다. 비판적 읽기의 성격은 다음과 같다. 첫째, 비판적 읽기는 텍스트에 의존한다. 이를 고려하지 않을 때 비판적 사고와 구분되지 않는다. 둘째, 비판적 읽기는 텍스트에 대한 사실적 이해, 표현에서의 함축적 이해를 포괄하는 상위인지 개념이다. 셋째, 비판적 읽기는 사실적 이해나 함축적 이해와 동시에 작용한다. 넷째, 비판적 읽기는 독자의 스키마 혹은 배경지식을 재점검하는 읽기이다. 비판적 읽기는 가치 판단이라는 사고 활동도 포함하는데, 가치 판단은 가치 규범이라는 준거가 있어야 하고, 이러한 사실적 지식과 규범은 스키마와 배경지식으로부터 도출된다. 다섯째, 비판적 읽기는 태도의 측면과 관련된다. 비판적 사고는 경험에 의해 조절된 신중한 회의를 필요로 하며, 이로 인해 텍스트 상의 문제에 대한 더 만족스러운 해결책이나 그 문제 속을 들여다 볼 수 있는 통찰력을 신장시킨다. 여섯째, 비판적 읽기는 텍스트의 이해와 함께 창조적 재생산을 의미한다. 일곱째, 비판적 읽기는 구성주의적 인식론을 바탕으로 하는 활동이다. 비판적 읽기는 텍스트의 의미를 고정된 실체로 파악하지 않는다.

이 논문에서는 텍스트를 두 개의 의미 층위로 구분하였다. 하나는 텍스트의 1차적인 의미를 드러내는 층위로, 텍스트 내적 체계와 관련된다. 텍스트의 1차적인 의미를 파악하기 위해서 텍스트의 구조와 의미 체계를 미시구조와 거시구조 및 초구조로 분류하였다. 미시구조의 측면에서는 어휘의 사용과 문장의 배열 관계를 중심으로 응집성과 결속성을 분석하며, 거시구조의 측면에서는 화제의 지시적 흐름과 주제의 구성을 중심으로 한 의미 구조를 설명한다. 초구조는 기본적으로 명제들간의 조건과 결론의 관계로 나눌 수 있다. 초구조는 텍스트의 내용에 대한 단순한 인식을 넘어서, 화자가 텍스트의 의도를 전달하기 위해, 무언가를 표현하는 효과적인 형식을 선택했다는 것을 독자가 인지하는 것과 관련된다. 이러한 초구조의 수립은 경험론적 인식에 기초하는 것으로서 텍스트 외적 세계와 밀접하게 관련되어 있다.

텍스트의 2차적인 의미를 파악하는 과정은 텍스트 의미 전체를 하나의 기표로 가정하고 그 이면의 기의를 파악하는 과정, 즉 상징 구조를 해석하는 과정이다. 이 층위에서는 사회문화적 의미가 관련되는데, 사회문화적 의미는 독자가 속한 사회의 통념이나 사회 윤리와 관련되어 독자가 보편 타당성을 갖고 텍스트를 객관적으로 바라보려는 노력으로 결정된다.

비판적 읽기의 과정은 크게 해석과정과 반추 및 재조정 과정, 그리고 이 둘을 매개하는 조정 과정으로 이루어진다. 해석과정에는 표층적 의미의 해석과정과 상황적 의미의 해석과정이 포함되고, 반추 및 재조정 과정에는 텍스트 내용의 타당성 및 합리성 여부, 텍스트 형식의 효율성 및 효과 정도, 그리고 사고 과정이 포함된다.

비판적 읽기는 고차원적인 사고 활동이나 학습자의 인지 발달 정도에 관계없이 필요하고, 따라서 아동들은 그 나름의 발달 단계에 맞는 비판적 읽기 방법이 필요하고, 성인 학습자들은 텍스트의 내용과 조직 면에서 다양한 사고를 야기할 수 있는 비판적 읽기 방법이 마련되어야 한다.

이 논문은 국어 활동 중에서도 읽기 영역 연구에 해당하며 교육적 구분으로는 교육 내용 및 방법에 대한 연구에 해당한다. 이 논문은 기본 관점과 연구 방법 면에서 텍스트를 동적이며 포괄적인 관점으로 접근한 반 다이크의 이론에 많이 기대고 있다.

3) 핵심 어구

비판적 읽기, 텍스트 내적 세계·텍스트 외적 세계, 미시구조·거시구조·초구조, 1차적 의미·2차적 의미, 해석·조정 및 반추 과정

3. 논의점

1) 비판적 읽기의 개념

이 논문은 읽기의 모든 과정이 기본적으로 비판적인 읽기라는 관점에서 출발하고 있다. 사실 읽고 그 뜻을 이해한다는 것에는 분석하고, 판단하고, 평가하고, 대안을 찾는 활동이 수반되기 마련이고, 이런 점에 초점을 둔다면 읽기는 본질적으로 '비판적'인 행위이다. 그런데 읽기가 본질적으로 비판적인 속성을 지니고 있다는 것과, 읽기의 한 양상으로서 '비판적 읽기'가 있다는 것은 구별되어야 한다. 우선 비판적 읽기가 포함되지 않는 경우를 생각해 볼 수 있을 것이다. 예를 들어, '정지'라는 교통표지판이 있다고 가정하자. 이 교통 표지판을 이해하는 데 비판적인 측면은 무엇일까? 물론 교통 표지판을 읽고 '정지하라고 하는 이유는 무엇인가?', '표지판을 좀더 크게 해서 운전자가 알아보기 쉽게 해야지.' 등에 대해서 생각해 볼 수 있다. 이러한 생각들은 비판적인 읽기에 포함된다. 여기서 정지하라는 교통표지판의 지시에 순순히 따른 것은 완전히 이해했다고 할 수 없는 것인가라는 물음이 제기될 수 있다. 우리는 가끔 글을 읽다가 그 속에 몰입하는 경험을 한다. 이것은 독자가 텍스트와 거리를 두고 분석하고, 따지는 행위와는 거리가 멀다. 이렇게 본다면 비판적 읽기란 몰입하는 읽기와 대응되는 개념으로서도 유용하다. 이러한 점들을 굳이 무시할 까닭이 있는가?

2) 텍스트의 의미 층위를 나눈 범주의 문제

이 논문에서는 텍스트 층위를 1차적 의미를 드러내는 층위와 2차적 의미를 드러내는 층위로 나누었다. 그리고 1차적 의미를 드러내는 층위는 텍스트의 내적 체계와 관련이 있고, 2차적 의미를 드러내는 층위는 텍스트의 외적 체계와 관련이 있다는 설명을 했다. 그런데 이렇게 범주를 나눈 기준에 대해서 다시 생각해 볼 필요가 있다. 가령 텍스트의 내적 체계에 대한 설명 중, 초구조는 오히려 텍스트의 외적 체계와 더 밀접한 관련이 있을 것이다.

3) 비판적 읽기 전략의 종류

이 연구는 비판적 읽기 이론 정립을 위한 것이므로 텍스트 이해의 과정 및 전략에 대한 내용이 연구의 핵심 중의 하나이다. 이 논문에서는 비판적인 읽기 전략으로 '과제 초점화하기'와 '자기 질문하기'라는 것을 들고 있다. 그러나 정작 이 전략이 왜 중요하고 어떻게 작용을 하는지 등에 대한 자세한 설명이 부족하다. 그리고 '자기 질문하기'나 '과제 초점화하기' 이외에도 비판적 읽기의 전략이 더 있을 것이다. 그런데 전략을 둘만 제시한 것이 아쉽다.

4. 의의와 발전 방향

이 논문은 '비판적 읽기'라는 개념을 전면에 부각하여 이론적인 접근을 시도하였다는 점에 그 의의가 있다. 비판적 읽기는 특히 현대의 문식성 환경과 관련하여 더욱 강조되어야 할 것이다. 그런데 '비판적 읽기'라는 개념을 획일화하였다는 점, 그리고 비판적 읽기의 전략 등을 구체화, 풍부화하지 않았다는 점 등은 아쉬움으로 남는다.

2. 표현 영역

■ **국어 표현 교육 연구의 경향과 과제***

■ **표현 영역 관련 논문**

● 의사소통능력 신장을 위한 함축적 표현의 연구
  【이종철, 서울대 박사학위논문, 1993】
● 작문 교육의 이론적 기초와 방법론 연구
  【원진숙, 고려대 박사학위논문, 1994】
● 표현 의도의 표현 방식에 관한 화용론적 연구
  【이성영, 서울대 박사학위논문, 1994】
● 연암 박지원의 글쓰기 방법론 연구
  【이지호, 서울대 박사학위논문, 1997】
● 한국 모더니즘시의 글쓰기 방식에 관한 연구
  【최미숙, 서울대 박사학위논문, 1997】
● 한국 현대소설 담론 생산 방법 연구
  【최인자, 서울대 박사학위논문, 1997】
● 대화 지도를 위한 반복표현의 기능 연구
  【노은희, 서울대 박사학위논문, 1999】

● 대상 인식과 내용 생성의 관계에 대한 표현교육론적 연구
　　【염은열, 서울대 박사학위논문, 1999】
● 이미지 형상화를 통한 시 창작교육 연구
　　【유영희, 서울대 박사학위논문, 1999】
● 장르 중심 작문 교육의 내용 체계와 교수·학습 원리 연구
　　【박태호, 한국교원대 박사학위논문, 2000】
● 한국 모더니즘 소설의 글쓰기 방법 연구
　　【김혜영, 서울대 박사학위논문, 2000】
● 필자의 표현 태도 연구
　　【김정자, 서울대 박사학위논문, 2001】
● 대화 지도를 위한 '청자 지향적 관점'의 표현 연구
　　【권순희, 서울대 박사학위논문, 2001】

국어 표현 교육 연구의 경향과 과제

최 미 숙

1. 표현 교육 연구의 출발

제5차 국어과 교육과정 이후 국어교육이 겪은 커다란 변화 중의 하나가 바로 표현 교육의 강조일 것이다. 그 이전까지 국어교육에서 본격적으로 다루지 않았던 표현 교육에 대해 제5차 교육과정 이후 실질적인 관심을 갖기 시작했던 것이다. 그러나 교육과정이 바뀌었다고 해서 교육이 금방 바뀔 수 있는 것은 아니어서, 교육과정은 바뀌었지만 학교 현장에서 실질적인 표현 교육이 이루어지지는 못했던 것이 사실이다. 1990년대에 이르러 국어교육 연구가 본격적으로 이루어지면서도 초기에는 주로 이해 영역의 교육에 대한 연구가 중심을 이루었으며, 표현 교육에 관한 연구는 최근 들어 활발하게 이루어지고 있다. 이에 발맞추어 학교 현장에서의 표현 교육도 많은 변화를 겪고 있다.

표현 교육에 대한 논의가 이해 교육 연구보다 다소 출발은 늦었지만 이제 어느 정도 연구 성과가 축적되어, 그 성과를 가늠해볼 수 있는 정도는 되었다고 할 수 있다. 이 연구는 박사학위 논문을 중심으로 하여 그 동안 이루어진 표현 교육 연구를 반성적으로 되돌아보고자 한다. 그러한 논의를 통해 표현 교육에 관한 전체적인 연구의 흐름을 파악하고자 하며, 그런 작업을 토대로 앞으로의 표현 교육 연구에서 관심을 두어야 할 부분에 대해 조심스럽게 제언하고자 한다. 논의의 성격이 이러하기 때문에 개별

논문이 지니는 성과나 한계에 관한 논의를 지양하고 전체 연구를 몇 개의 경향으로 나눈 후, 각 연구 경향이 지니는 표현교육사적 의의와 한계를 밝히는 방향으로 논의를 진행하고자 한다. 다만, 여기서 논의하는 각 연구 경향의 한계란 개별 논문의 한계가 아니라 우리가 앞으로 해결해야 할 과제를 확인하기 위한 차원의 것임을 미리 밝히고자 한다.

2. '표현'의 개념과 표현 교육 연구의 범위

우선 '표현'의 개념을 명확하게 할 필요가 있다. 일반적으로 표현이란 자신의 감정이나 생각, 사상 등을 밖으로 드러내는 언어 행위라고 한다. 여기에서, 밖으로 드러내는 언어 행위에 초점을 맞추어 표현을 정의하는 경우가 있다. 표현의 개념을 정의하면서, "발신자가 자신의 판단을 의도적인 행위로 나타내는 것이다. 문자나 음성으로 '무슨 의미를 어떻게 말하느냐'에서 '어떻게 말하느냐'가 표현에 해당하는 것이다. 즉, 의미를 표시해 담는 음운적 또는 표기적 형태로서, 의미된 바(내용)와 그것을 말한 방법의 구별이 필요하다(서울대학교 국어교육연구소, 1999)."라고 하는 것이 바로 그것이다. 즉 내용과 방법을 구분한 후 방법만을 표현이라고 하는 것은 단순히 '어떻게 말하는가' 혹은 '어떻게 쓰는가'로만 표현을 정의하는 것이다. 그렇게 접근하다 보면 이미 정리된 생각을 말하거나 쓰기만 하는 것이 '표현'이라고 생각할 우려가 있다. 그러나 내용을 떠올리거나 조직하는 과정이 글을 쓰거나 말하는 과정과 긴밀하게 연관된다는 점, 표현의 과정에서 생각을 보완하거나 수정하는 경우도 있다는 점, 표현 방법을 달리하면 내용도 달라질 수 있다는 점 등을 고려한다면 밖으로 드러내는 언어 행위만으로 표현을 정의하는 것은 표현의 의미를 매우 협소하게 만드는 것이다. 드러내고자 하는 내용과 그것을 밖으로 드러내는 행위를 모두 통틀어 논의하지 않으면 '표현' 개념에 대해 효과적으로 접근하기 어려워진다. 다시 말하면, 표현의 문제는 '어떻게 말하거나 쓰느냐'만의 문제가 아니라 '무엇을 어떻게 드러내느냐'의 차원에서 접근할 필요가 있다는 점이다.

여기서 무엇을 어떻게 드러내느냐의 차원으로 표현을 정의한다는 것은 표현의 의미를 단순한 의사소통의 차원으로만 보는 것이 아니라 의미를 정확하면서도 효과적으로 창출해 내는 창조적 행위로도 보아야 한다는 것을 의미한다. 나아가 이를 위해 주체가 자신이 처해있는 사회·문화적인 배경이나 상황을 토대로 하여 대상을 비판적으로 바라보고 판단하면서 새로운 생각이나 관점을 창출해 내는 능력과 관련 있는 것이라 할 수 있다.

표현의 개념을 이렇게 볼 때, 표현 교육은 무엇을 의미하는지 살펴볼 필요가 있을 것이다. 여기에서는 말하기와 쓰기 교육을 포괄하여 '표현 교육'으로 칭하고자 한다(서울대학교 국어교육연구소, 1999). 그리고 일상적으로 말하고 쓰는 교육뿐만 아니라 문학적으로 말하고 쓰는 교육, 즉 일상 언어의 차원에서 이루어지는 표현뿐만 아니라 문학적인 표현 교육까지 포괄하는 것임을 전제하고자 한다.

3. 표현 교육 연구의 경향

그 동안 이루어진 표현 교육 연구를 돌이켜 보면 연구 경향을 몇 가지로 대별할 수 있다. 박사 학위 논문에 대한 개별적인 검토 방식을 지양하고 표현 교육 연구의 흐름을 개괄적으로 살피기 위해서는 연구 경향을 분류할 필요가 있는데, 여기서는 크게 표현 교육 방법, 표현 교육 내용, 표현 교육의 틀이라는 세 가지 차원으로 분류하여 살펴보고자 한다.

1) '표현 교육 방법'에 관한 연구

우선, 표현 교육 연구의 중요한 흐름 중 하나로 '표현 교육 방법'에 주목한 연구를 들 수 있다. 이 연구는 과정 중심 쓰기 교육(이재승, 1999), 장르 중심 작문 교육(박태호, 2000), 상황맥락을 반영한 말하기·듣기 교육(이주섭, 2001) 등으로 이어지면서 이전의 방법이 지닌 한계를 극복하고자 하였다. 이처럼 '표현을 어떻게 가르칠 것인가'에 주목하는 이러한 연구 경향은 기존의 표현 교육이 표현 결과만을 강조했을 뿐 표현 결과에 이르는 '과정'에 대한 교육은 소홀히 했다는 비판에서부터 시작하였다. 예를 들면 이전의 쓰기 교육은 쓰기의 결과물, 즉 생산된 글만을 강조한 결과 많은 문제점을 노정했다는 것이다. 전통적인 쓰기 교육에서는 과제를 제시하여 학생들로 하여금 글을 쓰게 한 후 그 글에 나타난 오류를 분석하고 지적하는 데 초점을 두었다는 것이다. 이러한 식의 교육을 통해서는 학생들에게 글을 쓰는 방법을 제대로 지도하기 어렵기 때문에, 학생들의 쓰기 능력을 실질적으로 길러주기 위해서는 교사들의 역동적인 개입이 필요하다고 보고 과정 중심 쓰기 교육을 강조하였다. 이렇듯 과정 중심 쓰기 교육은 기존의 쓰기 교육 현장에 대한 반성으로 등장한 것으로, '과정적 쓰기'를 적극적인 '문제 해결의 과정'으로 보고 있다.

그런데 이러한 연구는 과정 중심 쓰기 교육에서 핵심이라 할 수 있는 '문제 해결(전략)' 부분을 선명하게 제공하지 못함으로써, 결국 '과정'이라는 개념만 남게 되고 과정만이 강조되는 결과를 낳았다는 비판을 받고 있다. 실제 교재 구성을 할 경우나 현장에서 쓰기 교육을 할 경우, '과정 중심적' 방법을 구현하기란 쉽지 않다고 한다. 그 이유는 아마도 표현하는 과정 자체에 초점이 맞추어져 있고, 또 그 과정을 분절화시키기만 했을 뿐 그 과정을 전체적으로 일관되게 제어할 수 있는 힘 혹은 원리를 찾아보기 어렵기 때문일 것이다. 그러다 보니, 쓰기 교재 구성에 있어서도 학년이 올라갈수록 각 과정별로 할 수 있는 활동이 위계적으로 달라지는 것이 아니라 소재만 다르게('소재의 위계화') 구안되어 있는 형편이다. 그 결과 과정 중심 쓰기 교육 현장에서 우리는 잘 쓰거나 잘 다듬어진 최종 산물로서의 글보다는, 종종 아이디어 생성 및 조직 단계의 '거친 뼈대'를 그대로 옮겨놓는 수준에 머문 글을 만나곤 한다.

한편 '과정 중심'을 '쓰기 활동의 전－중－후 과정을 강조하는 것'과 '목표에 다다르기 위한 과정을 강조하는 것'으로 나눌 때, 대부분의 과정 중심 연구물들은 전자에 치우치는 경향이 있다. 그런데 중요한 것은 전자가 후자와 긴밀하게 결합되지 않을 때, 즉 전자를 거쳐 '목표에 다다르기 위한 과정'으로 나아가지 않을 때, 자칫 과정 중심 표현 교육은 과정의 나열로만 끝날 우려가 있다. 이는 과정 중심 쓰기가 글을 쓰는 과정을 안내하기는 하지만 어떤 내용을 어떤 방식으로 표현해야 하는지에 대해 구체적인 방법을 제시하지는 못하기 때문이다. 이 연구 경향은 글을 쓰는 과정 자체에 관심을 두었다는 점에서는 의의를 지닐 수 있지만 그런 과정을 거쳐서 표현한 글의 내용에 대한 판단, 혹은 질적인 부분에 대해서는 별다른 논의를 하지 않고 있으며, 따라서 그에 대한 교육은 어려워진다는 한계가 있다.

이를 비판하면서 등장한 것이 장르 중심 작문 교육이다. 장르 중심 작문 교육은 기존의 과정 중심 작문 이론이 '텍스트' 요인을 소홀히 하고 있다고 비판하면서, 이러한 문제점을 해결할 수 있는 대안으로 장르 중심의 작문 이론을 제시하고 있다. 또 상황맥락을 반영한 말하기·듣기 교육을 강조하면서, 말하기·듣기 교육 내용으로 제시되고 있는 본질·원리·태도에 상황맥락을 반영해야 한다는 연구도 있다. 쓰기에 있어서 '텍스트'를 고려하자고 한 것이나 말하기·듣기에 있어서 상황맥락을 반영하자고 하는 것은 학생들의 실질적인 쓰기, 실질적인 말하기·듣기 교육을 강조하기 위한 배려로 보인다.

이러한 연구가 지니는 장점은 그 동안 학교 현장에서 고민해 오던, '표현을 어떻게 가르쳐야 할 것인가'에 대해 비교적 분명한 답을 제시하고 있다는 점이다. 교육과정과 교과서에서 표현 교육을 강조했지만 실질적으로 어떻게 가르쳐야 하는가에 대한 방법을 제대로 확립하지 못했던 시점에서 이 연구들은 상당히 큰 영향을 미쳤다. 특히 이러한 연구는 초등학교 표현 교육의 경우 큰 역할을 한 것이 사실이다. 초등학교 학생들의 경우에는 어떻게 하면 글을 잘 쓸 수 있는지에 대해 기초적인 방법과 지식을 갖고 있지 못한 경우가 많기 때문이다. 내용을 적절하게 생성할 수 있는 능력, 이를 적절히 선정하고 조직할 수 있는 능력, 또한 이를 말이나 글로 표현할 수 있는 능력에 대해 과정 중심으로, 그리고 구체적인 텍스트를 중심으로, 또 상황맥락을 고려하면서 지도한다면 훨씬 효과적일 것이라는 점은 충분히 예감할 수 있다.

그런데 이 연구에서 각 단계·과정별로 해야 할 구체적인 활동, 텍스트를 쓰는 구체적인 방식, 상황맥락에 따라 말하는 방식 등을 구체적으로 제공하지 못할 때, 그리고 각 과정을 통합적으로 제어할 수 있는 구체적 방법을 제공하지 못할 때 그것은 공허하고 형식적인 표현 교육으로 그칠 우려가 있다. 예를 들면 쓰기 전, 쓰기 중, 쓰기 후에 해야 할 활동을 과정별로 제시하거나 맥락을 고려해야 한다는 원칙을 확인하는 것으로, 다시 말하면 이 연구는 표현의 각 과정을 분절화하고 분절된 단계의 활동을 강조함으로써 각 단계를 거치는 것으로 만족할 우려가 있다. 또, 실질적인 표현 내용과 표현 방식이 맺는 역동적인 관계에 주목하지 않음으로써 형식적인 틀에 관한 교육으로 그칠 우려 또한 있다. 과연 이런 과정을 거쳤다고 해서 질적으로 좋은 글을 썼다고 할 수 있는가에 대해 달리 답변하기 어려운 것은 바로 이러한 점에 기인할 것이다.

그것을 잘 드러내주는 예가 내용 생성 전략에서 중요한 예로 제시되는 브레인스토밍이라 할 수 있다. 내용 생성하기 단계에서 주로 활용하는 전략이 브레인스토밍인데, 브레인스토밍은 일반적인 표현 상황에서 보편적으로 활용할 수 있는 내용 생성 전략이라기보다는 사실 제한적인 경우에 활용할 수 있는 전략이다. 특히 이 전략이 지니는 문제는 표현에 있어서 매우 중요한 요소라 할 수 있는 표현 주체의 판단이나 평가를 뒤로 미룬다는 점이다. 브레인스토밍의 창안자인 오스본은 '판단을 나중으로 미룬다. 자유스러울수록 좋다. 생각이 많이 창출 될수록 좋다.'는 것을 브레인스토밍의 원칙 중 하나로 들었다. 여기서 주목해야 할 것은 '판단은 나중에 미룬다'는 원칙이다. 브레인스토밍의 미덕은 "어떠한 가능성도 잘라내지 말고 그저 종이 위에 적어 나가는(Flower, 1998:230)" 것이라고 하고 있는데, 이것은 곧 수시로 이루어지는 판단 과정의 중요성을 소홀히 하는 것이나 다름없다. 물론 브레인스토밍을 통해 생성한 아이디어를 선택하고 배제하는 과정을 거치기는 하겠지만 "이 방법의 기본 전제는 사고의 양이 질을 결정한다는 것이며, 양으로 축적된 아이디어를 목록별로 정리하고 발산시켜서 목적한 바를 얻는다는 것(국어교육연구소, 1998:367)"이다. 이렇게 본다면 브레인스토밍은 다양한 아이디어를 생성해야 할 경우에 유용한 전략으로 내용 생성 단계의 가장 기초적인 단계에서 극히 제한적으로 해 볼 수 있는 활동으로 볼 수 있을 것이다.

우리 일상 생활에서 표현해야 할 내용을 생성하는 경우를 생각해 보자. 어떤 경우이든 표현해야 할 목적, 표현해야 할 상황, 표현해야 할 내용이 있게 마련이다. 표현 목적에 효율적으로 도달하기 위해서는 표현해야 하는 상황을 판단하면서 내용을 생성해야 한다. 이 과정에서 중요하게 작용하는 것이 바로 '판단'의 과정인데 이러한 판단의 과정을 뒤로 미룬다는 것은 실질적인 내용 생성의 중요한 부분을 뒤로 미룬다는 것으로 생각할 수 있다. 브레인스토밍은 내용 생성 단계에서 활용할 수 있는 의미 있는 전략 중 하나임에는 틀림없다. 그런데 그것은 주로 개인의 차원에서 이루어지기도 하지만, 집단적 사고 기법으로 활용하는 전략(국어교육연구소, 1999)임을 고려할 필요가 있으며, '사고의 양이 질을 결정한다는 것'에서 보듯이 질적인 판단보다는 사고의 양을 중시하는 경우에 적절한 전략이라고 볼 수 있다. 그런데 국어교육에서는 이제까지 브레인스토밍이 내용 생성 전략의 대표격으로 논의되고 있는 실정이다. 이러한 점을 간과할 때 브레인스토밍을 하기만 하면 내용 생성은 되는 것으로 인식할 우려가 있다는 점을 고려해야 할 것이다.

2) '표현 방법'에 관한 연구

앞에서 논의한 연구 경향이 주로 표현 교육 방법과 관련이 있다면 두 번째 연구 경향은 표현 방법과 관련이 있다. 이 연구 경향은 두 축으로 나누어 볼 수 있다. 한 축은 우리들의 일상적 언어 표현 방식을 분석하여 교육적으로 의미가 있는, 효과적 표현이 이루어지는 핵심 기제와 그 표현 양상을 밝혀낸 연구이며, 다른 하나의 연구는 문학적 글쓰기 연구를 통해 일반적인 표현 교육 내지는 창작 교육에 활용할 수 있는 표현 방법을 구안해 낸 연구이다. 이러한 연구의 공통적인 특성은 특정 관점에서 효과적인 표현이 이루어지는 언어 행위를 분석하거나 혹은 뛰어난 표현 방식을 보여준 작가의 표현 방식과 작품을 귀납적으로 분석하여 표현 교육에 활용할 수 있는 일반적인 표현 방법을 추출하고자 했다는 점이다. 전자의 연구로는 이성영(1992), 이종철(1993), 노은희(1999), 김정자(2001), 권순희(2001) 등의 연구를 들 수 있으며, 후자의 연구로는 이지호(1997), 최미숙(1997), 최인자(1997), 유영희(1999), 염은열(1999), 김혜영(2000) 등의 연구를 들 수 있다.

전자의 경우, 주로 효과적인 표현 행위를 문제삼고 있으며 의사소통 능력 신장을 위한 표현 방법, 표현 행위의 제반 범주에 대한 이론적 탐색, 정서 및 태도의 문제, 대화에서 화자와 청자 사이에 이루어지는 역동적인 역할 등 다양한 관점에서 표현 방법의 문제에 주목함으로써 표현 방법에 대한 다양한 해결책을 제시하고 있다. 또 이러한 연구는 논리성, 합리성의 문제와 더불어 정서 및 태도의 문제, 또 일상 언어 표현에 활용할 수 있는 문학적 표현 등에 관심을 가짐으로써 표현 교육의 내용을 풍부하게 했으며, 또 다양한 각도에서 표현 방법을 문제삼았다는 특성이 있다. 그런데 이 연구 경향은 주로 일상적인 의사소통 방식에 초점을 맞추고 있는데, 일상적인 의사소통이 이루어지는 거시적이고 포괄적인 측면보다는 미시적인 관점 혹은 미시적인 차원에서 이루어지는 언어 행위를 주로 다루고 있다는 점에서 아쉬움이 남는다. 미시적인 차원에서는 논의하기 어려운 일상 언어 현실의 다양한 국면에 대한 배려가 필요하다는 의미이다. 따라서 '효과적 표현'이 적용될 수 있는 언어 활동의 범위가 축소되어 있다는 비판이 가능하다. 이 연구의 경우 사회·문화적인 맥락, 사회적이면서도 역동적인 언어 상황을 전제로 한 연구 관점으로 확대하여 논의하는 것도 필요할 것이다.

후자의 연구는 문학작품의 표현 방식을 귀납적으로 연구함으로써 표현하고자 하는 내용과 표현 방법이 결합되어 있다는 것을 구체적으로 보여준 사례라 할 수 있다. 모든 보편적인 표현 상황에서 적용할 수 있는 표현방법보다는 표현 주체가 처하고 있는 상황, 구체적인 글쓰기 방법에 대한 논의를 통해 표현하고자 하는 내용에 따라 표현 방법이 달라진다는 것, 따라서 내용을 효과적으로 드러내기 위해서는 내용과 표현이라는 두 계기를 놓치지 말아야 한다고 논의하고 있다. 이는 세계에 대한 표현 주체의 태도와 관련지어 표현 방법을 논의했다는 장점이 있다. 그러나 각 작가나 작품을 통해 귀납적으로 추출해낸 표현 방식을 보편적인 표현 방식으로 활용할 수 있는 방안에 대해 좀더 깊이 있게 연구할 필요가 있다. 그 매개에 대한 연구가 실질적으로 필요하며 그러한 연구가 보완되지 않는다면 '독특한 표현 방식'을 밝혀낸 그 이상의 의미를 지니지 못할 가능성이 크다.

3) '표현 교육의 틀'에 관한 연구

이 연구 경향은 주로 국어교육 연구에서 표현 교육 연구가 본격적으로 이루어지지 않았던 시기부터 이루어진 연구로서 쓰기 교육에 대해 전반적으로 논의하거나(원진숙, 1995) 말하기·듣기 교육의 교육과정, 교수·학습, 평가 등에 관하여 포괄적으로 논의(전은주, 1999)하였다는 특성을 지닌다.

쓰기 중에서도 논술문을 중심으로 하여 텍스트 구성 원리, 평가 방법, 지도 프로그램에 이르기까지 무엇을 어떻게 가르칠 것인가를 중심으로 실질적으로 논의(원진숙, 1995)한 연구의 경우, 표현교육에 관한 연구가 아직 본격적으로 이루어지지 않던 시기에 특정 텍스트 유형을 중심으로 교육 내용 및 방법 그리고 평가까지 아우르면서 연구했다는 데에서 중요한 의미를 지닌다. 그리고 이 연구는 이론 연구와 실제적인 적용까지 연계했다는 점에서도 의의를 찾을 수 있다. 그런데 표현 교육의 측면에서 보자면 이 연구는 논술문을 쓰는 데(표현하는 데) 필요한 '생각하는 힘, 사고의 과정이나 내용'에 대하여 관심을 갖기보다는 형식적인 표현의 문제에 주목했다는 점을 발견할 수 있다. 논술문의 표현 영역을 '맞춤법, 띄어쓰기, 적절한 어휘 사용, 문장의 정확성, 응집성, 적절한 문체'의 차원에서 논의한 점은 논술문에서의 표현의 문제를 내용과 결합된 표현이 아니라 글로 드러내는 과정에서 필요한 형식적인 차원에서만 접근했다는 비판이 가능하다.

또 이 연구 경향에서는 말하기·듣기에 대한 이론적 기초를 다지고 이를 바탕으로 현재의 교육과정을 비판적으로 검토해 보고 학생들의 표현 능력을 신장시킬 수 있는 말하기·듣기 교수·학습 내용과 방법을 모색하였으며, 이러한 능력을 평가할 수 있는 평가 방안을 제시하였다(전은주, 1999). 이 연구는 아직 시작 단계에 있었던 말하기·듣기 연구 상황에서, 말하기·듣기 활동의 고유한 특성에 대한 논의를 통해(예: '말하기 불안' 등) 말하기·듣기 교육의 전반적인 틀을 제시했다는 의의를 부여할 수 있다. 다만 말하기·듣기의 전체 틀에 대해 포괄적으로 논의하다보니 논의의 상당 부분이 일반적인 수준에서 이루어지고 있다는 아쉬움이 남는다.

4. 표현 교육 연구를 위한 제언

이제부터 제언하고자 하는 표현 교육 연구의 방향은 앞에서 논의한 것을 바탕으로 하되, 이제까지는 없었던 새로운 형태의 연구이기보다는 이제까지 해온 연구임에도 앞으로 더 연구가 필요하다고 판단한 것이거나 보완했으면 하는 연구, 또 새롭게 관심을 가졌으면 하는 연구 방향임을 전제하고자 한다. 또 이미 소논문을 통해 연구의 일단을 보인 경우도 있으나 강조하고자 하는 의도에서 독립적으로 제언한 경우도 있음을 아울러 밝히고자 한다.

1) '표현 내용'과의 긴밀한 상관성 확보 필요

우선 '표현 내용과 긴밀하게 연관된 방법에 대한 연구'에 좀더 관심을 가질 필요가 있다. 국어교육학 사전(1999)에 따르면 표현을 위해서는 다음의 세 가지 요소가 필요하다고 한다. 첫째, 표현의 내용(자신이 드러내려는 정서, 사상 등), 둘째, 표현 수단(말, 글), 셋째, 표현하는 사람과 이해하는 사람이 그것이다. 여기에서 그 동안의 표현 교육은 둘째와 셋째에 대해서는 충분하지는 않지만 관심의 대상으로 삼아 논의한 바 있다. 그런데 표현의 내용과 관련된 연구는 그리 많지 않다. 물론 표현 내용에 대해 단독으로 다루는 것은 별다른 의미가 없을 것이며, 그것을 표현 방법과 긴밀하게 관련지으면서 연구해야 할 것이다. 이제까지의 표현 교육 연구가 제대로 다루지 못했던 중요한 부분 중의 하나가 바로 표현의 내용과 표현 방법의 결합에 관한 부분이며[1], 그것은 표현 내용을 괄호로 처리해 버린 데서 찾을 수 있다. 표현 내용이 빠진 상태에서 이루어지는 표현 방법에 대한 논의는 자칫 허망해질 우려가 있다. 우리는 학교 현장으로부터, 그 동안 표현 교육을 10년 넘게 해 왔지만 실질적으로 표현 능력이 신장되고 있는가 혹은 신장되었는가라는 문제 제기를 자주 듣곤 한다. 학교 현장에서 표현

---

1) 물론 이러한 연구를 '표현 방법에 대한 연구' 경향에서 부분적으로 보여준 바 있다. 그런데 좀더 폭넓은 언어 현상을 대상으로 하여 내용과 방법의 구체적인 상관성에 주목하는 연구가 필요할 것이라고 본다.

교육을 실제로 담당하고 있는 교사들의 의견은 분명하다. "분명하고 논리적인 생각을 가지고 있지 않으면 잘 쓸 수 없다. 따라서 글쓰기는 단순하게 쓰는 기술을 연습한다는 차원을 넘어 생각하는 힘을 기르는 과정(양혜정, 2002:189)"이라고 주장하는 부분이 그것이다. 이러한 현상이 생긴 이유는 '무엇을 어떻게 표현해야 하는가'에서 '무엇을'에 해당하는 부분을 괄호로 처리하고 어떻게 표현해야 하는가에 주목하여 교육한 결과라 할 수 있다.

기존의 논의에 의하면 "발달 단계가 높은 학생들이나 유능한 화자 및 청자일수록 내용 생성 과정에서 표현의 성패가 결정(염은열, 2000:37)"된다고 한다. 우리가 잘 쓴 글, 혹은 뛰어난 글이라고 평가받은 글, 말을 잘한다고 평가를 받는 사람이 하는 말을 들어보면, 대부분 글을 쓰거나 말한 사람의 생각이 깊거나 독창적이며, 또 그러한 깊고 독창적인 생각이 언어로 잘 드러나 있다는 점을 알 수 있다. 상황을 그대로 기술하거나 객관적으로 드러내기만 하는 경우는 실상 별로 없다. 대부분 표현 주체가 자신이 해결해야 할 문제 상황을 깊이 생각하고 창의적으로 해석한 결과를 바탕으로 하여 언어로 드러내야 하는 경우가 많다. 이렇듯 표현 능력의 신장은 그 두 가지 계기가 상호작용을 하면서 교육이 이루어져야 가능할 것이다. 사실 표현 능력 평가 상황에서 내용과 표현으로 분리하여 평가하기 힘든 것도 내용과 표현이 결합되어 나타나기 때문이다. 물론 표현 내용에 대해 그 동안 관심을 아예 두지 않은 것은 아니다. 표현 내용에 대해 언급하면서 내용의 통일성, 주제의 선명성, 논증의 타당성 등을 중심으로 하여 논의하기는 하였지만, 역시 그것을 구체적인 내용과 결합하여 논의한 경우가 많지 않았다. 한편 문학적 글쓰기 방법에 대해 연구한 논문들 상당수가 내용과 표현 방법의 관계에 주목하여 연구하였음은 앞에서 논의한 바 있다. 그러나 아직 시작 단계에 머물러 있을 뿐 본격적으로 논의가 이루어졌다고 하기는 어려우며, 그 긴밀성에 대한 연구는 지속적으로 이루어질 필요가 있을 것이다.

2) '읽기'2)에 토대를 둔 표현 교육에 대한 연구

표현 내용과 긴밀한 관련을 지닌 표현 방법 교육을 위해서는 읽기를 토대로 한 표현 교육을 지향할 필요가 있다.3) 본고는 주체의 능동적이고 적극적인 행위로서의 '읽기'를 토대로 한 표현 교육을 지향할 필요가 있다. 표현을 일차적으로 무엇에 대하여 읽은 것을 밖으로 드러내는 언어 행위라 할 때, 여기서 읽기의 의미와 읽기의 대상을 확대해서 생각할 필요가 있다. 우리가 일상적으로 대하는 책에서부터 편지, 카드, 나아가서는 우리가 살고 있는 공간, 자신과 타인의 삶, 우리의 사회와 문화 등 이 사회에서 접하는 무엇이든 읽기의 대상이 될 수 있다. 어느 경우에 우리가 표현을 하게 되는지 생각해 보자. 우리는 보고 들은 것, 그리고 읽은 것에 대하여 생각한 것을 표현하며, 일상적인 대화를 나누거나 일기를 쓸 때조차 자신의 체험에 대해 반성적 거리를 두면서 해석하고 판단하면서, 즉 자신의 체험을 대상으로 하여 읽으면서 쓴다. 이러한 관점을 취한다면 '무엇을', '어떻게' 드러낼 것인가에 대한 표현 교육적 접근이 더욱 용이해 진다.4)

표현이란 의사소통의 차원에서 한 개인의 생각이나 의견을 전달하기 위한 수단으로서의 개인적인 행위이자 동시에 사회적 행위이며 또 문화적 행위라는 복합적인 성격을 지닌 언어 활동이다. 여기서 사회적이자 문화적인 행위란 결국 자신이 처하고 있는 사회와 문화를 읽어내고 그것을 토대로 하여 자신이 생각한 바를 언어로 드러낸다는 점을 의미할 것이다. 그렇다면 자신이 접하고 있는 대상을 이해, 해석, 판단, 평가하는 활동 등을 포

---

2) 여기에서 말하는 '읽기'란 문자를 확인하는 단계에서 나아가 자신에게 필요한 정보를 확인하고 해석하며, 그에 대해 비판적으로 판단하는 활동을 포함하는 것임을 전제하고자 한다.
3) 필자는 국어과 평가 논의를 통해 영역 통합적 평가의 필요성을 논의한 바 있다(최미숙, 2000). 그것은 이해한 것을 표현하는 것이 언어 활동의 일반적인 모습이기도 하며, 또 읽은 바에 대해서 표현하게 하는 것이 국어교육적으로 의미가 있다는 판단에 근거한 것이었다.
4) 염은열도 이에 대해 '이해에 기반한 표현 교육'이라는 의미로 논의한 바 있다. 본고에서는 '이해'라는 용어를 피하고 '읽기'라는 용어를 취하고자 한다. 그 이유는 '이해'라는 용어가 자칫 '텍스트에 대한 이해'의 차원에 국한될 우려를 피하고자 함이며, 또 '읽기'라는 용어가 지니는 능동적인 국면을 활용하고자 하는 의도 때문이다.

괄하는 읽기의 과정 및 결과를 언어로 드러내는 표현에 대한 관심이 필요할 것이다. 이러한 읽기에 관심을 두면서 표현 활동을 강조한다면 내용과 긴밀한 관련을 지니는 표현 교육 논의에 많은 도움을 줄 수 있을 것이다.

3) 사회 · 문화적 맥락에서 본 다양한 언어 현상에 대한 연구

그 동안의 연구 성과를 토대로 하여 이제 표현 교육 연구의 폭을 좀더 넓힐 필요가 있다. 그 하나로 다양한 언어 현상을 사회 · 문화적 맥락에서 폭넓게 연구할 필요가 있다는 점을 제언하고자 한다. 우리는 이제까지 필자와 독자와의 관계, 화자와 청자와의 관계라는 개별적이거나 직접적인 상황에 대해 많은 관심을 가지고 연구하였다. 그런데 이에서 더 나아가 직접적으로 드러나지는 않지만 일상적으로 볼 때 큰 영향을 미치는 사회 · 문화적인 상황이나 맥락 속에서 이루어지는 언어 행위에 대해서도 지속적인 관심을 가질 필요가 있다. 똑같은 내용의 이야기라도 화자와 청자가 사회적으로 어떤 관계에 놓여 있는가에 따라 그 표현은 얼마든지 달라질 수 있다. 말을 하거나 글을 쓰는 사람이 처하고 있는 사회 · 문화적 위치뿐만 아니라 말을 듣거나 글을 읽는 사람들이 처한 사회 · 문화적 위치 혹은 화자 및 필자가 청자 및 독자와 맺는 권력 관계를 토대로 하여 언어 현상에 대하여 다양하게 분석하면서 논의를 이끌어간다면 좀더 풍부한 표현 방법 혹은 표현 교육 논의를 이끌어 낼 수 있을 것이다. 또, 이제까지의 연구에서 다루지 못했던 많은 다양한 언어 현상을 끌어들일 수도 있을 것이다. 우리는 그 동안 너무 점잖게 이루어지는 상식적이고 일반적인 언어 현상 혹은 평면적인 언어 행위에 주목하지 않았나 하는 생각이 든다. 이제는 표현 교육의 범위를 좀더 확대하여 거짓말의 유형이나 표현 방식, 인간을 둘러싸고 있는 다양한 상황 속에서 이루어지는 인간의 욕망과 그 표현 방식, 우스갯소리를 통해 확인할 수 있는 욕망의 표현 방식 등에 대한 연구에도 본격적인 관심을 가질 필요가 있을 것이다.

이는 표현 행위가 이루어지는 전체적인 상황과 맥락을 고려하여 언어 활동을 연구할 필요가 있다는 것, 표현 행위의 기능적인 측면뿐만 아니라 표현의 개인적, 사회적, 문화적, 이데올로기적인 측면에 대한 고려가 필요하다는 점을 의미한다. 표현은 한 개인이 처해 있는 사회·문화적인 측면으로부터 분리될 수 없다. 우리는 그 동안 표현에 있어서 사회·문화적 맥락을 강조하면서도 정작 구안해 낸 모형이나 표현 방법에 관한 논의에서는 이를 누락시키고 마는 경우를 자주 볼 수 있었다. 이는 기존의 표현 교육 논의가 내용이 결여된, 특정 표현 행위가 전제로 하고 있는 사회적이고 문화적이며 이데올로기적인 다양한 효과에 대하여 관심을 지니지 않았기 때문이다. 한 개인에게 있어서 표현 행위가 지니는 의미 혹은 표현 행위를 둘러싼 다양한 권력 관계에 대해 좀더 풍부한 연구가 필요할 것이다.

5. 표현 교육 연구의 새로운 패러다임을 위하여

이제까지 통해 그 동안의 표현 교육 연구가 관심을 지녔던 부분을 반성적으로 고찰하고, 앞으로 관심을 더 기울일 필요가 있는 부분에 대하여 제언 형식으로 논의하였다. 앞에서 제언한 세 가지 연구 관점은 각기 개별적인 연구라기보다는 상호 결합할 수 있는 관점이다. 표현 내용에 대한 관심은 곧 읽기 활동을 기반으로 하여 표현 교육을 할 때 효율적으로 이루어질 수 있으며, 우리 삶 전반에 대한 읽기는 우리가 처하고 있는 사회·문화적 상황이나 맥락을 고려하며, 그 속에서 이루어지는 다양하고도 효율적인 언어 현상이나 언어 행위에 관심을 가질 수 있을 것이다. 이제 이 세 가지 관점이 형성하는 긴장 관계를 유지하면서 표현 교육을 연구할 필요가 있을 것이다.

사실 앞에서 논의한 경우 외에도 표현 교육에서 우리가 새롭게 관심을 가져야 할 부분이 있는데, 그것은 바로 컴퓨터의 발달로 인해 새로 등장하게 된 디지털 글쓰기에 대한 관심이다. 최근 컴퓨터의 발달로 문자를 통해 이루어지는 의사소통의 방식이 다변화되고 있으며, 이에 따라 펜과 종이를 통해 이루어지던 표현 방식 외에 인터넷 글쓰기 방식에 대한 관심이 높아지고 있다. 이에 매체의 발달로 표현 방식 또한 다변화되고 있으며 특히 하이퍼미디어의 등장으로 표현 교육의 패러다임이 변화되고 있다는 논의가 이루어지고 있다. 하이퍼텍스트의 구성과 문자, 그림 및 동영상, 음성(음향) 매체를 이용한 표현 교육의 필요성이 시대의 요청이 되었다는 것이다. 상호작용이 가능한 하이퍼미디어는 평면적인 글쓰기, 문자 위주의 글쓰기 차원에서 벗어나 문자, 그림 및 동영상, 음성 매체 등을 이용하여 하이퍼텍스트 차원의 표현을 가능하게 하였다. 이렇듯 문자, 그림 및 동영상, 음성(음향)의 혼합을 통한 표현 매체의 변화와 노드(node)와 링크(link)를 통한 하이퍼텍스트의 기술 방식으로 인쇄 매체에 근거한 기존의 쓰기 표현 방식과는 다른 표현 방식이 나타나게 되었다(권순희, 2002:21). 아직은 이에 대한 관심이나 연구가 초보적인 단계라 할 수 있다. 21세기 정보화 시대의 흐름에 발맞추어, 이미 우리들의 생활에 깊숙하게 들어와 버린 디지털 글쓰기 방식 자체뿐만 아니라 그것이 기존의 문자 위주의 글쓰기와 가지는 차이점이나 공통점 등에 대해서도 관심을 가지면서, 각각의 글쓰기 방식이 어떤 특성을 지니고 있으며 어떤 방식으로 적절하게 활용될 수 있는지에 대해서도 논의해야 할 필요가 있다.

앞으로 다양한 표현 교육 연구를 통해 우리들의 국어 생활이 지금보다 한층 풍부해지기를 바라며 논의를 마치고자 한다.

참고 문헌

권순희(2001), 「대화 지도를 위한 '청자 지향적 관점'의 표현 연구」, 서울대 박사학위논문.

권순희(2002), 「하이퍼미디어 시대의 표현 방식」, 국어교육학회 제20회 학술 발표 대회자료집.

김대행(1998), 「매체언어 교육론 서설」, 『국어교육』 제97호, 한국 국어교육 연구회.

김정자(2001), 「필자의 표현 태도 연구」, 서울대 박사학위논문.

김혜영(2000), 「한국 모더니즘 소설의 글쓰기 방법 연구: 시간 구성 원리를 중심으로」, 서울대 박사학위논문.

노은희(1999), 「대화지도를 위한 반복 표현 기능 연구」, 서울대 박사학위논문.

박태호(2000), 「장르 중심 작문 교육의 내용 체계와 교수·학습 원리 연구」, 한국교원대 박사학위논문.

서울대학교 국어교육연구소(1999), 『국어교육학 사전』, 대교출판.

양혜정(2002), 「교과협의회를 통해 함께 했던 작문 수업」, 『함께 여는 국어교육』 2002년 봄호, 전국국어교사 모임.

염은열(1999), 「대상 인식과 내용 생성의 관계에 대한 표현교육론적 연구: 기행가사를 중심으로」, 서울대 박사학위논문.

원진숙(1995), 「작문 교육의 이론적 기초와 방법론 연구: 논술문의 지도와 평가를 중심으로」.

유영희(1999), 「이미지 형상화를 통한 시 창작 교육 연구」, 서울대 박사학위논문.

이성영(1994), 「표현 의도의 표현 방식에 관한 화용론적 연구」, 서울대 박사학위논문.

이재승(1999), 「과정 중심의 쓰기 교재 구성에 관한 연구」, 한국교원대 박사학위논문.

이종철(1993), 「의사 소통 능력 신장을 위한 함축적 표현의 연구」, 서울대 박사학위논문.

이주섭(2001), 「상황맥락을 반영한 말하기·듣기 교육의 내용 구성에 관한 연구」, 한국교원대 박사학위논문.

이지호(1997), 「연암 박지원의 글쓰기 방법론 연구: 『열하일기』의 대상 해석을 중심으로, 서울대 박사학위논문」.

전은주(1999), 「말하기·듣기의 본질적 개념과 교육과정 구성 방안 연구」, 고려대 박사학위논문.

최미숙(1998), 「한국 모더니즘시의 글쓰기 방식에 관한 연구」, 서울대 박사학위논문.

최미숙 · 노국향(2001), 「PISA 2000읽기 평가 결과 분석 연구」, 한국교육과정평가원.

최인자(1998), 「한국 현대소설 담론 생산 방법 연구」, 서울대 박사학위논문, 1998.

Flower, L., 원진숙 · 황정현 역(1998), 『글쓰기의 문제해결 전략』, 동문선.

Flusser, V., 윤종석 역(1998), 『디지털 시대의 글쓰기』, 문예출판사.

의사소통능력 신장을 위한 함축적 표현의 연구

■ 이종철, 서울대 박사학위논문, 1993 ■

1. 논문 목차

2. 내용

1) 연구 문제

국어 토박이 화자가 발화 상황에 적절하게 국어를 사용하기 위해서는 특정 대화 함축을 지니는 표현 유형을 정확하게 이해하고 표현하는 능력이 필요하다. 따라서 이 연구에서는 특정 대화 함축을 지니는 표현 유형 중에서 일상 언어 생활에서 자주 쓰이지만 아직까지 체계적인 연구가 거의 없는 단어, 관용 표현, 간접 화행의 함축적 사용 양상에 대하여 고찰하고자 하였다.

2) 주요 내용

이 연구는 국어 사용자의 의사 소통 능력 신장을 위하여 화용론적 관점에서 대화 함축의 이론적 국면과 표현의 양상에 대하여 살펴보고 이를 바탕으로 함축적 표현의 교재 구성에 대하여 고찰하고 있다.

일반 대화 함축과 특정 대화 함축은 추리(推理)의 종류에 따라 달라진다. 일반 대화 함축은 맥락 부재의 상태에서도 통상적으로 추리되는 의미들을 가리킨다. 이에 비해 특정 대화 함축은 언어 표현의 문장 해석 또는 기본적 해석에 이어 발신자와 수신자가 공유하고 믿는 언어적 지식, 비언어적 지식, 맥락적 지식을 전제로 하여 정교화 추리에 의해 해석될 수 있는 의미이다. 특정 대화 함축은 언어 표현의 최소 단위인 어휘소부터 텍스트 전체, 장르에 이르기까지 모든 층위에서 발생할 수 있다. 그리고 전제로 알려진 의미 중 일부와 사교적 맥락에서 적절하게 사용된 적정 조건 중 일부는 대화 함축에 해당한다. 특정 대화 함축은 취소가 가능하다는 특성을 갖는데, 이는 대화 함축인지 아닌지를 검사하는 충분 조건이 될 수 있다.

함축적 표현의 양상은 단어, 관용 표현, 간접 화행의 세 가지 측면에서 살펴볼 수 있다. 지금까지 단어의 연상적 의미를 활용하여 함축을 전달하는 표현 유형으로는 비유법, 동어 반복, 모순 어법 등이 알려져 왔다. 이 연구에서는 이것을 확대하여 발신자의 언어 표현 중 특정 단어가 지니는 연상적 의미로 말미암아 발신자의 의도가 간접적으로 전달될 수 있는 경우들을 모두 단어의 연상적 의미를 활용한 함축적 표현으로 다루었다. 그리고 이것을 유의 관계, 반의 관계, 상하의 관계, 부분—전체 관계, 공유 관계, 지시·대용 관계로 나누어서 고찰하였다.

발신자가 격언, 속담 등과 같은 관용 표현을 개연성이 있는 내용이라고 생각하여 사용할 때, 구체적인 발화 상황에 대한 맥락적 지식의 전제로 인해 수신자가 해석할 수 있는 함축이 생긴다. 숙어와 수수께끼는 그 비유성이 속담과 마찬가지로 언중들의 인식 상태에 따라 다르게 작용하기 때문에 공시적 관점에서는 일률적으로 논하기 어렵다. 관용 표현 중 일상 언어 생활에서 가장 자주 쓰이는 속담은 속담 사전에 수록될 등재 형태를 그대로 유지하면서 사용되는 경우보다도 그것이 활용되거나 변형되어 사용되는 경우가 더 많으므로 속담의 활용형, 변형형이 속담 사전의 등재형과 비교하여 달리 쓰이는 양상을 먼저 살펴보고, 그에 따라 달리 전달되는 함축을 고찰하였다. 속담은 속담이 적용되는 당사자인 청자와 제3자를 비판하는 기능이 주가 되므로, 속담의 발신자가 수신자보다 상위자이거나 대등자인 경우에 주로 사용된다.

간접 화행의 경우 간접적으로 수행되는 언표내적 행위는 대화 함축의 한 부분으로 간주하는 것이 타당하다. 간접 화행 중 일상 언어 생활에서 중요한 역할을 하는 간접 지시 화행은 전체 지시 화행에서 차지하는 비율이 다른 간접 화행에 비하여 매우 높다. 간접 화행은 평서문 형식과 의문문 형식으로 나누어 고찰할 수 있다.

끝으로, 이러한 연구 결과를 바탕으로 중·고등학생들의 국어 사용 능력 신장을 위하여 함축적 표현의 교재 구성에 대하여 고찰하고, 관련된 교육과정과 교과서를 검토하였다. 함축적 표현의 교재 구성을 할 때 지켜야 할 원칙은 함축적 표현에 대한 지식이 언어 사용 능력의 신장에 기여하도록 해야 하고 함축적 표현을 이해하는 과정이 고려되어야 하며, 함축적 표현의 유형과 양상이 단계별로 제시되어야 한다는 점이다. 구체적으로 단어의 함축적 표현의 교재 구성 시에는, 단어의 연상적 의미를 먼저 지도하고 상하의 관계를 나중에 지도하는 것이 단계상 적합하다. 관용 표현의 교재 구성 시에는 관용 표현과 비관용적인 일반 표현의 차이를 이해시키고 속담을 중심으로 지도하도록 한다. 간접 화행의 교재 구성 시에는 발신자의 의도가 생략되었거나 숨겨진 언어 표현의 의미 기능과 효과를 이해하는데 중점을 두도록 한다.

3) 핵심 어구

의사 소통 능력, 특정 대화 함축, 연상적 의미, 속담의 변형형, 간접 지시 화행의 완곡도

3. 논의점

1) 의사소통 능력과 함축적 표현 능력과의 관계를 분명히 할 필요

함축적 표현 능력의 신장이 의사 소통 능력 신장의 어느 부분에 어떻게 기여할 수 있는지가 명확하지 않다.

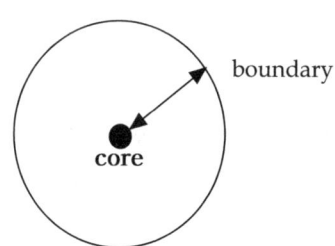

만일 말하고자 하는 핵심(core)과 그것을 둘러싼 것들, 즉 경계(boundary) 사이의 거리 조정 능력이 의사 소통 능력이라고 한다면, 함축적 표현 능력의 핵심과 경계는 무엇인지 명확하게 밝

힐 필요가 있다.

핵심과 경계 사이의 논리적 관계도 명확하지 않다. 즉, 말해지지 않은 것(what is not said)을 알기 위해서 우선 말해진 것(what is said)을 알아야 한다고 할 때, 전자와 후자의 관계는 수준(위계)의 문제인가 아니면 단지 인식의 문제인가 하는 의문이 든다. 함축적 표현의 양상을 교육 내용으로 제시하기 위해서는 이것이 의사 소통 능력에서 어떤 위치를 차지하고 있으며 구체적으로 어떤 특성을 갖는지 명확하게 밝힐 필요가 있다.

2) 사회 문화적 맥락 고려의 필요

각 사례를 상황이나 맥락을 고려하여 분석하고 있기는 하지만, 다면적이고 복잡한 상황·맥락까지도 모두 단순히 언어적/비언어적 맥락으로만 처리하고 있어 아쉬움이 남는다. 사회언어학적 시각을 도입하여 상황이나 맥락을 좀더 깊이 있게 다루어야 함축적 의미의 폭과 깊이가 제대로 드러날 것이다. 어쩌면 이 점은 이 연구가 함축의 범위를 문장 단위로만 한정하였기 때문에 갖는 한계일 수도 있다. 연구 범위를 단락 혹은 텍스트 범위까지 확대했었다면 하는 아쉬움이 남는다.

4. 의의와 발전 방향

이 연구는 일상 생활에서 흔히 나타나는 함축적 표현의 양상과 교재 구성 방안을 제시함으로써 함축적 표현에 대한 이론적 깊이와 실제적 자장을 확보하였다는 점에서 의의가 있다. 특히 화용론에 기반한 최초의 국어교육학 박사학위논문으로서, 하나의 문장이 맥락에 따라 달리 갖게 되는 다양한 함축적 의미를 화용론을 기반으로 체계적이면서도 미세하게 분석하고 있다는 점에서 그 의의가 크다. 그리고 작위적인 담화가 아니라 희곡, 시나리오, 방송 극본, 속담 등 실제 언어 생활에서 흔히 발견되는 담화를 분석 대상으로 삼고 있을 뿐만 아니라 정의적 성향이 있는 담화까지도 연구 대상으로 삼고 있다는 점에서도 의의가 있다.

그러나 이 연구가 제시하고 있는 교재 구성 원칙에 일정한 체계 및 틀이 없다는 점은 아쉬움으로 남는다. 이 연구에서는 교재 구성을 할 때 지켜야 할 원칙을 내용 차원에서 제시하고 있다. 예컨대 '함축적 표현에 대한 지식이 언어 사용 능력의 신장에 기여하도록 해야 한다' 등이 그 예이다. 실질적으로 교재 구성이 이루어지기 위해서는 위와 같은 원론적인 지적 외에 교재 구성의 구체적인 체계 및 틀에 관한 논의가 필요하다.

작문 교육의 이론적 기초와 방법론 연구*

─논술문의 지도와 평가를 중심으로─

■ 원진숙, 고려대 박사학위논문, 1994 ■

1. 논문 목차

---

* 이 논문은 『논술 교육론』(원진숙, 박이정, 1995)로 발간되었다.

2. 내용

1) 연구 문제

이 논문은 작문을 어떻게 가르치고 평가할 것인가 하는 물음에 대한 실제적인 답을 찾아보려는 글이다. 그리하여 논술문을 중심으로 하여 의사소통적 상호작용 모델의 틀 안에서 객관적이고 타당한 평가 기준을 설정하고 이에 기초하여 논술문을 지도하는 방법론을 모색한 후, 그 기준 및 방법론의 타당성을 검증하였다.

2) 주요 내용

이 논문은 먼저 2장과 3장에서 논술 텍스트의 구조를 분석하는 틀로서 의사소통적 상호작용 모델을 제시한 후, 스키마 이론에 비추어 볼 때 쓰기와 읽기는 밀접한 관련성을 지니므로 이 둘을 통합적으로 결합한 논술문 지도가 가능하다는 점을 제시하고 있다. 그리고 '문제-해결 분석 방법'과 '언표내적·상호작용적 분석 방법'에 의거하여 실제 텍스트를 분석하고, 논술 텍스트가 결속성 원리에 의해 구성됨을 밝히고 있다.

다음으로 논술문의 결속성을 저해하는 요인과 논술문을 평가하는 기준에 대해 고찰하였다. 이를 위해 4장에서는 학생들이 쓴 논술문을 대상으로 해서 결속성을 저해하는 요인을 '띄어쓰기, 맞춤법 등의 기계적 문제, 부적절한 어휘, 응집성 문제, 문법상 문제, 단락 의식 결여, 주장에 대한 불충분한 정당화, 부적절한 결론, 주제-구성 문제, 논리적 모순, 문체론적 문제'의 10가지로 정리하였다. 그리고 5장에서는 4장의 결과를 토대로 논술문을 평가하는 분석 범주를 다음과 같이 마련하였다.

1. 글의 내용 영역: 내용의 통일성, 주제의 선명성, 논증의 타당성, 결론의 적절성, 사고력
2. 글의 구성 영역: 단락 전개 방식, 글의 논리 구조
3. 글의 표현 영역: 맞춤법, 띄어쓰기, 적절한 어휘 사용, 문장의 정확성, 응집성, 적절한 문체

6장에서는 이들 평가 범주들을 중심으로 상호작용적 논술 지도 프로그램을 개발하여 학생들에게 투입하였다. 이 프로그램의 기본 원리는 다음과 같다. ① 논술 텍스트는 결속성 원리를 축으로 하여 필자와 독자간에 이루어지는 상호 작용의 관점에서 이해되어야 한다. ② 논술 능력은 문제-해결

과정의 각 단계에서 요구되는 전략을 학습함으로써 향상될 수 있다. ③ 논술 능력은 제반 언어 기능과의 상호작용적인 제휴에 기초한 지식 기반 활성화를 통해서 보다 향상될 수 있다. ④ 상호작용적 논술 지도 프로그램은 단언적 지식이 절차적 지식 단계로 전이되는 단계적 지도 원리를 토대로 구성된다. ⑤ 논술 능력은 교사와 학습자간의 상호 작용 및 학습자들간의 적극적인 상호작용을 통해 향상될 수 있다.

7장에서는 이 프로그램의 교육적 실효성을 분석하였다. 그 결과, 별도의 논술 지도 없이 이루어진 사전 검사와 상호작용적 논술 지도 프로그램에 따라 구체적으로 지도한 다음 시행한 사후 검사의 점수 차 검증 결과는 모든 평가 영역에서 매우 유의미하게 나타났다.

결국 이 논문은 작문 교육에 대한 기초적이고 이론적인 연구를 수행함과 동시에 교육 현장에서 구체적으로 무엇을 어떻게 가르칠 것인지에 대한 실천적 방법론을 개발한 연구이다.

3) 핵심 어구

작문 교육, 논술문, 결속성, 결속성 저해 요인, 의사소통적 상호작용 모델, 논술문 평가, 스키마 이론, 논술문 지도, 상호작용적 논술 지도 프로그램, 문제 해결 전략

3. 논의점

1) '내용'과 '표현'의 비중

이 논문에서는 논술문을 평가하는 요소로 '내용' 영역 5개, '조직' 영역

2개, '표현' 영역 5개를 제시하였다. 따라서 표면적으로만 본다면 '내용'과 '표현'이 동등한 비중으로 처리되어 있다. 이러한 비중이 과연 적절한가 하는 점에 대해서는 논의의 여지가 있다. 실제 좋은 글인가 아닌가를 평가할 때 특별한 경우가 아니라면 내용이 거의 절대적인 영향을 미치기 때문이다. 따라서 표현 관련 평가 요소를 많이 내세우는 것은 의도와는 달리 작문 교육을 왜곡할 가능성, 곧 내용의 측면을 간과하게 되어 공허한 내용과 천편일률적인 표현으로 된 글이 나올 가능성을 배태할 우려가 있다.

2) 결속성의 원리와 작문의 원리

이 논문에서는 결속성을 작문의 가장 중요한 원리로 제시하고 있다. 이것은 정당한 판단으로서 쉽게 수긍할 수 있지만, 그렇다고 해서 결속성 원리를 작문의 전체 원리로 대치할 수 있는 것은 아니다. 이것은 말을 바꾸면 텍스트 이해의 어려움을 초래하는 원인이 결속성 저해 요인과 동일한 것은 아님을 의미한다. 그렇다면 그 차이가 무엇인지 정밀하게 검토해 보아야 할 것이다.

3) '상호작용'의 개념

상호작용적 논술 지도 프로그램에서 '상호작용'은 두 가지 의미를 지니고 있는 것으로 보인다. 첫째는 작문 과정 차원에서 글을 쓰는 필자가 독자의 의견, 요구, 반응 등을 충분히 고려하면서 글을 써 나간다는 의미이고, 둘째는 작문 교육을 하는 과정에서 '교사와 학습자의 상호작용', '학습자 간의 상호작용'을 의미한다. 이 두 가지는 전혀 다른 차원의 문제이므로 같이 다룰 수 있는 것이 아니다. 그리고 첫째 의미로 사용하는 경우, 이것은 그 자체로 작문 능력에 해당하므로 평가 기준 속에 포함되어야 할 성질의 것이 아닌가 한다. 작문에서 필자와 독자의 상호작용성을 강조하면서도 평가 기준에 이를 포함하지 않은 까닭이 궁금하다.

4) 평가 기준과 지도 방안의 타당성 검증 순서

이 글은 7장에서 평가 기준의 신뢰도와 상호작용적 논술 지도 프로그램의 효과를 함께 검증하였다. 그런데 이러한 방식이 논리적으로 타당한지 검토해 볼 필요가 있다. 아마도 자연스런 순서는 평가 기준의 신뢰도를 먼저 검증한 다음 그 평가 기준으로 프로그램의 효과를 검증하여야 할 것이다. 혹시 두 가지 검증을 동시에 수행함으로써 발생하는 문제는 없는지 궁금하다.

5) 이론적 배경

이 논문에서는 '이론적 배경'(2장)으로 '스키마 이론'과 '의사소통적 상호작용 이론' 두 가지를 들었다. 그런데 이 논문의 핵심 개념이 결속성이고, 결속성을 중심으로 논술의 평가 기준을 마련하여 논술 프로그램을 구안한 것이라면, 이론적 배경에서 텍스트 언어학을 매우 섬세하게 다룰 필요가 있을 것 같다.

4. 의의와 발전 방향

이 논문이 쓰여진 시점은 국어교육의 학문적 연구가 본격적으로 시작되던 단계로, 구체적인 언어 사용 영역에 대한 연구는 아직 본격적으로 이루어지지 않던 시기였다. 이러한 학문적 상황에서 논술문이라는 텍스트 유형을 중심으로 교육 내용 및 방법 그리고 평가까지를 아우르면서 진행한 이 연구는 중요한 의미를 지닌다. 특히 이론적 연구에 그치지 않고 현장에서의 실천까지 아울러 논의했다는 점에서 매우 특징적이다. 또한 논술문의 구조를 분석하여 논술문 평가 및 지도 요소를 밝혀내고, 그 결과를 통계적인 분석을 통해 실증적으로 제시하고 있다는 점에서도 의의를 찾을 수 있다.

이를 통하여 우리는 선험적이고 일반적으로 제시되어 있던 각종 기준들(예를 들면 결속성)에 대한 본격적인 검증 작업이 뒤따라야 한다는 시사점을 얻을 수 있다. 지금까지 국어교육 현장에서 활용해 온 여러 가지 평가 기준들이 실제로는 매우 공허한 것이 사실이므로, 이제 이러한 기준들을 본격적으로 재검토할 필요가 있다.

이 논문은 논술문에 대한 교육 내용, 평가 내용, 교육 방법이라는 서로 성격을 달리하는 다양한 연구 주제를 함께 다루고 있다. 따라서 이들 연구 주제들을 하나의 틀 속으로 끌어들이는 정치한 논리의 개발이 요구된다. 예를 들면, 결속성 저해 요인과 논술문 평가 기준이 서로 어떻게 관련되는지 더욱 구체화해야 할 것이다. 1대 1로 전이될 수 있는 것인지 아니면 어떤 기준에 따라 걸러져야 하는지, 걸려져야 한다면 그 장치는 무엇인지 등이 검토될 수 있을 것이다.

또한 교육 프로그램의 효율성을 더욱 타당하게 점검할 수 있는 방안도 연구되어야 하겠다. 프로그램이 효율적인지를 점검하는 방안에는 하나의 프로그램 내에서 투입 전과 투입 후를 비교하는 방법, 다른 프로그램과 비교하는 방법 등이 있을 수 있는데, 이들 방안이 어떤 장단점이 있고, 어떤 차이가 있으며, 각각 어떤 교육 내용과 잘 호응하는지 밝혀져야 할 것이다. 이 논문에서는 프로그램을 시행하기 전과 16주의 프로그램을 시행한 후의 결과를 비교하고 있다. 따라서 제시된 결론이 프로그램의 효율성보다는 교육 시행 여부 자체에 의한 것으로 간주될 가능성은 없는지 검토해 볼 수 있을 것이다. 이와 관련하여 논술문 평가 기준의 신뢰도를 점검

해서 그 평가 기준의 타당성을 점검하였는데, 그 비교의 준거가 1차 논술문과 2차 논술문이라는 점도 검토의 대상이 될 수 있다. 곧, 2차 검증에서 향상된 신뢰도가 평가 기준 자체의 특성에서 온 것인지 아니면 평가자의 훈련 효과에서 비롯된 것인지 정밀하게 따져 보아야 할 것이다.

표현 의도의 표현 방식에 관한 화용론적 연구*

■ 이성영, 서울대 박사학위논문, 1994 ■

1. 논문 목차

---

* 이 논문은 『국어교육의 내용 연구』(이성영, 서울대 출판부, 1995)로 발간되었다.

3. 표현의 구성 범주에 따른 표현 방식의 양상

  3.1. 표현의 구성 범주

  3.2. 맥락 변환의 표현 방식

    3.2.1. 물리적 맥락과 심리적 맥락

    3.2.2. 화자 변환의 표현 방식

    3.2.3. 청자 변환의 표현 방식

  3.3. 명제 내용에 대한 태도의 표현 방식

    3.3.1. 명제 내용에 대한 태도의 종류

    3.3.2. 객관적 양태의 표현 방식

    3.3.3. 인식 양태의 표현 방식

    3.3.4. 의무 양태의 표현 방식

    3.3.5. 기원 양태의 표현 방식

  3.4. 청자에 대한 태도의 표현 방식

    3.4.1. 청자에 대한 태도의 분류

    3.4.2. 지시 화행의 표현 방식

    3.4.3. 진술 화행의 표현 방식

    3.4.4. 질문 화행의 표현 방식

    3.4.5. 언약 화행의 표현 방식

    3.4.6. 청자에 대한 거리감의 표현 방식

  3.5. 명제 내용의 표현 방식

    3.5.1. 이유만 말하기와 결과만 말하기

    3.5.2. 구체적인 내용 말하기와 구체적인 내용 말하지 않기

    3.5.3. 가능성으로 말하기와 전제화하여 말하기

4. 표현 방식 적용의 원리

  4.1. 협력 원리에 대한 재고

  4.2. 경제성 원리

  4.3. 공손성 원리

  4.4. 경제성 원리와 공손성 원리의 상호작용

5. 결론

2. 내용

1) 연구 문제

이성영(1994)은 언어 구조가 아닌 언어 사용의 층위에서 언어의 '효과성'의 문제를 제기하며, 화용론을 빌어 효과적 표현이 이루어지는 핵심 기제를 표현 의도와 표현 방식의 측면에서 밝히고, 국어의 표현 방식과 그 표현 방식을 지배하는 원리를 탐색하고자 하였다.

2) 주요 내용

이 논문에서는 효과적인 표현 방식을 지배하는 원리를 탐색하기 위하여 먼저 언어 사용의 '효과성' 차원에 주목하고 있다. 이 차원은 용인성, 적절성, 문법성과는 달리 발화 상황의 요구에 부응하는 표현 방식과 관련되는 개념으로, 청자의 심적 태도의 변화 정도와 관련된다.

그리고 표현 방식을 추출하기 위한 틀로 '표현 의도-표현'의 틀을 상정하고 있다. 여기서 표현 방식은 기저형으로 설정한 표현 의도와 발화된 표현 사이에 개재될 수 있다. 그러므로 표현 생산의 기저는 표현 의도이며, 표현 방식은 표현 의도를 표현으로 구현하는 방식이라고 할 수 있다. 이처럼 표현 의도가 표현 생산의 기저가 될 수 있는 근거는 표현 의도의 표상 내용이 '행위'의 특성을 가지는 심적 태도이며, 표현이 수행하는 화행 역시 표현 의도와 인과적 자기 지시 관계(causal self-referential)를 지니고 있기 때문이다.

하나의 표현이 갖는 효과는 화수 행위 차원의 효과와 화효 행위의 차원의 효과로 나뉜다. 화수 행위가 인지와 관련되는 반면에, 화효 행위는 인지 이후에 일어나는 심적 태도의 변화와 관련된다. 그러므로 동일한 화수 행위를 수행하면서 청자에게 서로 다른 정도의 심적 상태의 변화를 일으키는 행위는 화효 행위의 차원이다. 본 연구에서는 이처럼 동일한 화수 의도에서 비롯된 여러 표현들 중 청자에게 가장 강한 심적 태도 변화를 일으킬 것이라 판단되는 것을 선택하는 화효 행위 차원의 효과에 주목한다. 이러한 화효 행위 차원의 효과는 정보적인 측면과 사회적인 측면의 두 가지 부류로 나뉠 수 있고, 대개의 표현은 이들 두 극단 사이의 어느 한 지점에 위치한다.

이상과 같은 논의를 바탕으로 하여 표현 방식의 양상을 살펴보기 위해, 먼저 표현의 구성 범주를 설정하고 있다. 표현, 곧 발화는 맥락과 문(文)으로 구성되며, 문은 다시 화수 효력, 양태, 명제 내용으로 구성된다. 화자는 표현의 과정에서 이들 네 가지 표현의 구성 요소를 선택하게 되는데, 그 선택의 양상을 살펴봄으로써 구체적인 표현 방식을 추출할 수 있다. 따라서 표현 방식의 양상은 맥락 변환의 표현 방식, 명제 내용에 대한 태도의 표현 방식, 청자에 대한 태도의 표현 방식, 명제 내용의 표현 방식으로 크게 나눌 수 있다.

먼저 맥락 변환 표현 방식은 화자 변환 표현 방식과 청자 변환 표현 방식의 두 가지가 있다. 이들은 모두 의도한 표현 효과를 달성하기 위하여 객관적으로 주어진 실제 맥락에서의 화자와 청자를 그대로 받아들이지 않고 새로운 심리적 맥락으로 변환시킨 경우이다. 명제 내용에 대한 태도를 표현하는 방식으로는 객관적 양태, 인식 양태, 의무 양태, 기원 양태를 표현하는 방식이 있다. 화자는 특정의 표현 의도를 보다 효과적으로 실현하기 위해 명제 내용에 대한 실제의 태도와는 다른 의미를 갖는 표현을 선택할 수 있다. 다음으로, 청자에 대한 태도와 관련하여 지시 화행, 진술 화행, 질문 화행, 언약 화행을 다양하게 표현하는 방식이 있다. 이들을 표현하는 방식은 각 화행의 적정 조건의 항목들을 언급함으로써 가능하다. 한편 명제 내용과 관련되는 표현 방식으로는, 이유만 말하기와 결과만 말하기, 구체적인 내용 말하기와 구체적인 내용 말하지 않기, 가능성으로 말하기와 전제화하여 말하기 등이 있다. 짝을 이룬 두 표현 방식들이 서로 상반되는 표현 방식이라는 점이 특이하다.

이 논문에서는 화자가 위와 같은 여러 가지 표현 방식을 사용할 수 있게 하는 원리로, 협력 원리 이외에 경제성 원리와 공손성 원리가 있음을 밝히고 있다. 경제성 원리는 '가능한 한 직접 표현하지 말고 청자 스스로 판단하게 하라.'이며, 공손성 원리는 '가능한 한 청자 위주로 말해라.'로서, 각기 하위 원리들을 가진다. 이러한 원리들은 상호 작용을 이루며 적용되는데, 이들 원리들이 적용된 표현은 그렇지 못한 표현보다 더 효과적인 표현이라고 할 수 있다.

결국 이 논문은 언어의 효과성 측면에 주목하여, 표현의 기제인 '표현 의도'를 설정하고, 이러한 틀을 토대로 국어의 표현 방식과 그 표현 방식을 지배하는 원리를 탐색하고자 한 연구라고 할 수 있다.

3) 핵심 어구

표현 방식, 표현 의도, 표현의 효과, 경제성 원리, 공손성 원리, 언어 사용

3. 논의점

1) 논문 제목의 적절성

논문의 제목에서 '표현 의도의 표현 방식'이라는 표현이 적절한지 의문이다. 이 연구는 특정 표현이 얼마나 효과를 발휘하고 있는가, 그러한 효과성의 기제 및 작용 원리는 무엇인가를 탐색하는 연구라고 볼 수 있다. 따라서 논문의 제목으로는 '표현 의도의 표현 방식에 관한 연구'보다는 '효과적인 표현 방식에 관한 연구'가 더 적절한 것이 아닌지 의문이다.

2) '표현 의도'와 관련하여

가. 표현 의도를 어떻게 알 수 있는가.

표현 동기나 표현 방식의 문제에서 우리는 항상 '어떻게 알 수 있는가, 어떻게 확인할 수 있는가'라는 경험적이고 실증적인 검증 문제에 맞닥뜨리지 않을 수 없다. 예를 들면 이와 관련하여 고전 문학에서 항상 문제가 되는 점은 다음과 같은 것이다. : '박지원의 글쓰기 방식을 본인(박지원)이 죽었는데 어떻게 알 수 있는가.' 즉, 우리가 이야기할 수 있는 것은 오직 드러난 언어 자료를 중심으로 역추적하고 추정한 글쓰기 방식일 뿐이다.

표현 의도란 '화자가 표현을 통하여 청자에게 전달하려고 한 내용'(p.20) 으로서, 이 역시 화자가 청자에게 과연 무엇을 전달하고자 했는지 연구자는 정확히 알 수 없다. 단지 연구자는 ① 말하는 주체 쪽으로 초점을 맞추어 표현 의도를 추론하거나, ② 표현의 효과에 초점을 맞추어 그 의도를 헤아릴 수밖에 없다. 예를 들어 '바람이 들어온다'는 말은 여러 가지 해석이 가능하겠지만 그 중에서 어떤 한 효과가 나타났다면 그것이 바로 화자가 의도한 것이라고 볼 수 있다.

나. 특히 표현 의도에 주목하고 있는 이유가 무엇인지 궁금하다.

화행 이론의 일반적인 전제는 언어 활동이 발화자, 수화자, 맥락의 동시적 참여로 이루어진다는 점이다. 표현 방식을 구조화하고 표현 효과에 작용하는 원리를 탐색하고자 하는 이 연구의 목적과 관련하여, 이 중 특히 표현 의도를 문제삼고 있는 이유가 무엇인지 궁금하다. 오히려 본 연구는 청자를 효과적으로 설득하기 위한 방법들을 연구했던 전통적인 수사학의 전제에 더 가깝게 서 있는 것은 아닌가 싶다. 그렇기 때문에 전통 수사학의 전제들에 여러 가지 의구심이 제기되었던 것과 마찬가지로 본 논문의 기본 전제들도 유사한 의구심을 불러일으킨다. 예를 들면, '표현 방식은 표현 의도와만 인과 관계를 갖는 것인가.', '동일한 표현 의도는 동일 표현 기능을 갖는가.', '화자의 의도와 표현의 의미는 일치하는가.' 하는 등의 의문이 바로 그것이다. 또한 하나의 표현은 맥락, 청자, 태도, 명제 등의 범주들이 종합적으로 작용한 결과라고 할 수 있는데, 각 구성 범주를 분절화하여 효과적 표현 양상을 살피는 과정에서 해석에 무리가 따른다. 가령, 동일한 표현도 청자에 따라 효과적일 수도 있고, 그렇지 않을 수도 있으며, 맥락 변환의 표현 방식에도 심적 태도를 변화시키는 청자, 맥락, 명제가 별도로 존재할 수도 있는 것은 아닌지 의문이다.

3) 화자의 의도와 표현의 효과

표현 의도에 따른 표현 효과는 언어의 비밀을 푸는 열쇠라고 할 수 있다. 이 논문에서는 화자의 표현 의도가 구체적인 표현 방식에 따라 다양한 표현으로 구현될 수 있으며, 그 표현 효과 역시 다양하게 나타날 수 있다고 보고 있다. 이때 표현 효과, 즉 이 논문의 용어로 화효 행위 차원의 효과는 그것이 불러일으키는 청자의 심적 태도나 행위상의 변화를 통해 실증적으로 확인할 수 있다. 그렇다고 해도 경험적으로 하나의 표현이 가져올 수 있는 모든 효과를 다 다룰 수는 없을 것이다.

그러나 표현 의도, 즉 '표현된 의도', '표현을 통해 실현된 의도'를 중심으로 한다면, 표현 효과를 논하는 것이 가능해진다. 뿐만 아니라 역으로 청자의 심리적, 행위적 변화 양상을 중심으로 표현 효과를 논하는 것은, 표현 의도의 실체를 짐작하고 추정하는 것을 가능하게 함으로써 다소 추상적이고 실증 불가능한 개념적 실체를 이론적인 연구의 대상으로 삼을 수 있게 해 준다. 결국 표현 의도와 표현 방식의 틀로서 표현의 효과를 논하는 연구 방식은 상당히 타당하다고 할 수 있다.

다양한 표현 방식과 그에 작용하는 원리를 탐색하고 있는 이 연구에서는 표현 의도·표현 방식·표현 효과가 국어의 표현을 연구하는 중요한 틀 중 하나로 제시되어 있다. 현재 국어교육에서는 독자와 청자보다는 필자와 화자를 더 중시하는 경향을 찾아볼 수 있는데, 위와 같은 표현의 틀을 놓고 볼 때 어느 한 측면이 다른 측면보다 더 중요하다고 여기는 관점, 예를 들어, '의도보다 효과가 중요하다'와 같은 관점을 고수하는 것은 매우 위험하다는 점을 알 수 있다.

4) 용어의 선택

먼저 언표내적 행위(Illocutionary act), 언향적 행위(Perlocutionary act)라는 역어(譯語)가 있음에도 불구하고 화수 행위, 화효 행위라는 용어를 사용한 이유가 무엇인지 궁금하다.

다음으로 하나의 발화에는 세 개의 층위가 있다고 할 때, 언표적 행위는 명제 내용, 언표내적 행위는 발화자의 의도, 언향적 행위는 발화가 청자에게 미친 효과를 각각 나타낸다. 그 동안 화행론에서는 언표내적 행위를 주로 다루어 왔다. 이 논문은 바로 이러한 점에 주목하여, 그 동안 논의에서 다루어지지 않았던 언향적 행위에 논의의 초점을 둔 것이라 할 수 있다. 그러나 언향적 행위가 기본적으로 발화와 청자의 관계, 표현과 청자의 심적 태도 변화와 관계된 것이기 때문에, 화자와 발화의 관계, 즉 표현 의도와 표현 방식에 주목한 본 연구의 의도와는 다소 어긋나는 개념이 아닌가 하는 의문이 든다.

5) 기타

전략에는 불변 전략, 즉 일반적 상황에서 쓰일 수 있는 것과 가변 전략, 즉 상황에 따라 바뀔 수 있는 것이 있다. 예를 들어, 최인자(1997)가 가변 전략을 고려해야 함을 강조하고 있는 연구라고 한다면, 이성영(1994)은 불변 전략을 밝혀 내고자 한 연구라고 할 수 있다.

화용론(話用論)은 그 학문의 성격상 청자보다 화자를 논의의 중심에 놓는 경향이 강하다. 이제는 청자가 중심이 되는 논의, 이른바 문용론(聞用論)이 필요한 시점이 아닌가 싶다.

4. 의의와 발전 방향

이 논문의 가장 큰 의의는 국어교육에서 '효과성'의 범주를 개념화하면서, 표현 행위의 제반 범주에 대한 이론적 탐색을 보여주고 있다는 점이다. 또한 이 논문은 국어교육의 '한국어 교육'으로서의 특수성을 적극적으로 사고하여, '현재' 일상 언어에서 국어교육적 원리를 발견하려고 했다는 점에서 새롭다.

이 논문에서는 효과적인 표현에 대한 기본 개념을 수립하기 위해 화용론, 그 중에서도 서얼(Searle)의 '화효 행위'와 '화수 행위'의 구분을 도입하고 있는데, 이는 기존 연구들, 즉 이용주(1993)의 '표현'에 관한 논의[1] 박갑수[2]의 '감화적 표현', 또 이종철(1993)의 '함축적 의미', 주경희(1982)의 '간접 표현 양식'과도 그 맥을 같이하고 있다. 특히 화용론 중에서도 '화자의 의도'에 중점을 두는 리치(Leech)에 기대어, 주로 화수 행위에 중심을 두고 있는 기존 화용론을 비판하고 화효 행위 해명을 통해 화용론의 영역 확장에 기여하고자 하였다. 이러한 방식을 통해 '효과적인 언어 사용'의 기제를 이론적으로 규명하고 그 구체적 양상을 제시하고 있다는 점에서 의의가 있다. 이처럼, 이 논문이 기반으로 하고 있는 화용론은 국어교육학의 성격을 고려할 때 매우 유용성이 큰 학문 분과라고 할 수 있다.

그러나 화용론은 다음과 같은 한계도 갖고 있다. 첫째, 화용론은 언어 사용에서 사회·문화적 맥락이라는 거시적 상황보다는 화자와 청자 사이

---

1) 이용주(1993a), 『한국어의 의미와 문법 1』, 삼지원.
　　이용주(1993b), 「표현이라는 용어에 대하여」, 『선청어문 21』, 서울대 국어교육과.
2) 박갑수(1989), 「언어의 감화적 표현」, 『제효 이용주 박사 회갑 기념 논문집』, 한샘.

의 직접적인 상황만을 강조하는 경향이 있다. 거시적인 상황 맥락과 미시적인 상황 맥락을 동시에 고려할 수 있는 틀에 대한 연구가 앞으로 필요하다. 둘째, 서얼에 대한 반론으로 제시된 라깡의 지적처럼, 화용론은 표현 의도를 너무나도 점잖고 협력적인 것으로만 이해하여, 거짓말이나 아이러니, 유머 등 인간 욕망과 관계의 복잡함을 충분히 고려하지 못한다. 이 논문에서 다루고 있는 '표현' 개념이 불만족스러운 것도 이 때문이다. 셋째, 화용론은 화자의 표현 의도에는 적합하지만, 화자의 표현 의도와 무관한, 혹은 역행하는 '언어'의 간섭과 저항을 충분히 고려하지 못한다. 곧 언어가 다양한 집단들의 다양한 입김이 서려 있는 집단적 존재임을 간과한다. 예를 들어, 효과적인 표현의 하나로 제시된 "아빠, 운전 조심하세요"란 광고 문안의 경우, 가정을 갖지 못한 사람들에게는 오히려 역효과를 발휘할 수도 있다. 이처럼 '언어'는 표현 주체 개인의 의도에 의해서만 규정되는 것은 아니다. 그러므로 앞으로 이와 같은 한계를 고려하면서 화용론에 접근하고 이를 수정, 보완하는 방향으로 국어교육 연구가 지속적으로 수행되어야 할 것으로 보인다.

필자의 변

보잘 것 없는 논문에 대해 깊이 있는 토론을 해 주신 여러분께 감사 드린다. 본인이 미처 생각하지 못한 부분까지 지적이 있어서, 깊이 있는 토론이었음을 확인할 수 있었다. 이야깃거리가 될 수 있었다는 것만으로 기쁘게 생각한다.

토론 내용은 결국 본인에 대한 질문이라고 판단한다. 이에 대해 내 나름의 변명을 늘어놓아 본다. 토론된 내용 중에서 필자의 의도를 이해해 준 것에 대해서는 따로 언급하지 않는다.

첫째, 화자가 없는데 표현 의도를 어떻게 알 수 있는가, 결국 해석된 것 아닌가, 그렇다면 그것은 정확한 표현 의도라고 할 수 없는 것 아닌가?

이것은 누구나 그렇게 의심해 볼 수 있고 또 심사를 받는 과정에서도 나왔던 질문이다. 이론의 여지가 없는 이야기다. 이에 답하기 전에 우선 필자가 이 주제에 관심을 가지게 된 동기를 밝히는 것이 순서일 것 같다. 이 논문을 쓸 무렵에 가지고 있었던 문제 의식 중의 하나는—지금도 마찬 가지다—국어교육의 목표 중의 하나가 '효과적인 국어 사용 능력 신장'이 라고 하는데, 효과적인 국어 사용이라는 것이 무엇인지, 그것을 어떻게 길 러 줄 수 있는지 우리가 알고 있는 게 별로 없다는 것이다. 이것을 알아 야 우리가 학생들에게 '자, 효과적인 국어 사용은 이런 것이니까, 이렇게 해 봐라.'라고 가르칠 것 아닌가 하는 생각이었다. 그러면 효과적인 표현 과 그렇지 못한 표현의 차이는 어디서 나오는 것인가? 그것을 결정하는 여러 요인 중의 하나가 바로 표현 방식일 것이라고 생각했다. 그리고 이 러한 표현 방식은 화자(필자)의 '표현 의도'와 그에서 비롯된 '표현'의 관계 에서 추출될 수 있을 것으로 보았다. 물론 이미 존재하는 수많은 실제 표 현들의 '정확한' 표현 의도가 무엇이었는가는 알기 어렵다. 따라서 이 논 문에 나오는 각 표현의 표현 의도는 임의로 해석한 것이다. 그러나 그것 이 문제가 되는 것은 아니다. 이 논문의 목적은 각 예문의 실제 표현 의 도를 찾고자 하는 것이 아니고, 우리 국어에서 흔히 사용되는 표현 방식 의 여러 양상을 찾고자 하는 것이기 때문이다. 따라서 실제 표현의 표현 의도가 무엇인가는 중요하지 않다. 그 표현의 표현 의도를 무엇으로 보건, 그 각각의 표현 의도와 실제 표현과의 관계에서 표현 방식을 추출할 수 있기 때문이다.

둘째, 표현 방식을 왜 맥락, 명제, 명제 내용에 대한 태도, 청자에 대한 태도로 분절하여 살펴보았나, 하나의 표현이 지니는 효과는 이들 여러 측 면에서 동시에 작용하는 것 아닌가?

이 또한 틀림이 없는 지적이다. 하나의 표현이 갖는 표현 효과라는 것 이 네 가지 층위 중에서 반드시 어느 한 가지로만 발생하는 것은 분명히 아니다. 이에 대한 답 역시 이 논문의 목적과 관련이 있다. 이 논문의 목적은 각각의 표현에 적용된 다양하고 총체적인 표현 방식을 밝히는 것이 아니라 국어 일반에서 사용되는 표현 방식의 양상을 찾는 것이었기 때문이다. 그 결과로 국어의 표현 방식은 하나의 표현을 구성하는 맥락, 명제 내용, 명제 내용에 대한 화자의 태도, 청자에 대한 태도라는 네 가지 층위에서 그 각각을 변환시키는 표현 방식이 존재한다는 것을 밝혀서 보인 것이다. 따라서 하나의 표현에 이들 여러 층위가 동시에 작용할 수도 있다. 가끔 같은 표현을 여기 저기서 인용한 경우가 있는데, 바로 이들이 여러 층위에서 표현 방식이 복합적으로 작용한 경우이다.

셋째, 왜 언표내적 행위, 언향적 행위라는 용어 대신 화수 행위, 화효 행위라는 용어를 사용했나?

이에 대한 답은 쉽다. 언표내적 행위나 언향적 행위 대신에 화수(발화 수반) 행위, 화효(발화 효과) 행위라고 하는 연구들이 있고, 이것이 더 나아 보였기 때문이다. 특히 이 논문에서는 후자가 더 어울리는 것으로 보았는데, 그 까닭은 이 논문의 주 관심이 표현의 '효과'였으므로, 이를 직접적으로 드러내는 용어가 '화효'였기 때문이다. 그리고 다음 넷째 질문과도 관련이 있는 것으로, '언향적'이라는 용어는 '언(言) 곧 표현이 지니는 울림'이라는 의미가 강해서, 화자가 의도적으로 유발하는 효과 측면을 제대로 담지 못한다는 점도 고려하였다.

넷째, 화용론에서는 언향적 행위(화효 행위)가 표현과 청자의 관계에서 발생하는 것으로 보는데, 이 논문에서는 왜 화자(표현 의도)와 표현의 관계에서 발생하는 것으로 보고 있는가?

언어를 통한 의사소통은 언어 곧 표현을 매개로 이루어진다. 따라서 화자(필자)는 표현을 생산하고, 그 표현을 통해서 청자(독자)는 어떤 변화를 입게 된다. 이렇게 보면 표현의 효과를 유발하는 직접적인 요인은 표현이다. 그러나 의사소통 상황에서 화자(필자)는 아무 목적 없이 표현을 생산하는 것은 아니다. 일반적으로 표현의 목적은 청자(독자)에게 일정한 심리적, 행동적 변화를 일으키기 위한 것이다. 화자(필자)는 표현의 과정에서 늘 표현의 효과를 참조하여 표현한다. 따라서 표현의 효과(언향적 효과, 발화 효과)는 화자(필자)가 어떤 효과를 의도하여 어떤 방식으로 표현하였는가 하는 표현 방식에 의해 결정된다고 할 수 있다. 표현의 효과는 물론 표현 그 자체에서 나오는 것이지만, 그 기원은 그 표현에 어떤 표현 방식이 적용되었는가 하는 점에 있다. 표현 방식은 화자(필자)와 표현과의 관계에서 나온다.

다섯째, 표현 효과를 왜 표현 의도 혹은 발화자와만 관련을 시켰나, 수화자나 발화 맥락, 혹은 더 나아가 사회·문화적 맥락에 따라서도 효과가 달라지는 것은 아닌가?

옳은 지적이다. 하나의 표현이 지니는 효과는 표현 의도에만 의존하는 것은 아니다. 그 효과는 상황에 따라 천차만별이다. 그러나 이들 효과는 임의적인 혹은 가변적인 효과이지 표현에 의해 의도된 효과는 아니다. '표현'—결과로서의 표현이 아니라 행위로서의 표현—의 관점이 아니라 '수용'의 관점이라면 하나의 표현은 표현이 생산된 기저인 의도와는 무관하게 상황에 따라 다양하게 해석될 수 있고, 따라서 자연히 그 효과도 다양하다. 그러나 이 글은 표현 방식을 추출하는 것을 목적으로 한다. 표현 방식은 화자(필자)의 의도에 의존하는 개념이다. 화자는 특정의 상황에서 그 상황을 구성하는 여러 요소들을 고려하여 그 상황에서 유발될 것으로 판단되는 특정의 효과를 일으키기 위해서 특정의 표현 방식을 적용한 표현을 생산하는 것이다. 물론 이 과정에서 화자(필자)가 반드시 단 한 가지가 아니라 여러 가지 효과를 의도했을 수도 있고 뚜렷한 의도가 없이 표현했을 수도 있지만, 이들은 표현 방식이나 원리를 추출하는 데 도움이 되지 않거나 복잡하기만 할 뿐이어서 다루지 않았다. 누군가의 지적처럼 화용론 혹은 수사학의 한계라고까지 굳이 말할 필요도 없다. '수용' 상황에서 발생하는 여러 가지 가변적인 효과를 다 다루었다면 아마 논문으로 성립하기도 어려웠을 것이다. 또 그것을 다 다룰 수 있는 능력도 없고.

학문에서 전가(傳家)의 보도(寶刀)라는 것이 과연 존재할까? 어떤 이가 음

운론을 연구했는데, 그것은 언어의 아주 작은 부분만을 보여 주기 때문에
한계가 있다고 할 수 있을는지.

연암 박지원의 글쓰기 방법론 연구*
―『열하일기』의 대상해석을 중심으로―

■ 이지호, 서울대 박사학위논문, 1997 ■

1. 논문 목차

---

* 이 논문은 『글쓰기와 글쓰기 교육』(이지호, 서울대 출판부, 2001)으로 발간되었다.

Ⅳ. 대상해석의 방법
  1. '주체-대상'의 선택적 결합
  2. '대상-세계'의 관계 설정
  3. 대상의 의미화
    (1) 유사성과 인접성에 의한 의미화
    (2) 의미화의 방향성
Ⅴ. 연암 글쓰기의 이념적 지향
  1. 대상의미의 다층적 분화
  2. 기존 가치 체계의 해체
  3. 이용후생적 지식 생산
Ⅵ. 결론

2. 내용

1) 연구 문제

  이지호(1997)는 연암 박지원의 글쓰기를 대상해석적 차원에서 규명하고 있다. 이를 통해 연암의 창작 방법론을 해명하고, 연암의 글쓰기 방법을 글쓰기의 실천 또는 글쓰기 교육에 적용하고자 하였다.

2) 주요 내용

  글의 내용이 되는 것은 글쓰기 대상의 해석을 통해 구성되는 대상의 의미이다. 이 의미는 용인가능하고 독창적인 것이어야 하는데, 이러한 의미를 구성하기 위해서는 대상해석이 정합성을 확보해야 한다. 대상해석의 정합성은 주체의 정체성, 대상의 명료화, 그리고 언어의 적절성이라는 요건을 갖추었을 때 확보될 수 있다. 바로 이 세 요소가 대상해석에 관여하는 요소들의 성격이다.

대상해석은 주체가 대상과 관계를 설정하여 대상의 의미를 구성하는 것을 말한다. 대상해석은 '주체와 대상의 선택적 결합', '대상과 세계의 관계 설정', '대상의 의미화'의 과정을 거쳐서 이루어진다. 앞의 두 과정은 대상의 구성으로 요약되는데, 즉 주체가 대상을 선정하고 대상의 세계와 어떤 관계를 설정하고 있는지 이해하는 단계이다. 이를 바탕으로 대상의 새로운 의미를 구성하게 되는데, 이것이 바로 '대상의 의미화'이다. 대상의 의미화란 대상의 기본 의미를 바탕으로 새로운 의미를 구성하는 것이며, 이는 대상과 관계 대상의 기존 관계를 새로운 관계로 재설정함으로써 이루어진다. 이러한 의미화 방법은 연암이 글쓰기 방법론으로 제시한 법고창신(法古創新)에서 도출한 것이다.

대상의 의미화는 유사성에 의한 의미 확장과 인접성에 의한 의미 전이로 구체화된다. 전자에는 동의관계에 의한 의미화와 반의관계에 의한 의미화가 있고, 후자에는 모순관계에 의한 의미화가 있다. 연암의 대상해석에서는 법고창신의 정신에 위배되는, 기존의 의미에서 진전된 의미를 구성하려는 동의관계에 의한 의미화는 거의 보이지 않는다. 연암의 대상해석은 유사성에 의한 반의적 의미와 인접성에 의한 모순적 의미를 지향한다.

이러한 연암의 대상해석 경향은 그의 글쓰기의 이념적 지향성을 드러낸다. 반의적 의미나 모순적 의미는 기존 의미가 대상의 절대적인 의미 또는 전체적인 의미가 아님을 지적한다. 대상의 의미는 상대적인 것이다. 이는 대상의 의미를 다층적으로 분화시킨다. 이는 기존의 가치 체계를 해체하는 역할을 하는데, 연암은 특히 숭명배청으로 대표되는 명분론에 조선의 모든 모순이 집약되어 있다고 생각했다. 국가의 존망보다 과거의 의리를 중요시하고 현실의 삶보다 예의도덕을 중시하는 것을 비판하며, 만일 배청을 하려면 북학을 알아야 한다고 역설한다. 연암이 대상 의미를 다층적으로 분화시킨 것도 이 때문이다.

연암은 기존 가치 체계를 해체하고 새로운 가치 체계를 제시한다. 그것이 바로 이용후생이다. 연암은 명분보다 실리를 중시했다. 그는 이용후생에 의한 정덕을 강조한다. 이용후생을 위해서는 인간과 세계에 대한 새로운 이해가 필요했는데, 이 때문에 연암은 대상을 새로이 해석하려고 노력했던 것이다. 연암의 대상해석은 결국 이용후생적 지식의 창안을 위한 것이었고, 그의 글쓰기 또한 이를 위한 실천이었다.

이 논문은 대상해석에 의한 내용 생성을 살펴봄으로써 글쓰기 방법을 모색해 보았다는 데에 의의를 두었다. 연암이 글쓰기 방법 자체를 스스로 법고창신이라는 정신에서 마련했다는 점은 오늘날 글쓰기 교육에 시사하는 바가 크며, 논의를 대상해석의 세밀한 절차화에 염두를 두어 진행했다는 점도 의의가 있다. 연암의 글쓰기 방법론에서 실천적인 글쓰기 또는 글쓰기 교육에 기여할 수 있는 글쓰기 이론과 절차를 모색할 수 있다는 의미를 가지기 때문이다.

이 논문에서는 연암의 글쓰기를 대상해석의 방법과 그 방법이 지니고 있는 이념적 지향성을 중심으로 살펴보고 있다. 이를 통해 실천적인 글쓰기 교육에 기여할 수 있는 글쓰기 이론과 절차를 구안해 내고자 하였다. 대상해석은 주체가 대상과 관계를 설정하여 대상의 의미를 구성하는 것을 말하는데, 주체와 대상의 관계에 대한 인식론적 존재론적 고찰을 하면서, 관념론과 유물론의 상호작용으로 관계를 설명했다. 이러한 주체와 대상의 관계 설정에 의해 이루어지는 대상해석이 정합성을 확보하기 위해서는 주체의 정체성, 대상의 명료성, 언어의 적절성이라는 요건을 갖추어야 한다.

주체의 정체성은 주체가 대타의식을 통해 자기동일성을 확보했을 때 성립될 수 있다. 이러한 논지를 뒷받침하기 위해, 신오현(1996)[1]의 자아동일성 개념을 끌어 왔으며, 라깡[2](1996)의 논의에 기대었다.

언어의 적절성 부분에서는 소쉬르[3](1995)와 데리다[4](1993), 훔볼트와 바

---

1) 신오현(1996), 『자아의 철학』, 문학과지성사.
2) 라깡(1996), 『욕망이론』, 문예출판사.
3) 소쉬르(1995), 『일반언어학 강의』, 민음사.

이스게르버5)(1989)에 기대어 설명하였다.

정합성을 확보한 대상해석은 주체와 대상의 선택적 결합, 대상과 세계의 관계설정의 단계를 거쳐 대상의 의미화 과정으로 들어선다. 이 대상의 의미화 단계에서, 로만 야콥슨6)(1989)의 은유, 환유 논의에 기대어 유사성에 의한 의미 확장과 인접성에 의한 의미 전이라는 의미화 방식을 도출하였다. 이외에도 동양철학사상에서 이론적 근거를 마련하기도 하였다.

3) 핵심 어구

주체, 대상, 의미화, 유사성, 인접성, 대상의미의 다층적 분화, 기존 가치의 해체, 이용후생적 지식 생산

3. 논의점

1) 의미화 방식

의미화 방식의 다양함에 대해 좀더 숙고할 필요가 있다. 의미화 방식에는 유사성에 의한 것과 인접성에 의한 것만 존재한다고 논자는 보고 있다. 어떤 대상의 기존 의미와 새로운 의미의 관계는 유사관계이거나 아니면 인접관계이기 때문이다. 이외에 유용한 의미화 방식은 존재하지 않는 것인지에 대한 의문이 생긴다. 새로운 의미만이 가치 있는 의미가 될 수 있다는 관점에서 논자는 유추를 부정적으로 바라보고 있는데, 이러한 시각이 타당한가에 대해 다시 한 번 생각해 볼 필요가 있다.

---

4) 데리다(1993), 『동일자와 타자』, 인간 사랑.
5) 게르하르트 헬비히(1989), 『언어학사』, 경문사.
6) 로만 야콥슨(1989), 『문학속의 언어학』, 문학과 지성사.

2) 용어의 명확성

중요한 용어에 대한 명확한 개념 규정이 필요하다. 글쓰기의 상황이 미리 전제되어 있을 때, 내용 생성을 어떻게 할 것인가? 대상해석을 해야 하고 그것이 정합성을 띠어야 한다. 이러한 대상해석에 관여하는 요소는 '주체의 정체성', '대상의 명료성', '언어의 적절성' 등이 될 것이다. 그런데 '대상해석', '주체의 정체성', '대상의 명료성', '언어의 적절성' 등의 용어를 명확히 규정해 주지 않아서 내용을 이해하는 데 어려움이 있다.

3) 참고 문헌의 문제

논의의 흐름이 다른 참고 문헌들을 차용하여 논의가 모호해졌다.

전체적으로 박지원의 법고창신(法古創新)을 전면적으로 내세우고 있으면서도 주체의 정체성에는 데리다나 라깡의 논의를 차용하고 있으며, 또 상당히 이론적으로 거리가 있는 이론인 사회주의 리얼리즘와 라깡의 논의를 경계를 명확히 구분하지 않은 채 함께 인용하였다는 문제가 있다.

4) 박지원 글쓰기의 장점

박지원 글쓰기의 장점에 대해 좀더 고찰이 필요하다.

박지원의 글쓰기가 높이 평가받는 이유로 ① 좋은 글쓰기란 상황, 맥락에 따라 다르게 규정된다고 본 점, ② 법고창신, 즉 문체를 개혁함으로써 결과적으로 의미론적인 전환, 발상의 전환이 가능하게 되어 새로운 글쓰기가 가능하다고 본 점을 들 수 있다. 그런데 ①, ② 항목이 제대로 논의되고 있지 못하다.

5) 발상과 표현의 관계

발상과 표현의 관계에 대한 심도 있는 논의가 좀더 필요하다.

'발상을 어떻게 연구할 것인가'는 매우 중요한 연구 과제이다. 이제는 '내용 생성을 위해 브레인스토밍(brain-storming)이나 마이드맵(mindmap)을 활용할 수 있다'라는 수준의 논의에서 벗어나야 할 때이다. 발상이 어떻게 가능한가, 그 방법론에 대한 진지한 논의가 좀더 필요하다.

이 논문은 생각에서 표현으로 나아간다는 기존의 사고 방식(생각→표현)에 반하여, 표현을 보고 그것이 특정 생각·발상과 연결되어 있음(표현→발상)을 밝히고자 한 시도이다. 그리고 표현과 발상의 매개로서 언어를 다루었다. 그동안 글쓰기나 내용 생성에서 인식이나 해석의 문제만 다루었다면, 이 논문에서는 인지·언어가 같이 만나는 틀을 설정하고 있는 셈이다. 그 의의가 크다

그러나 이 논문에서는 글쓰기를 발상과 표현으로 나누어 설명하고 있는데 정작 논의된 것은 발상, 사유에 대한 것이지 구체적인 표현론은 존재하지 않는 듯하다. 이는 곧 연구 과제를 충실히 수행했는지에 대한 의문으로 이어질 수 있을 것이다. 이 의문은 곧 사유 방식이 글쓰기 방식과 1:1 대응이 될 수 있는가라는 질문과 맥을 같이 한다. 즉, 이 논문에서는 생각과 글이 1:1로 대응한다고 보았으나, 실은 그렇지 않다는 것이 이 논문의 허점이다. 쓰여진 텍스트를 가지고 연구하는 한 언제나 이러한 딜레마에 부딪힐 것이다.

6) 기타, 논의의 구체성과 타당성

박지원의 글쓰기 방법이 매우 다양하여, 이를 하나의 원리로 제시하기가 어려웠을 것이라는 점은 이해된다. 예를 들어 「열하일기」에서는 심지어 시점을 변환시켜 이야기를 서술하는 모더니즘적 기법을 활용하고 있음

이 목격되기도 한다.

목차의 구성상, 대상해석에 관여하는 것은 오직 주체, 대상, 언어뿐인 것 같은 인상을 주고 있다. 사실 기존의 정형화된 글쓰기나 작문 교육 풍토에서 벗어나, 글쓰기를 대상과 세계, 주체와 대상이 맺는 관계로 본 것은 새로운 문제 제기로서 의의가 크다. 그러나 그 구체적인 논의 내용이 부족하다.

주체, 대상뿐만 아니라, '언어'도 대상해석에 관여할 수 있다고 본 것이 사실 이 논문에서 가장 중요한 부분인데, 그것을 제대로 부각시키지 못하고 있다. 그런 의미에서 '언어의 적절성'은 적절하지 못한 표현이라고 할 수 있다.

4. 의의와 발전 방향

연암 박지원에 대한 연구가 양과 질에 있어 상당 수준에 이르렀으나, 그의 글쓰기에 대한 연구는 아직 미비하다. 이에 대한 발빠른 움직임이 보이고는 있으나 연암의 표현상 특징에 대한 고찰 정도에 머물고 있거나, 본격적인 연구도 연암의 글쓰기가 인식이나 사유의 문제와 밀접하게 연관된다는 것을 보여주고 있는 이상이 아닌 경우가 많다. 이 논문은 인식과 사유가 실제 글쓰기에 구체적으로 어떻게 전환되고 있는지를 규명함으로써 실천적인 글쓰기 또는 글쓰기 교육에 적용하고자 한다. 즉, 글쓰기 창작 태도 또는 창작 방향성을 규명하는 데서 나아가 글쓰기 교육의 이론을 정립해 보고자 했다는 의의가 있다.

기존의 글쓰기 방법이 서구의 이론을 도입하여 구상했다면, 이 논문은 그러한 기존의 글쓰기 방법에 대한 대안을 내놓는 역할을 하고 있다. 연암은 법고창신이라는 고유한 정신에 입각하여 자신의 글쓰기 이론을 독자적으로 마련하고 있는데, 필자는 이에 주목하여 연암의 대상해석 방법의 절차를 인식론적으로 면밀히 분석하여 내용 생성 방법을 구상하고 있다. 기존의 공인된 이론을 거부하고 독창적인 글쓰기 방법론을 논구하고 있다는 점에서 본 논문의 글쓰기 방법 역시 연암의 글쓰기 방법과 닮아 있는 듯 하다.

대상해석이 정합성을 확보하기 위해 주체의 정체성이 요구된다고 한다. 이 정체성은 확고 부동의 정체성이 아니라, 대상의 의미화 과정을 거치며 수정되고 대타의식을 통해 자기 동일성을 찾아가는 과정 속에서 확보되는 것이다. 즉, 자기 동일성을 훼손하지 않는 범위 내에서 부단히 자기 정체성을 새로이 정립해 간다는 점에서 글쓰기를 통한 자기 형성 가능성을 제시하고 있다.

실제 대상해석의 과정이 잘 드러나는 문학작품을 택하여 방법론을 모색하여, 구체적인 대상해석의 절차를 보여주고 있다는 점도 이 논문의 의의라 할 수 있다.

그러나 필자 스스로가 인정한 한계이기도 하지만, 대상 구성의 측면과 주체와 대상의 관계 설정 부분에서 순환논법에 많은 부분을 의지하고 있다는 점과 「열하일기」 글쓰기 방법을 연암의 글쓰기 방법으로 일반화시켜 논할 수 있을 것인지에 대한 반론이 있을 수 있다. 전자에 대해 필자는 대상의 의미화가 주체와 대상의 상호 작용에 의해 실현되는 것이라 답하고 있으나, 논의가 정치하지 못하다. 이에 필자 스스로도 후속 연구가 필요하다고 보고 있으며, 후자에 대해서는 「열하일기」가 갖는 연암 글쓰기의 대표성에 대해 논한다. 즉, 연암의 글쓰기 의식이 일관되게 흐르고 있다는 것이다. 그러나 자료의 상당 부분이 누락되고 구성된 연암의 글쓰기 방법론은 제한적인 의미를 지닐 수밖에 없음을 스스로도 인정하고 있다.

필자의 변

1.

나는 《글쓰기와 글쓰기교육》이라는 책을 쓴 바 있다. 이것은 이 자리에서 논의되고 있는 나의 학위 논문인 《연암 박지원의 글쓰기 방법론 연구》를 바탕에 깔고 쓴 것이긴 하지만, 단순히 그 내용을 보완하고 수정한 것에 그친 것은 아니다. 학위 논문을 아예 환골탈태시켜 새로운 책을 썼다고 하는 말이 더 적절할 것이다. 우선, 제목부터 다르게 붙였다. 여기에는 두 가지 이유가 있다. 하나는 학위 논문 자체가 글쓰기의 일반론을 제시하는 데 초점을 맞추고 있었기 때문에 이러한 전환이 크게 무리 없이 이루어질 수 있었다는 것이다. 다른 하나는 학위 논문에서 미처 다루지 못한 부분, 특히 표현의 문제를 덧붙일 수 있었다는 것이다. 제목을 다르게 붙임으로써, 학위 논문에서 거론한 것 가운데 몇 가지는 빼놓을 수밖에 없었다. 이러한 이야기를 하는 까닭은, 나의 학위 논문에 대한 이런 저런 문제 제기에 대해서 나 역시 심각하게 생각하고 있던 것이고, 그것의 일부에 대해서는 문제 해결을 시도한 바 있다는 사실을 밝히려는 것이다.

2.

글쓰기교육은 가능한가. 예컨대, 연암과 같이 독창적인 글을 쓸 수 있는 능력을 길러 줄 수 있는 글쓰기교육이 가능한가 하는 것이다. 이것은 학위 논문을 쓸 때부터 내가 가졌던 국어교육의 화두였다. 결론은, 불행하게도, '아니다'라는 것이다. 독창적인 글이란 그 이전에 전혀 씌어지지 않았던 글이면서 우리 모두에게 가치가 있는 글을 말한다. 새로운 글을 쓸 수 있도록 할 수는 있다. 그러나 그것이 '우리' 모두에게 가치가 있는지 없는지는 그 누구도 함부로 평가할 수 없다. 따라서 독창적인 글을 쓸 수는 있고, 독창적인 글이라는 것을 알아볼 수는 있지만, 독창적인 글을 쓸 수 있도록 가르칠 수는 없다는 것이다. 그러면 글쓰기교육을 포기하여야 할 것인가. 그렇지는 않다. '나'에게 가치가 있는 글과 '너'에게 가치가 있는 글을 쓸 수 있는 방법은 가르칠 수 있기 때문이다. 그리고 그것을 바탕으로 하여 '우리' 모두에게 가치가 있는 글을 쓰는 방법을 자득할 수 있도록 이끌 수 있기 때문이다. 이와 같은 글쓰기교육관에서는 특수한 글쓰기 방법을 탐색하는 것보다는 그러한 글쓰기 방법을 자득할 수 있는 일반적인 글쓰기 방법을 체계화하는 것이 더 시급한 과제가 된다.

3.

학위 논문에서 빠뜨렸던 문제를 하나만 짚고 이 글을 마치기로 한다. 학위 논문에서는 글쓰기의 '발상'만 다루었다. 그 '발상'은 언어적 발상이었다. 비언어적 발상도 가능하리라 보지만 그리 유효한 것 같지 않아서 논의하지 않았다. 어차피 글쓰기는 문자와 같은 언어로 표현되고 표기되지 않으면 안 되기 때문이다. 나는 언어를 다시 사유언어와 표상언어로 구분한다. 이에 따르면, '발상'은 사유언어에 의한 대상의 의미 구성이라고 말할 수 있다. 사유언어는 관념 속에서만 존재하는 언어로서 아직 발화되지 않은 언어이다. 발화 가능한 사유언어를 나는 표상언어라고 규정한다. 따라서 '발상-표현'의 관계는 '사유언어-표상언어'의 번역 관계라고 말할 수 있다. 그런데 사유언어가 표상언어로 번역이 되지 않는 경우도 있다. 예컨대, '나는 바담풍 해도 너는 바담풍 해라'와 같은 어색한 표현은 발화되지 않는 사유언어를 억지로 발화된 표상언어로 연결했기 때문에 생기는 것이다. 여기에서 표현의 문제가 다시 제기된다. 이에서 알 수 있듯, 나에게 있어서는 표현 또한 발상과 마찬가지로 사유 활동이 된다. 물론 표현은 그대로 표기로 전환될 수 있다. 표기된 표현만이 물리적 실체로서의 글로 나타나는 것일 뿐이다.

한국 모더니즘 시의 글쓰기 방식에 관한 연구*
─ 이상과 김수영을 중심으로─

■ 최미숙, 서울대 박사학위논문, 1997 ■

1. 논문 목차

---

* 이 논문은 『한국 모더니즘시의 글쓰기 방식과 시 해석』(최미숙, 소명, 2000)으로 발간되었다.

2. 내용

1) 연구 문제

이 연구는 한국 모더니즘시의 글쓰기 방식을 연구하고 그것을 바탕으로 일상적인 글쓰기에 유용하게 활용할 수 있는 '문학적 글쓰기 방식'을 구안하는 것을 목표로 하였다. 이를 위해 사회적 삶의 구조와 글쓰기 방식의 상관 관계에 자의식적인 관심을 가지고 있었던 모더니즘 문학(특히 이상과 김수영의 문학)의 글쓰기 방식을 탐구하여, 일상적 글쓰기에서 활용할 수 있는 '모더니즘적 글쓰기'의 원리과 방식을 제안하고자 하였다.

2) 주요 내용

이 연구는 기존의 문학교육 논의에서 문학작품의 읽기는 중요하게 다루었으면서도 글쓰기 방식에 대해서는 그다지 많은 관심을 두지 않았다는 반성에서 출발하였다. 이 연구는 문학작품을 일정한 사회 상황 속에서 고민하고 성찰하는 개인의 글쓰기(의식적으로 선택된 언어사용으로서) 차원에서 보고 있으며, 그렇기 때문에 작가들의 글쓰기 방식을 일상적인 글쓰기 방식으로 전이시켜 활용할 수 있다고 가정하였다.

이 논문은 바르트의 글쓰기 이론과 비판 미학을 토대로, 모더니즘 문학(특히 이상과 김수영의 문학)의 글쓰기 방식을 연구하였다. 이 연구가 모더니즘 문학에 주목한 것은 모더니즘 문학이 언어 표현 방식에 자의식적인 관심을 두었고, 또 간접화된 비판적 글쓰기 방식을 보여줄 수 있다고 보았기 때문이다.

이 연구는 우선 아도르노의 미학을 중심으로 모더니즘의 속성을 검토하고, 모더니즘 문학이 근대 이후 주체의 성격을 반영하는 문학이며, 현실에 대해서는 형식적 장치를 통해 미적인 저항과 비판을 드러낸다는 점을 지적하였다. 그리고 이러한 이론적 틀을 토대로 이상과 김수영의 문학 작품에서 '① 사물화된 체험의 재현 ② 이질적인 세계의 공존 ③ 유토피아에 대한 거리의 설정'이라는 글쓰기 방식의 유형을 추출한다. '사물화된 체험의 재현'이란 사물화된 세계 속에서 얻은 충격적 체험을 주체 스스로 자기화하지 못한 상태에서 공포나 고통 등의 체험 자체를 그대로 드러내는 글쓰기 유형이며, '이질적인 세계의 공존'이란 주체의 내면에서 서로 갈등하는 이질적인 세계를 어느 하나로 통일하지 못하고 갈등 양상 그 자체를 표면화하는 글쓰기 유형이다. 그리고 '유토피아에 대한 거리의 설정'이란 유토피아를 지향하려는 주체의 열망이 다른 유형에 비해 좀더 강하게 드러나는 것인데, 특징적인 것은 유토피아가 현실 연관을 상실하고 새로운 의미를 부여받은 특수한 사물의 형태를 빌어 표현된다는 점이다.

이러한 이상과 김수영의 모더니즘적 글쓰기 방식을 바탕으로 문학교육에서의 글쓰기의 성격을 '① 탈규범으로서의 창조적 언어 사용 ② 형상적 방법의 차용 ③ 내면탐구 · 현실비판으로서의 자기 성찰'이라는 세 가지로 정리하였다. 이는 모더니즘적 글쓰기가 기존의 규범적 언어 틀로는 표현할 수 없었던 것을 대상의 새로운 측면에 맞는 새로운 표현 방식을 창조할 수 있게 하며, 글쓰기 주체의 주관적인 관점에서 바라본 세계의 모습을 문학적 형상화 방법을 빌어 표현할 수 있게 하고, 또 글쓰기 주체의 내면을 탐구하면서 동시에 현실에 대해 저항하고 비판할 수 있게 하는 성격을 지니고 있음을 의미한다.

이상의 논의를 통해 이 연구에서는 모더니즘적 글쓰기의 원리가 '병치'이며, 이 '병치'는 근대 이후 변화된 주체의 상태를 반영하는 글쓰기 원리라는 의미를 지닌다고 논의하였다. 그리고 병치의 원리를 구현하는 구체적인 글쓰기 방식으로 '① 부정적 인물의 내적 독백 ② 갈등의 표출과 미해결의 구조 ③ 이질적 요소들의 비논리적 연상 ④ 현실과 탈현실 공간의 대립'이라는 네 가지를 제시하였으며, 이를 통해 문학적 글쓰기 교육의 이론화를 시도하였다.

3) 핵심 어구

모더니즘적 글쓰기, 문학적 글쓰기, 주체의 분열, 주관적 재구성, 미적 형식, 전경화, 피동 표현, 이중인칭, 창조적 언어 사용, 자기성찰, 내적 독백, 병치

3. 논의점

1) 연구 문제

쓰기 교육 중에서 '문학적 글쓰기'에 대한 관심이 지속적으로 있어왔지

만, 그 관심이 아직 이론화의 단계까지 나갔다고 보기 어렵다는 점을 고려할 때, 이 논문은 문학적 글쓰기 교육의 이론화를 본격적으로 시도했다는 의미를 지닐 수 있다. 전문적인 문학 창작이 아니면서 실용적인 논리적 글쓰기도 아닌 문학적 글쓰기라는 교육적 공간을 설정했다는 것은 문학교육 및 국어교육의 범위를 넓히는 데 기여한 것이라 하겠다. 아울러 사회적 삶의 구조와 글쓰기 방식의 관련에 주목함으로써 글쓰기를 통한 주체의 재구성 혹은 성장에 대하여 논의할 수 있는 가능성을 마련한 것은 중요한 성과라 하겠다.

2) 글쓰기 방식의 의미 부여

이 연구에서는 글쓰기의 성격에 대한 논의를 통해 문학적 글쓰기의 성격을 분명히 하였다. 이 연구에서는 글쓰기 혹은 글쓰기 방식이 단순히 기술적인 차원의 문제, 즉 독립적인 의사소통이나 표현이 아니라 글쓰기 주체가 처해 있는 사회역사적 상황과 관련된 행위로서, 주체가 사회에 대해 어떤 태도를 취하느냐에 따라 그 구체적인 방식이 결정되는 성격을 지닌다고 하였다. 이는 그 동안 국어교육에서 기능적인 쓰기 교육만을 강조함으로써 실질적으로 간과했던 문제, 다시 말하면 글쓰기 방식과 글쓰기 주체의 삶의 방식과의 긴밀한 관련성을 새롭게 강조한 것이라는 점에서 의의가 있다.

3) 문학 작품의 형식 개념에 대한 새로운 인식

이 연구에서는 사회 현실에 대한 글쓰기 주체의 태도를 문학 작품의 '형식'과 관련시킨다는 점을 근거로 형식 개념이 글쓰기 과정에서 이루어지는 주체적 활동의 산물로서의 성격을 지니고 있다는 점을 강조하였다.

여전히 문학 작품의 내용과 형식의 문제를 분리해서 다루는 경향에 대한 극복이 이루어지고 있는 문학교육적 상황에서, 문학적 형식이 내용을 단지 전달하기 위한 것이 아니라 내용을 감추고 포함시키고 관리하는 적극적인 역할을 한다는 전제는 의미있는 것이라 할 수 있다. 또, 문학 언어의 형식적 특성이 글쓰기 주체의 태도와 관련된다는 점, 다시 말하면 세계를 대하는 주체의 태도, 나아가서는 주체의 삶의 방식과 관련된다는 점에 대한 논의는 기능주의적 쓰기 교육에 대한 비판이면서 동시에 삶의 방식에 대한 표현이라는 점을 강조하기 위한 것이다. 이런 점에서 '글쓰기 주체의 주관적인 관점에서 바라본 세계의 모습을 문학적 형상화 방법을 빌어 표현하는 것'으로 규정한 '문학적 글쓰기'는 국어 표현 교육에서 유의미한 하나의 글쓰기 유형이 될 수 있을 것이다.

4) 국어교육과 글쓰기 교육의 관계에 대한 구체적인 논의 필요

'문학적 글쓰기'가 국어교육이나 문학교육의 영역에 들어온다면, 기존의 글쓰기 영역의 어느 부분에 들어 올 수 있는 것인지, 다른 부분과는 어떤 관련을 맺는지, 기존의 글쓰기에서 논하지 못했던 빈 곳을 채우는 것인지, 아니면 기존의 글쓰기를 재조직하는 것인지 등에 대한 좀더 구체적인 논의가 필요하다.

5) 학교 현장에서의 실천 방식에 대한 논의 필요

이 연구는 글쓰기의 원리와 글쓰기 방식에 대해서 중점적으로 논의하고 있는데 좀더 구체적인 교수·학습 방법에 대한 논의가 필요하다. 물론 이 논문의 연구 목적이 모더니즘적 글쓰기 방식을 제안하기 위한 것이기는 하지만 이것을 학교 현장에 적용하기 위해서는 어떻게 교수·학습해야 하는지에 대한 좀더 구체적인 논의가 필요하다.

4. 의의와 발전 방향

이 논문의 의의는 무엇보다도 그 동안 제대로 연구되지 않았던 문학적 글쓰기 방식을 구체적으로 논의했다는 데서 찾을 수 있다. 이전까지 문학 교육에서는 문학작품을 읽고 이해하는 문제, 다시 말하면 문학 작품을 수용하는 문제를 주로 연구의 대상으로 삼았었다. 그런데 이 연구를 통해 '문학적으로 쓰는', 다시 말하면 문학을 생산하는 문제에 비로소 관심을 갖게 된 것이다. 특히 문학 작품을 이해하고 감상하는 과정이 동시에 문학적인 글을 쓰는 활동과 긴밀한 관련을 가진다는 것을 전제로 문학적 읽기와 문학적 쓰기 활동을 결합시킨 것도 이 연구의 의의라 할 수 있다. 또 기존의 기능주의적 쓰기 교육에서는 간과했던, 글쓰기 주체의 삶의 방식과 글쓰기 방식간의 관련을 밝힘으로써, 문학적 글쓰기 방식의 중요한 특성을 강조했다는 의의 또한 갖는다.

문학적 글쓰기 방식은 문학작품을 쓰는 데에도 활용할 수 있지만 일상적인 글을 쓰는 데에도 활용할 수 있을 것이다. 다시 말하면 '문학 창작'이 특정 장르를 바탕으로 한 창작 교육에 한정될 여지가 많은 반면, 문학적 글쓰기는 쓰기 교육 일반으로 나아갈 가능성이 매우 많다는 점이다. 그렇다면 이후 연구에서 일상적인 글쓰기 교육에서 문학적 글쓰기 방식을 어떤 방식으로 활용할 수 있는지에 대한 구체적인 논의가 좀더 보완되었으면 한다.

이 연구에서 제안한 모더니즘적 글쓰기 방식이 가능하다면 다른 방식의 글쓰기 방식, 예를 들면 '리얼리즘적 글쓰기 방식', '서정적 글쓰기 방식' 등도 가능하다는 것을 전제로 한 셈이다. 그렇다면 그러한 유형의 글쓰기 방식에 대한 지속적인 논의를 통해 문학적 글쓰기 방식에 대한 체계화를 시도하는 것도 의미있을 것이다. 또, 앞에서 나온 논의이기는 하지만 이 연구에서 제안한 모더니즘적 구체적인 교수·학습 과정에 대한 논의도 더 필요하다. 이는 앞에서 제안한 두 가지 연구의 방향과 관련지어 논의할 때 더욱 의미가 있을 것이다.

필자의 변

근대적 주체의 삶의 방식과 언어의 관련 형식으로서의 글쓰기 방식에 대한 고민

탈고한 지 오래된 박사논문을 다시 읽는다는 것은 고통스러운 일이라고 생각합니다. 솔직히 고백하면 박사논문을 쓴 지 몇 년이 지났건만 논문을 처음부터 끝까지 꼼꼼하게 제대로 읽어본 일이 없습니다. 읽다가 그만두고, 건너 뛰어 읽고… 그 이유는 알 수 없지만 다시 읽는 것이 무척 힘들었습니다. 부끄럽기도 하고, 논문을 쓸 때는 깨닫지 못했던 허점도 눈에 뜨이곤 합니다. 하지만 이번 기회를 빌어 논문에 대해 생각해 보아야 할 듯합니다.

글을 어떻게 써야 잘 쓸 수 있을까 하는 고민을 가지고 글쓰기 관련 서적을 살펴보면, 창조적으로 사고하라, 자유롭게 생각하고 표현하라, 고정관념을 깨라, 발상을 전환하라 등등의 주문을 자주 접할 수 있습니다. 하지만 그런 주문들은 글을 쓸 때 주의해야 할 사항 혹은 규칙 등등을 확인하는 정도에 머물고 마는 경우가 대부분입니다. 물론 글쓰기 방식의 습득이 책 몇 권 읽는다고 해결될 것이라고 생각하지 않습니다. 우리에게 좀더 필요한 것은, 글쓰기 방식의 기저를 이루는 가장 근본적이고도 중요한 것을 확인하는 것이라고 생각했습니다. 저는 이 논문을 통해 글쓰기의 기술적인 문제를 강조할 것이 아니라 글쓰기 방식에 대한 근본적인 이해, 더 나아가 글쓰기 방식을 대하는 우리들의 태도부터 시작해야 한다고 생각했습니다. 그 과정에서 자연스럽게 자신의 삶과 글쓰기 방식을 관련지어 생각할 수 있을 것이라고 생각했습니다.

1990대, 대학입학시험에서 논술시험의 부활은 학교 현장에서 글쓰기 교육을 강조하게 되는 본격적인 계기가 되었습니다. 그런데 그 이후 '글쓰기' 하면 논술을 떠올렸고, 서론·본론·결론을 떠올렸고 분명한 주장과 타당성있는 근거 제시를 절대절명의 과제로 생각했습니다. 그리고 그 동안 국어교육에서 지속적으로 교육해왔던 실용문 쓰기가 있습니다. 그러나 우리들의 일상을 둘러보면, 논술·주장하는 글, 실용문 등만이 중요한 것은 아닙니다. 그것도 중요하기는 하지만 어쩌면 우리들의 일상에 좀더 밀착해 있는 글쓰기 방식은 자신의 정서나 느낌·생각 등을 자유롭고 효율적으로 표현해내는 것이라고 생각했습니다. 그리하여 학생들로 하여금 글을 쓰는 것을 부담스러워하지 않고 삶을 유지하는 데 필요한 자연스러운 과정으로 생각하게 할 필요가 있다고 생각했고, 이에 가장 적절한 것이 문학적 글쓰기 방식의 교육이라고 생각했습니다.

이 논문을 통해 하고 싶었던 이야기는 우선 글쓰기 방식과 글쓰기 주체의 삶의 방식에 관한 논의였고, 그를 통해 글쓰기에 대한 새로운 접근을 하는 것입니다. 이것은 개인적이면서도 사회적이고 역사적인 성격을 지닌 글쓰기 방식을 강조하고자 하는 것이며, 글쓰기에 관여하는 범주를 좀더 구체적이면서도 실질적인 차원에서 논의하고자 한 것입니다. 그리고 이것은 기존의 우리 글쓰기 교육에 대한 반성에서 출발한 것이기도 합니다. 머리 속에서 생각하고 있는 내용을 글자로 옮겨적는 것은 글쓰기 행위의 기초에 해당합니다. 한 편의 글, 심지어 몇 개의 문장으로 이루어진 짧은 글에서조차 개인 나름의 글쓰기 방식이 드러나고, 그것은 무의식적으로 이루어지는 것처럼 보일지라도 그 개인이 처하고 있는 사회 문화적 상황 속에서 개인의 존재 방식과 삶에 대한 사고방식을 드러내는 것입니다. 기존의 우리 국어교육은 마치 머리 속에 담겨있는 그 어떤 것을 내용이라 칭하고 그것을 밖으로 끄집어내기만 하면 표현교육이 된다고 생각하곤 했습니다. 글쓰기와 사고 활동간의 밀접한 관계에 괄호를 치거나 형식적으로만 그 관계를 인정했던 것입니다. 좀더 솔직하게 고백하면 헨리 지루가 이야기했던, "글쓰기 교육은 절차적이고 협소하고 기술적인 행위쯤으로 보는 가정"이 우리 글쓰기 교육의 문제점이라고 생각했습니다. 글쓰기 방식의 교육은 글쓰는 기술의 훈련, 기능의 훈련이 아니라 삶을 성찰하고 반추하는 과정과 좀더 밀접한 관련을 지닙니다. 빈곤한 글쓰기는 빈곤한 사고 활동, 빈곤한 성찰을 의미합니다. 자신의 삶에 대한 성찰과 반추, 그리고 그 과정과 함께 하는 갈등을 언어 형식을 통해 드러내는 것이 글쓰기 방식의 핵심이 아닐까요.

다른 하나는 우리 사회에 미만해 있는 폭력적이고 지배적인 문화가 우리들 개인의 의식과 사고 활동을 무감각하게 만드는 현실에서 깨어 있으려는 노력, 깨어서 자신의 모습을 보고자 하는 노력, 그러한 자신의 의식과 사고를 글과 연결시킬 수 있는 능력에 대한 교육이 필요하다는 것입니다. 이를 위해서는 문학 작품의 글쓰기 방식을 예로 삼아 참조하고 연구하는 것이 필요하다고 생각했고 가장 적절한 것이 모더니즘 문학이라고 생각했습니다. 모더니즘 문학은 한 개인이 속해 있는 세계와 글쓰기 방식의 관련에 자의식적인 관심을 지니고 있었기 때문입니다. 모더니즘시의 글쓰기 방식을 연구한 것이 훌륭한 작가의 글쓰기 방식을 모방해서 그대로 따라서 쓰기만 하면 된다는 것을 의미하지는 않습니다. 작가들의 글쓰기 방식을 모방하는 것이 글쓰기 능력을 일정 정도 향상할 수 있는 가능성을 주기는 하겠지만 궁극적으로 중요한 것은 그들의 글쓰기 방식도 결국은 자신들의 삶의 방식과 글쓰기 방식을 결합해서 나온 것이라는 것, 그리고 그것이 우리와는 상관없는 '그들만의' 글쓰기 방식이 아니라 결국 우리들의 삶을 표현해 내기 위한 방식이라는 점입니다. 우리는 그러한 글쓰기 방식을 참조하면서 마찬가지로 우리들 삶을 드러낼 수 있는 글쓰기 방식을 만들어 낼 수 있는 능력을 지닐 수 있어야 합니다.

문제제기에서 나온 대로, 모더니즘적 글쓰기 방식이 가능하다면 다른 방식의 글쓰기도 가능하다는 것을 전제로 하고 있습니다. 다만 여러 유형의 글쓰기 방식을 현재의 시점에서 완벽하게 정리해낼 능력이 아직은 없습니다. 좀더 학문적 연구를 진행해야 한다고 생각합니다. 또 이러한 문학적 글쓰기 방식을 교육하기 위한 교수·학습 방법에 대해서도 앞으로 좀더 구체적으로 연구할 필요가 있다고 생각했습니다. 어쨌든 이런 기회를 빌어 박사논문에 대하여 다시 한 번 생각해 볼 수 있게 된 점을 기쁘게 생각합니다.

한국 현대소설 담론 생산 방법 연구

■ 최인자, 서울대 박사학위논문, 1997 ■

1. 논문 목차

2. 내용

1) 연구 문제

이 연구는 문학교육에서의 언술 행위에 대한 연구가 주로 주체와 객체라는 단일한 틀에서 이루어졌음을 비판하면서, 글쓰기는 언어의 사회적 의미작용을 문제삼는 담론 차원에서의 접근이 필요하다는 전제를 바탕으로 하여, 담론적 실천의 하나로 '반담론'이란 개념을 도입하여 그 생산 방법과 글쓰기 원리 방법에 대해 고찰하고 있다.

2) 주요 내용

이 연구는 '재현'에 기초한 전통적 소설 문법을 혁신한 자기반영성과 에세이즘의 형식에 주목하면서, 이것들이 비동일성 전유 방식의 두 가지 양상을 보여주고 있다고 설명한다. 그 하나는 미적 자의식을 통하여 생활 세계의 폭력을 고찰하는 '위반'의 반담론이고, 또 다른 하나는 타자성의 성찰을 통하여 지배 담론의 허위를 탐색하는 '해체'의 반담론이다.

이러한 반담론 생산 방법이 전통적인 서사와는 다른 글쓰기 방법을 보여 주고 있다고 지적하면서, 이를 미적 주관성에 의한 반담론 생산의 글쓰기로 보고 각 형식을 글쓰기 원리 차원에서 일반화하였다. 메타언어적 글쓰기는 언술 행위에서 자기 의식을 내세움으로써 생활 세계의 담론에 상대화의 시각을 부여한다. 또한 반목적론적 글쓰기는 완결된 체계 없이 자유롭게 사고를 진행시켜 나감으로써, 우리의 의식을 강요하고 있는 지배 담론에서 벗어난다.

이 연구에서 강조한 미적 주관성의 글쓰기는 소통을 위한 규범 중심의 패러다임에서 다양한 의미론적 실천을 인정하는 생산 중심의 패러다임으로, 그리고 글쓰기 문화에서 인식이나 소통이 아닌 심미성의 문제를 새롭게 제기하고 있다.

이 연구는 문학교육에서의 지배적인 글쓰기관인 언어의 의사소통적 측면을 반담론에 의한 문식성의 문화적 차원에서 비판하고 있다. 자기 반영성이나 에세이즘에서의 언어의 메타적 특징에 의해 언술 행위를 소통이 아닌 다채로운 의미론적 실천의 입장에서 볼 것을 강조하였다. 그러면서 국어교육/문학교육이 소통과 인식을 중심으로 한 단일 규범 중심의 패러다임에서 생산 중심으로 패러다임으로 나갈 것을 제시하였다. 새로운 패러다임의 중심 틀로 심미적 주관성을 상정하였는데, 이는 미적 감동을 수반한 '즐거운 비판'의 개념이다.

3) 핵심어구

반담론, 생산, 미적 주관성, 비동일성, 자기 반영성, 에세이즘, 상대화 전략, 심문 전략, 메타언어적 글쓰기, 반(反)목적론적 글쓰기

3. 논의점

1) 문제 의식에 대한 검토

이 연구는 아이들은 왜 글쓰기를 괴로워하는가? 어떻게 하면 쉽고 재미있는 글쓰기를 할 수 있는가, 대다수의 손쉽고 재미있는 글쓰기는 어디서 오는가? 왜 그런가? - 이와 같은 문제 의식에서 출발하여 규격적이고 지배적인 담론을 깨고 반담론으로서 심미적인 주관성을 강조하는 논문으로 그 문제 의식을 높이 평가할 수 있다.

20세기 후반에 들어와서 이성, 진리, 과학성에 대한 신봉의 결과, 소외감이 증폭되면서 비판적 움직임이 증대되고 있다. 이것이 곧 미적 모더니즘 운동의 시작이다. 이를 통해 지배적이고 관습적인 담론, 공준된 관습에 대항해서 싸울 수 있는 힘의 기반으로 미적 주관성을 제시하고자 한다. 이 연구는 이러한 흐름 속에서 살펴보아야 할 것이다. 이 연구의 핵심은 반담론에서 글쓰기의 원리를 추출하여 그 결과 즐거운 글쓰기, 자유로운 글쓰기를 할 수 있는 기반을 마련하고자 한 것으로 보인다.

필자가 사용하고 있는 반담론(anti-discourse)이란, 지배적으로 용인된 담론

에 대항할 수 있는 반지배적 혹은 대안적 담론을 말한다. 대화적 담론이란, 담론과 반담론 간의 관계를 '대화'로 볼 수 있다는 의미에서 도출된 개념이다.

2) '미적 주관성'과 '타자성'의 관계

이 연구는 타자성과의 관계 하에서 미적 주관성을 설명하고 있는데, 그 기반이 약하다. 기존 틀에 대한 대항은 개인적인 차원이 아니라 타자성을 가지며, 이러한 타자성은 상호주관성을 함의한다. 그러나 '미적 주관성'에는 타자성이 약하다.

지배 담론의 허위를 드러내는 양식으로 에세이즘의 서사를 상정하면서, 이 양식이 논쟁적이고 대화적인 언술 행위를 차용하여 지배적인 담론을 심문하는 담론적 실천을 보여준다고 하였는데, 이 양식이 주체 내부의 다성적 목소리를 드러내주는지 좀더 논의해보아야 할 것이다. 그리고 차이성, 부정성으로서의 대화적 담론(바흐친적 의미에서)이 구체적으로 드러나는 기법을 에세이적 형식에서 찾고 있는데, 이 형식이 진정한 의미의 대화적 담론이라는 점에 대한 논증이 보완되어야 할 것이다.

3) 교육적 적용에 대한 검토

연구 결과가 문학교육적 현상에 대해 영향 주는 구체적 양상, 이에 따른 새로운 문학교육 패러다임으로서의 내용 체계에 대한 논의가 필요하다. 물론 메타적인 논의도 중요하지만, 메타적인 논의는 교육적 실천 가능한 것이어야 한다. 결국 문학 담론에 대한 분석을 통해 이것이 갖는 문학교육적 의의를 규명하는 것이 이 논문의 핵심임에도 불구하고, 이 논문은 반담론이 가지는 성과의 문학교육적 활용 방안이라든지 문학교육 현장에서의 내용 체계화에 대한 연구가 없다. 이 점에 대한 연구가 지속되어야 할 것이다.

4) 학문적 영향 관계

문학 작품이나 텍스트 중심의 논의에서 '담론'으로 해석의 확장을 시도한 논문으로 이러한 논의는 유영희(1999)의 생산 패러다임에까지 계승되는 바, 문학교육에 철학적 담론을 제공한 것으로 판단된다.

4. 의의와 발전 방향

이 연구의 논의에서 가장 큰 문제점은 '담론'이라는 개념과 미적 주관성을 연관시킨다는 점에 있는 것 같다. 최인자가 상정한 글쓰기 방식으로서의 미적 주관성은 다분히 담론적 차원이 아닌 술화적 차원인 것 같다. 담론이란 개념 자체가 실천을 전제하며, 역동적 작용태라는 점을 고려한다면, 미적 주관성의 개념은 지나치게 담론의 개념을 협소화하고 자의적으로 판단하고 있는 것 같다. 그리고 미적 주관성을 논하면서 이를 상호주관성의 개념이나 타자성의 개념을 고려하지 않은 채 상정하고 있는 듯하다.

이 연구가 가지고 있는 가장 큰 의의는 기존의 논문과는 달리 문학교육의 문화적 실천을 강조하면서도, 그 구체적인 실천 양상을 담론 층위에서 논하고 있다는 점이다. 서사적 담론을 담론과 반담론으로 상정하고서, 반담론의 구체적인 실천 양상을 자기 반영성과 에세이즘을 통해 고찰하였는데, 이는 어느 정도 담론의 대화성과 타자성에 천착한 것으로 보인다.

하지만 반담론을 상정하면서 이것들을 문화 실천의 한 양상으로 규정하였는데, 반담론의 실천 형식으로 상정한 자기반영성과 에세이즘의 양식들이 타자성과 갖는 상관성에 대한 규명이 보완되어야 할 것이다. 왜냐하면 담론은 실천을 전제로 하며, 그 실천은 타자와의 관계를 전제해야 하기 때문이다.

필자의 변

어려운 작업을 해 주신 국어교육학회 관계자 여러분께 감사 드린다. 이 작업이 국어교육연구의 학적 체계를 갖추는 데 큰 도움이 될 것임을 믿어 의심치 않는다. 제 논문에 대한 지적에 많은 부분 공감하며, 특히 논문의 기본 문제의식을 잘 적출하고 평가한 것 같다. 지적된 문제에 대한 제 의견, 그리고 연구의 배경과 논문 이후의 연구 작업을 중심으로 서술하겠다.

먼저 이 연구의 배경을 소개하도록 하겠다. 이 논문이 나온 1997년도는 국어교육에서의 언어관에 대한 근본적인 문제가 제기되었던 상황이었다. 본 논문은 '담론' 개념을 국어교육 연구와 실천의 주요 방법으로 개발하려는 문제의식에서 출발하였다. 물론 이 개념은 국어 활동을 강조하면서 화용론을 중심으로 국어교육에서도 수용된 바는 있다. 하지만 언어와 사회적 문화적 맥락을 보다 중층적이고 거시적으로 파악하여, 언어와 이데올로기, 사회, 문화적 실천과 결합하기 위해서는 비판이론, 문화이론, 사회언어학에서 논의되었던 '담론' 개념을 가다듬을 필요가 있다고 생각하였다. 이에 의할 때, 글쓰기를 사회, 문화적 의미 실천 차원에서 파악할 수 있다는 장점이 있었다. 이것은 전통적인 글쓰기에 대한 생각, 곧 글쓰기는 자신의 삶과 경험을 표현한다는 소박한 재현론을 보완할 수 있다. 언어는 주체의 의도를 잘 전달하는 투명하고 중립적인 도구가 아니라 그 자체에 이미, 다른 사람들의 공준된 혹은 공준되지 않은 다양한 의미들이 각인되어 있다는 것, 그래서 표현교육에서는 언어에 묻어 있는 기존의 의미 관습을 성찰하고 비판하는 일이 필요하다는 것이 기본 문제의식이다.

이는 본 논문이 왜 모더니즘을 문제삼고 있는가와도 관련이 된다. 모더니즘은 '언어' 자체에 관심을 가지고, 색다른 형식으로 기존의 언어 관습, 의미 관습에 저항하려고 했던 일종의 문화운동이라 할 수 있다. 그런 점에서 모더니즘의 서사는, 기존 글쓰기 교육에서 다루고 있지 못했던, '언어의 관습적 의미에 대한 메타적 성찰과 저항'과 관련된 항목을 대안적으로 제시할 수 있다. 이런 영역은 논문 검토에도 제시되어 있지만, 표현 교육에서 중시하고 있는 '소통', '인식' 외에 '미적 실천'의 범주를 제안한다.

지적하신 이 논문의 한계에 대해서는 많은 부분 동감한다. 그러면서도, 제 논문의 표현이 서툴렀던 탓에 몇 가지 점은 제대로 전달되지 않은 듯하여 해명한다.

먼저, '미적 주관성'과 타자성의 관련 부분이 분명하지 않다는 지적에 대한 서술이다. 결론적으로 이 논문은 미적 주관성을 '타자성'과 연관하여 보고 있지 않다. 미적 주관성은 미적 근대 개념에서 나온 것인데, 미적 근대는 이미 사회적 근대와 비판적 동조자였기 때문에 근대 사회의 '타자'로 설정할 수는 없을 것이다. 타자라기보다는 일종의 내부 비판자라고 하는 것이 적절하다. 여기에 '반담론'이란 개념의 독특한 성격이 있다. 반담론은 저항담론의 일종이지만 저항담론이 모두 반담론인 것은 아니다. 저항담론 중에서도 타자들이 자신의 저항적 체험과 의지를 직접 표현, 재현한다면 그것은 반담론이 아니다. 반담론은 무엇인가를 지시하는 담론이라기보다는 지배적 담론을 조롱하고 해체하는 과정에서 자신의 이야기를 간접적으로 말하는 담론이라 할 수 있다. 때문에 반담론은 일종의 기생담론이다. 다른 말로 그것은 지배 담론과의 '상호주관적 관계' 혹은 대화적 관계 속에서만 존재할 수 있는 것이다. 탈식민주의나 페미니즘 담론에서 주로 나타나는 것도 이 때문이다. 이 논문에서는 모더니즘 서사도 그러하다는 것을 보여주려고 하였다. 근대화 과정에서 소외된 타자적인 영역들을 복원하려고 하였지만 그래도 그들의 비판과 저항은 체제 내적인 것이며, 비록 소외되었다고 하더라도 근대적 전망에 대해서는 동지적인 공감을 교류하였다는 것이다.

이러한 이유로 반담론은 우리가 생각하는, 일관되고 뚜렷한 주제를 지니고 있는 글의 모습과 매우 다르다. 뚜렷이 자신의 대안적 사고를 제시하기보다는 기존의 담론 자체를 부정하는 데 열정을 기울이기 때문이다. 본고에서 모델로 삼았던 '자기 반영적 서사'나 '에세이즘' 서사는 그런 특징을 지니고 있다. 전통적인 서사처럼 뚜렷한 자신의 주제 의식을 드러내지는 않는다. 다만 언어에 대한 언어, 사고에 대한 사고를 통하여 자신의 주제 의식을 드러내고 있다. 이러한 특성 때문에 반담론은 명확한 소통, 뚜렷한 인식을 위한 글쓰기는 되지 못한다. 하지만 현실적으로 교육에서 저항담론은 견디기 힘들지만, 반담론은 '창조적인 비판' '즐거운 비판' 개념으로 수용할 수 있다고 판단하였다. 매끄럽게 사용되는 언어에 흠집 내어 보기, 의혹 가득한 눈빛으로 째려보기!

다음, 미적 주관성과 담론의 연결이 무리가 있었다는 지적에 대한 서술이다. 본 연구자도 이 부분은 공감한다. 담론이 술화 차원으로 축소되었다는 지적도 뼈아프긴 하지만 부분적으로는 인정한다. 하지만 술화 차원으로 완전히 축소된 것은 아니지 않느냐는 항의는 하고 싶다. 이렇게 된 이유는 교육적 의도가 너무 강해, 우리나라의 모더니즘 서사는 기존 미적 관습에 대한 반담론적 도전을 철저히 수행하지 못한 특성이 있는데도 이를 제대로 비판하지 못하고, 너무 성급하게 '교육적으로 의미있는 모델'로 일반화하였기 때문이다. 또, 반담론 생산 과정을 글쓰기 교육의 모델로 일반화하려는 의욕 때문에, 표현 형식적 측면이 강화된 것도 사실이다. 표현교육 연구에서, 특정 표현 방식을 모델화하는 연구는 반드시 필요한 것이긴 하지만, 그 과정에서 '표현의 역사적 상황'이 추상화, 일반화될 수 있다는 점을 깨닫게 되었다. 하지만 이 과정에서 미적인 것과 사회적인 것, 형식 실험과 문화 실천적인 것이 별개의 영역이 아니라 하나로 통합되어 있다는 점은 입증이 되었다고 생각한다.

논문 검토에서 지적되었던 '문학교육적 적용' 문제는 논문 이후에도 지속적으로 작업하고 있다. 당시에는 '특정 유형의 글쓰기 방식'을 모델화하는 것이 문학교육 연구라고 생각하였다. 곧, 이 논문은 반담론적 유형의 글쓰기 원리를 제시함으로써 표현(창작) 교육의 일부 내용을 개발하였다고 판단한 것이다.

하지만 지금은 반담론이 특정 유형의 글쓰기로 국한될 것이 아니라, 국어교육(문학교육) 내용 영역의 확장에 활용될 수 있다는 방향으로 생각하고 있다. 곧, '언어관습에 대한 메타적 지식 및 비평, 그리고 창작'이라는 영역이 그것이다. 반담론이 기존의 언어 관습, 의미 관습에 대한 '내재적 비판'을 통해 새로운 의미를 생산하고자 하였다면, 이는 언어 활동을 '작가 −세계(경험)−독자'의 구조가 아닌 '작가−세계(경험)−언어(장르)−독자'라는 확장된 구조로 우리를 안내한다. 여기에는 '언어(장르, 관습)에 대한 메타적 비평과 창작'의 교육이라는 영역이 요구된다. 곧, '언어 과정에 대한 메타적 인식'뿐 아니라 '언어 관습에 대한 메타적 비평과 창작'이 필요하다는 것이다. 이런 문제의식은 '장르 문식력'이란 개념으로 졸저, <국어교육의 문화론적 지평> (소명출판, 2001)에서 지속적으로 탐구된 바 있다.

한 학자의 성장과정에서 박사논문은 주민등록번호라고 한다. 하지만 나는 열정적인 첫사랑이었다고 말하고 싶다. 가장 열정적이었음에도 정작 그 결과는 자신할 수는 없다는 점에서, 그리고 또 다른 성숙한 사랑을 남겨두고 있다는 점에서.

대화 지도를 위한 반복표현의 기능 연구

■ 노은희, 서울대 박사학위논문, 1999 ■

1. 논문 목차

2. 내용

1) 연구 문제

이 논문은 반복표현이 대화에서 어떤 맥락에서 어떤 기능을 하는지를 밝히고, 이를 바탕으로 반복표현과 관련하여 어떤 요소들을 교육 내용으로 삼고 또 어떤 방식으로 가르쳐야 할 것인지에 대해 탐색한 논문이다. 이 논문에서는 대화에서 자주 나타나는 반복표현의 기능을 정보 전달, 관계 형성, 대화 진행 등으로 분석하고, 이러한 실제적인 대화 분석 결과를 토대로 화법교육에서 반복표현을 활용하여 대화를 지도할 수 있는 방안을 제시하였다.

2) 주요 내용

이 논문에서는 대화를 '제도적인 환경이 아닌 상황에서 두 명 이상의 참여자들이 자유롭게 번갈아 가며 주고받는 발화 교환'으로 정의하고, 각기 다른 상황 속에 수행된 18가지 대화 자료(교사, 대학원생, 학원 강사의 동료 집단 간 대화)를 바탕으로 대화의 결속에 기여하는 반복표현의 기능과 사용 맥락을 고찰하고 있다.

이 논문에서는 반복표현의 개념을 '동일 텍스트 내에서 문장의 경계를 넘어 의미를 연결하는, 형태적으로 동일하거나 유사한 어휘 요소가 재사용된 것'으로 보고, 대화 결속에 기여하는 반복표현의 기능을 정보 전달, 관계 형성, 대화 진행 등으로 나누고 있다.

반복 표현의 '정보 전달 기능'은 대화에서 송신자와 수신자의 정확한 정보 교류를 방해하는 요인들이 개입될 때 이를 극복하기 위해 반복표현을 이용하여 정보를 강화하고 유지·보충하며 정보의 변용을 막는 것을 말한다. 반복 표현의 '관계 형성 기능'은 상대방의 발화를 반복함으로써 상대에 대한 관심과 배려를 나타내고, 동의의 뜻을 강화하고 비동의의 뜻을 간접화함으로써 우호적 관계를 이끌어 가는 것을 말한다. 또한 반복 표현의 '대화 진행 기능'은 반복표현이 순서 교대와 화제 교섭을 분명하게 표시해 주어 대화가 원활하게 진행되도록 도와주는 것을 말한다.

이 논문은 대화 지도의 교수 학습 내용이 실제 대화에서 중심적으로 나타나는 언어 사용의 양상을 토대로 추출되어야 한다는 전제에서 출발한다. 그리하여 사람들은 흔히 대화 과정에서 발생하는 다양한 문제 상황을 해결하기 위해 반복표현을 사용한다는 점에 착안하여, 대화 지도에서 반복표현이 전략 중심의 교수 학습에 적절히 활용될 수 있다고 보고 이를 활용할 수 있는 교수 학습 방안을 제시하고 있다.

3) 핵심 어구

반복표현, 반복표현의 기능, 정보 전달 기능, 관계 형성 기능, 대화 진행 기능, 대화 지도

3. 논의점

1) 반복표현의 국어교육적 의의

이 논문에서 중요하게 다루고 있는 반복표현이 국어교육 내에서 어떤 의미를 지니는지에 대해서는 의견이 갈릴 수 있다. 사실 언중들은 굳이 따로 가르치지 않아도 일상 생활에서 '반복표현'을 잘 사용하고 있다. 국어 교육 논문은 실제 언중들의 언어 사용의 양상을 포착하여 그것의 실용 가치나 연구 가치를 따진 다음, 학습자 변인을 고려하여 그들의 실태를 진단하여 교육적인 처치를 행하는 단계를 밟아나가는 것이라 볼 수 있다. 이런 맥락에서 반복표현이 국어교육적으로 어느 정도의 비중을 가지는 연구 주제인지 논의해 볼 수 있다. 이 논문에서 반복표현의 기능으로 제시하고 있는 것들은 비단 반복표현에서뿐만 아니라 다른 담화에서도 다 드러나는 기능이며, 대다수 언중들은 별도의 교육을 받지 않아도 저절로 반복표현을 잘 사용한다는 쪽에 무게 중심을 두면 큰 의미가 없다고 볼 수 있다. 그러나 국어교육 연구가 거대 가치만을 다루는 것은 바람직하지 않을 것이고, 또한 연구 대상을 넓히는 것만이 능사가 아닐 것이다. 이런 점에서 보면 거대 가치나 당면 문제 중심의 연구도 있어야겠지만, 미시적인 국어 현상에 주목하여 차근차근 연구 결과를 쌓아나가는 것도 중요할 것이다.

2) 현상과 목적, 어느 것이 우선인가

이 논문은 제목이 '대화 지도를 위한 반복표현의 기능 연구'이다. 따라서 이 연구는 두 가지 방향으로 접근이 가능하다. 하나는 이 논문에서 수행한 것처럼 현상 곧 '반복표현'을 살핀 다음 이를 '대화 지도'라는 목적으로 옮겨가는 것이다. 다른 하나는 목적 곧 '대화 지도'를 위해서 '반복표현'이라는 현상을 분석하는 것인데, 다시 말해 반복표현은 여러 측면을 지니고 있지만 그 중에서 대화 지도라는 측면에서만 반복표현을 바라보는 것이다. 이러한 후자의 관점에 선다면 현상적으로 대화에서 반복표현이 빈번히 발생하고 그 기능이 다양하다 하더라도 이것을 지도해야 하는 당위성이 마련되지 않는다면 국어교육적으로 큰 의미를 지니지 못한다. '반복표현'이라는 같은 주제를 다루는 경우라도 어떤 접근 방법을 택하느냐에 따라 그 결과는 달라질 수 있을 것이다. 이 두 가지 방법 각각이 지니고 있는 장단점을 따져 볼 필요가 있다.

3) 자료의 타당성

이 논문에서 분석 대상으로 삼은 자료는 일반 성인들의 언어이다. 따라서 학습자들의 담화를 자료로 삼았어야 한다는 의견이 있을 수 있다. 국어교육에서의 대화 지도에서는 특별한 경우가 아니라면 초등학교 1학년에서 고등학교 3학년에 이르는 학습자가 그 대상이다. 그러므로 이 논문의 견해대로 대화 지도의 교수 학습 내용이 실제 대화의 양상에서 추출된 대화의 원리와 문제 해결 전략으로 구성되어야 한다면, 실제 학습 대상자들의 대화 양상을 분석한 자료가 마땅히 포함되어야 한다는 것이다. 그러나 실제 이 연구에서 사용하고 있는 자료는 성인, 그것도 사회의 지식 계층으로 분류되는 교사, 대학원생, 학원 강사들이다.

그런데 분석 자료의 선택은 논문의 목적에 따라 달라지는 것으로 보아야 할 것이다. 언어 사용의 일반 원리를 탐색하는 것을 목적으로 한다면 성인 혹은 지식인의 담화 자료가 오히려 유용하다. 따라서 이 논문의 경우, 그 목적이 반복 표현의 기능을 밝히는 것이라면 성인들의 담화를 자료로 삼은 것을 비판할 수는 없다. 그러나 교육적 처치, 가령 교육 내용을 설정하고 구체적인 방법을 모색하는 데 더 무게 중심이 있다면, 실제 학습자들의 담화 자료를 추가하는 것은 필수적이다. 이상적인 현상과 학습자들의 실제적인 현상을 비교하여야만 타당한 교육 내용이나 방법을 구성할 수 있기 때문이다.

4. 의의와 발전 방향

이 논문은 실제 대화 분석을 통해 반복표현의 기능과 사용 맥락을 고찰하고 이를 대화 지도에 활용하는 방안을 마련하고자 하였다. 어떤 한 유형의 담화를 학습자들에게 지도하기 위해서는 교육과정을 구안하고 교과서를 집필하고 교수・학습을 설계하는 과정에 반드시 그 담화가 실제 어떠한 양상으로 실현되는지, 그 담화를 효과적으로 수행해 나갈 때 담화 참여자들이 사용하는 기능과 전략이 무엇인지 등에 대해 충분히 숙지하고 이를 반영해야 한다. 그러나 지금까지의 사정은 그렇지 못했다. 이 연구는 '대화'라는 담화 유형에서 발생하는 반복표현의 사용 맥락과 그 기능을 고찰한 연구로서 화법 교육을 위한 기초 연구라 할 수 있다. 또한 '반복 표현을 활용한 대화 지도 방안'에서는 대화 분석법을 이용한 화법 지도 방법을 제시하였다는 의의도 있다. 그러나 무엇보다 중요한 것은 일반적으로 부정적인 현상으로 취급되던 반복표현에 긍정적인 의미를 부여하여, 대화를 위한 효과적인 전략의 하나로 바라보았다는 점이다.

그런데 앞서 언급한 바와 같이 실제 이 연구에서 분석하고 있는 자료가 사회의 지식 계층으로 분류되는 교사, 대학원생, 학원 강사들의 대화에서 나타나는 '긍정적인' 반복표현만을 대상으로 하였다는 점에서, 다시 말해 반복표현을 제대로 활용하지 못한 경우나 실제 학습자들의 반복표현 양상을 포함하지 못했다는 점에서 아쉬움을 느낀다. 앞으로 좀더 다양하고 풍부한 반복표현 양상에 대한 논의, 다시 말하면 대화에서 나타나는 부정적인 반복표현의 양상, 피해야 할 반복표현의 양상들에는 어떤 것들이 있는지 등에 대해서도 세밀한 분석이 있어야 할 것이다.

필자의 변

(1) 반복표현의 국어교육적 의의

우선 본 논문의 출발점은 말하기 교육이나 화법 교육이 '글'의 망령에서 벗어나 '말'대로 혹은 '말'답게 안내해 주어야 한다는 데 있다. 기존에 반복표현이 갖는 '군더더기'나 '잉여성'이라는 부정적 인식은 글 중심의 사고에 따른 것으로, 이것을 말하기 교육이나 화법 교육에 그대로 적용하여 '중언부언하지 마라', '반복하지 마라'라고 안내하는 것은 그야말로 말을 글답게 안내하는 꼴이다. 따라서 본 논문은 일차적으로 글보다는 말에서 유용하게 쓰이는 반복표현을 소개하고자 하였다.

사실 그럼에도 불구하고 본 논문을 쓰면서 '반복표현이 교육적 가치가 있는가', '왜 굳이 잘 쓰고 있는 반복표현을 가르치려고 하는가' 라는 질문을 많이 받았다. 아마도 이 두 질문은 결국 같은 맥락에서 나온 것일 것이다. 그러나 말은 글과는 달리 저절로 습득되는 것과 학습을 시켜야만 아는 것의 경계가 분명하지 않다. 사실 말하기나 화법 교육에 소개된 화용론, 대화분석의 거의 모든 중요한 원리(예컨대, 협동의 원리, 순서교대의 규칙) 또한 마찬가지로 별도의 교육을 받지 않고도 일반 언중들이 잘 쓰고 있는 것이다. 이는 너무도 당연한 것으로, 이러한 원리들이 대부분은 여러 사례를 통한 경험과 그 경험을 원리로 구체화한 것이기 때문이다. 따라서 그 경계를 속단하여 교육적 무가치함을 이야기하는 것은 다소 성급하다. 다른 이와 대화하면서 자연스럽게 익혀 온 말하기나 화법의 원리가 모든 이들에게 똑같이 자연스럽고 효과적으로 사용되는 것은 아니기 때문이다. 그러나 본 논문에서 여러 가지 반복표현의 기능을 소개하고 나열하다 보니 각 세부 기능들이 갖는 전략적 상황과 지도 안내를 미처 자세히 다루지 못했다. 이러한 세부 안내가 보충되면 성급한 의문은 다소 해소될 듯싶다.

(2) 현상과 목적, 어느 것이 우선인가

대화에서 반복표현이 빈번히 발생하고 그 기능이 다양하다 하더라도 이것을 지도해야 하는 당위성이 좀더 마련되어야 한다는 비판에 필자도 전적으로 동의한다. 이 또한 위 비판과 마찬가지로 각 세부 기능들이 갖는 전략적 상황과 그 문제점 분석, 지도 안내가 보충되면 어느 정도 해결되지 않을까 한다. 사실 논문을 쓰면서 대화분석에 치중하느라 국어교육적 마련이 부족했던 것이 사실이다.

(3) 자료의 타당성

대화분석의 방법에서 대화자료는 핵심사항이며, 따라서 늘 시비와 논란의 대상이 된다. 본 연구도 이에 자유롭지 못하다. 대화분석은 실제 분석을 하는 데 드는 노력에 비해 그 결과는 극히 미약한 편이다. 필자의 경우, 보통 1분의 대화를 전사하고 분석하는 데 10분에서 1시간 이상의 수고가 들었다. 또한 이러한 수고에 따른 분석도 다양한 해석 가능성으로 인해 비판은 늘 남아 있다. 그러나 이러한 문제점에도 불구하고 실제 대화분석은 말하기나 화법 분야에서 가장 탐나는 연구방법이다. 사실 거의 유일하게 학문적이고 이론적인 체계를 제시해준다.

본 논문이 반복표현이 갖는 긍정적 기능과 전략적 측면을 밝히는 데 주력한 만큼, 여러 가지 대화 자료를 섭렵하지 못한 한계를 지닌다. 또한 이상적인 현상과 학습자들의 실제적인 현상을 비교하여 교육적 배려를 했어야 한다는 지적은 옳다. 다만 수고를 그곳까지 미치지 못했다.

(4) 의의와 발전 방향

본 논문에서 제시한 교수-학습 방안의 타당성과 실효성에 대해 검증하는 절차가 필요하다는 지적에 전적으로 동의하며, 앞으로 이를 보충하여 고찰하고자 한다. 반복표현의 각 기능이 갖는 교육적 가치, 긍정적 · 부정적 기능에 대해 낱낱이 분석할 만한 가치가 있으며, 이 중에서 우선 필자는 "청자의 맞장구 유형과 기능(화법연구 4, 2002)"이라는 연구를 통해 화법의 한 전략으로 반복표현이 갖는 맞장구의 유용성을 제시하였다. 특히 최근 서구 교육현장 논문들에서는 저학년 및 외국인 학습자에게 유용한 화법 전략으로 반복표현의 기능이 적극적으로 도입되고 있으며, 교사의 담화에서도 학생들을 안내하고 격려하는 전략적인 말하기로 반복표현이 소개되고 있다.

대상 인식과 내용 생성의 관계에 대한 표현교육론적 연구*

■ 염은열, 서울대 박사학위논문, 1999 ■

1. 논문 목차

---

* 이 논문은 『고전문학과 표현교육』(염은열, 역락, 2000)으로 발간되었다.

2. 내용

1) 연구 문제

이 연구는 오늘날 표현교육에 대한 논의가 주로 학생들에게 '무엇'을 가르칠 것인가의 문제보다는 '어떻게' 가르칠 것인가의 문제에 집중되어 있다는 점에 주목하여, 표현의 다양한 현상 및 전통 속에서 표현에 관여하는 제반 원리를 추출하고 이를 가르칠 내용으로 구조화하려는 시도를 보인 논문이다.

2) 주요 내용

이 연구는 모국어교육으로서의 국어교육에서 표현 행위는 정확성 내지 소통가능성의 차원을 넘어서 문화 계승과 창조의 문제로 간주되어야 한다는 인식을 전제로, 표현교육의 내용과 체계를 구체화하기 위하여 대상 인식과 표현 내용 생성의 관계를 고찰하였다.

이 연구는, 기행가사의 경우 대상에 대한 인식이 중요한 서술 원리가 되고 있다는 점에 주목하여 기행가사에 나타난 내용 생성 유형을 크게 ① 즉물적 인식, ② 관념적 인식, ③ 주정적 인식으로 구분하였으며, 이러한 내용 생성의 기저에는 인식의 틀로서의 당대 문화가 깊이 자리하고 있다고 주장하였다. 그리고 이러한 유형이 표현에 있어 관찰, 앎, 투사라는 일반적인 기제로 추상될 수 있음을 입증하는 한편, 이러한 일반적 기제에 입각하여 표현할 내용을 생성하는 경우에도 대상에 대한 지식과 표현 전통에 대한 지식 및 표현 문화 역시 표현의 한 변인임을 지적하고 있다.

이 연구에서 핵심은 표현교육에서 가르쳐야 할 표현 지식의 성격과 위상을 분명히 한 점이다. 이를 위해 표현 일반의 내용 생성 원리를 추출하여, 이를 표현교육에서의 발상법 또는 내용 생성의 한 모델로 이용하고자 하였으며, 이를 통해 국어교육에서의 표현에 대한 이해를 확장하였다. 이러한 관점은 국어교육에 있어서 '실용'이라는 것이 무엇인가에 대한 반성적 성찰과 함께 모국어로서의 국어교육의 상을 정립하는 데에 중요한 시각이 될 것이다.

이 연구는 표현교육에서 가르쳐야 할 표현 지식의 성격과 위상을 분명히 밝히는 것을 핵심적인 목적으로 삼고 있는데, 이 과정에서 우선적으로 바탕으로 삼고 있는 것은 이용주 외(1993)[1]의 논문이라고 할 수 있다. 이용주 외(1993)의 논문에서는 표현을 말하기와 쓰기로 나누는 것이 이론 개발의 보편성을 확보하기에 불리하다고 주장하였는데, 이를 바탕으로 이 논문에서는 말하기와 쓰기를 통합한 '표현'을 문제삼고 있는 것이다.

이 연구는 교육과정을 검토하면서 그간의 연구 업적들이 발달 단계의 초기에 해당하는 아동의 표현을 문제삼고 있다는 점, 교수 학습 방법을 구안하는 것을 궁극적인 목표로 삼는 논문들이 대부분이라는 점을 지적하였다. 또 인지적 구성주의에서는 표현을 표현주체 개인의 정보 처리 과정으로 파악함으로써 표현의 사회적이고 역사적인 국면을 간과하기 쉽다는 점도 지적하였다. 이러한 논의를 위하여 사회적 구성주의에 관한 여러 가지 논문을 참조하였다.

아울러 문학이 특정한 국어활동의 원리를 극대화하여 나름의 정형화된 틀로 제시하는 구조물이라는 점에서 볼 때, 문학을 제외하고서 여타의 국어 활동 양상을 분석하여 표현의 원리와 이해의 원리를 구안하는 것이 방법적으로 어려움이 있다고 판단하였다. 그리하여 '표현' 영역의 이론화를 위해 고전표현 자료 및 문학 작품들이 유용하다는 전제에서 실제로 표현의 원리를 추출하려는 시도나 표현에 관여한 사고의 과정을 일반화하는 여러 논의를 참고하였다.

3) 핵심 어구

국어교육, 표현교육, 내용 생성, 대상 인식, 표현 지식, 표현 대상, 표현 전통, 표현 문화

---

1) 이용주 외(1993), 「국어교육학 연구와 교육의 구조」, 『사대 논총 39』, 서울대 국어교육과.

3. 논의점

1) '표현'의 의미

이 연구에서 논의하는 '표현'의 의미가 무엇인지 명확히 할 필요가 있다. 이 연구에서 '표현'은 발상이나 그것이 산출되는 과정 그 자체를 모두 포괄하는 의미로 보인다. 이런 점 때문에 이 논문에서 말하는 '표현 원리'는 발상 방식과 통하는 부분이 있고, 이는 다시 인식적 상상력, 조응적 상상력, 초월적 상상력의 부분과도 유사한 의미를 지니는 듯하다. 이는 발상 혹은 내용 생성에 관한 연구가 항용 부딪히는 문제거니와 발상이나 내용 생성의 문제를 이미 텍스트로 표현된 작품을 대상으로 하여 연구할 경우 부딪힐 수 있는 현상이다.

2) 국어교육적 구체화의 문제

이 연구에서는 표현 '교육'에 대한 좀더 구체화된 논의가 필요하다. 교육 내용을 추출하고, 그러한 교육 내용의 수준과 위계에 따라 가르칠 내용을 구조화하는 것이 목적이라면, 어떻게 구조화할 것인가에 대한 논의도 필요하다. 이 연구는 '내용 생성의 일반 원리'를 밝히는 데 그치고 있어 아쉬움을 느낀다. 그 교육 방법이나 아니면 내용 체계에 대해 논의할 필요가 있을 것이다.

3) 연구 내용의 부분성

이 연구에서 다루고 있는 대상에 대한 인식은 인식의 여러 측면 중에서 한 부분에 해당하는 것이 아닌지 생각해 볼 필요가 있다. 기행가사는 관찰의 대상과, 이 대상이 어떻게 형상화되었는지가 비교적 명확히 드러나는 텍스트이므로, 필자의 의도에 잘 부합하는 것이라 할 수 있겠다. 말하자면 기행가사는 대상에 대한 인식이 중요한 서술 원리가 된다는 의미인데, 모든 표현이 인식을 바탕으로 하고 있다고 생각할 때, 외적인 대상에 대한 관찰이 주가 되는 기행가사는 인식의 어떠한 한 측면만 부각되는 것이라고 할 수 있다.

4) 표현 내용 생성에 관여하는 표현의 전통 혹은 표현 문화의 작용

이 연구에서 표현의 전통이나 표현 문화가 표현 내용 생성에 어떤 작용을 하는지에 대한 구체적인 논의가 필요하다. 이 논문은 모국어교육으로서의 표현교육를 전제로, 표현의 전통이나 표현 문화가 표현에 깊이 관여하고 있다는 점에 주목하였으며, 이는 문학 작품을 통해 설명할 수 있는 중요한 지점을 지적한 것이라 할 수 있다. 그런데 실제 '내용 생성의 일반적 기제'를 설명하면서 표현의 전통이나 표현 문화가 표현 내용의 양상을 달라지게 하는 한 변인임을 지적하는데 그치고 있는 듯하여 아쉽다.

5) 기존 이론과의 차별성

이 연구에서 구체화해 낸 '내용 생성의 일반적 기제'가 기존의 표현론과 가지는 명확한 차이에 대한 논의가 좀더 필요하다. 이 연구에서 제안하는 '내용 생성의 일반적 기제'가 기존의 표현론에서 논의하던 지식과 어떤 변별점을 갖고 있는지에 논의가 좀더 필요한 것이다. 관찰, 앎, 투사라고 제시된 표현의 기제들이 기존의 표현 이론에서 제기된 내용들과 어떤 차이를 지니는지 드러내면 좋을 것이다.

4. 의의와 발전 방향

이 연구가 가지고 있는 가장 큰 의의는 무엇보다도 표현교육에서 가르쳐야 할 표현 지식의 성격과 위상을 분명히 하려는 문제 의식을 확고히 하였다는 점이다. 그리고 그러한 문제의식을 바탕으로 표현 일반의 내용 생성 원리를 추출하여, 이를 표현교육에서의 발상법 또는 내용 생성의 한 모델로 구축하려 하였다. 아울러 국어교육에서의 표현에 대한 이해를 확장하여, 표현 행위가 전통의 계승 및 문화의 창조와 밀접하게 관련된 것임을 지적하였다. 또 무엇보다도 문학을 자료로 한 표현교육의 전반적 틀을 본격적으로 논의하고 있다는 점 또한 이 논문의 의의라 할 수 있다. 이러한 의의를 인정하되 문학교육 논의에서 앞으로 이 연구 연구를 바탕으로 좀더 진전된 논의를 하기 위해 생각해 볼 수 있는 방향으로 다음을 제안해 볼 수 있을 것이다.

연구 대상이 되는 텍스트와 관련하여, 텍스트의 폭을 넓히는 것이 필요하지 않을까 생각한다. 이 연구에서는 표현교육을 위한 지식을 구성하기 위해 기행가사를 중심으로 논의를 전개하고 있는데, 그 외의 텍스트에 대한(다른 장르의 문학 텍스트 혹은 일상적인 언어 자료) 논의 역시 필요할 것이다. 다른 유형의 텍스트를 통해 대상 인식과 내용 생성에 관여하는 다양한 측면에 대한 논의를 통해 내용 생성의 일반적 기제를 좀더 다양하게 논의할 수 있을 것이다.

> # 이미지 형상화를 통한
> # 시 창작교육 연구
>
> ■ 유영희, 서울대 박사학위논문, 1999 ■

1. 논문 목차

2. 내용

1) 연구 문제

이 논문은 창작 교육에서 창작주체와 사고 작용 간의 상관 관계를 밝힐 필요가 있다고 보고, 창작 주체의 창작 행위에 결정적인 영향을 미치는 감각적 사고와 창조적 사고가 이미지 형상화 방식으로 어떻게 구체화되는지 살펴보고 있다.

2) 주요 내용

이 논문은 이미지 형상화가 창작 주체의 사고 과정과 긴밀한 관련을 맺는다고 보면서, 이를 '감각적 사고'와 '창조적 사고'로 나누어 각 범주에 따른 이미지 형상화의 특성을 논의하였다. 여기서 창작 주체의 감각적 사고를 구체화하는 작업은 인간이 가지고 있는 기본적인 표현 욕구를 충족시킨다는 점에서 교육적 가치를 갖는다고 보았다. 그리고 후자의 경우, 창조적 사고 주체를 창작교육에서 설정하고 그러한 주체를 육성하게 되면 그 개체는 열린 세계의 다양성을 수용할 수 있는 능동적 주체로 성장할 가능성이 높아진다고 하고 있다.

시 텍스트 구성 방법으로 이미지 형상화를 설정하였는데, 이미지의 형상화는 이미지 생산 방식과 그 효과, 이미지의 조직과 표현 방법이라는 차원에서 논의하였다. 이미지를 생산하는 네 방식에는 '재생산으로서의 이미지 차용과 변용', '창조로서의 이미지 해체와 재구성', '자기 반영으로서의 반성적 이미지 활용', '세계 확대로서의 환상적 이미지 수용'을 들고 있다. 그리고 이미지의 조직과 표현 방법 네 가지에는 '단일한 이미지 표현', '대립과 조화의 이미지 표현', '반복과 나열의 이미지 표현', '시각적 배열을 통한 이미지 표현'을 들고 있다. 이러한 생산 방식 및 조직 방법은 기성 작가들의 현대시 텍스트를 분석하여 귀납적으로 도출된 것으로 이러한 이미지 형상화 방식을 통해 시가 구성되는 과정 중 하나를 역추적 할 수 있다고 보고 있다.

이러한 논의를 바탕으로 학습 주체로서의 창작 주체가 창작 활동을 해나가는 과정, 시를 구성해 가는 과정을 이미지 형상화를 중심으로 크게 '이미지 구상 – 이미지 구축 – 자기 검증'의 세 단계로 설정하고 있으며, 각 단계별로 중점을 두어 교육해야 할 내용으로 '이미지의 생성 시간에 따른 형상화 방법', '이미지 존재 방식에 따른 형상화 방법', '자기 검증을 통한 형상화 방법'을 제시하였다.

3) 핵심 어구

창작교육, 창작주체, 이미지, 이미지 형상화, 감각적 사고, 창조적 사고, 이미지 구상, 이미지 구축, 자기 검증

3. 논의점

1) 창작교육 연구로서의 정체성 확보

이 연구의 핵심은 창작이 창작 주체의 사고 작용에 의해 이루어진다는 것을 전제로 하여, 이미지를 구상하고 구축하고 검증하는 형상화에 주목하면서 시 창작교육의 이론화를 이루고 있다는 점이다. 그 동안 창작교육에 대한 연구는 활발하게 진행되지 못했다. 시 짓기 방법에 대한 연구가 있기는 했으나, 시 교육 연구가 텍스트 해석 쪽으로 고정되면서 생산의 측면은 관심 밖의 대상이 되었다. 1990년대 후반 이후 문학교육을 연구하는 사람들을 중심으로 이에 대한 관심이 조금씩 증폭되었지만, 이론적 틀과 구체적인 방법론의 차원에서의 논의가 제대로 이루어지지 않았으며 거시적인 차원에서 방향이나 전망에 대한 논의가 이루어졌을 뿐이다. 이에 이 연구는 시 텍스트의 형성 기반에 대한 논의를 통해, 이미지 형상화 개념을 중심으로 이미지 형상화의 양상을 살펴보고, 이미지 형상화 과정을 검토한 뒤 이를 창작교육에 원용할 수 있는 방법을 추출해내었다. 이 연구는 창작의 신비화를 비판하고 창작교육에 대한 새로운 시각을 제시하면서 구체적 방법론을 모색함으로써 총체적인 시 창작교육의 상을 그려볼

수 있는 단초를 마련해 주고 있다.

2) 창작교육의 필요성에 대한 논의 필요

이 논문는 창작교육을 하면 능동적인 주체가 형성된다는 것을 전제로 하고 있다. 이러한 논의를 위해서는 단순히 문학 작품을 읽는 것에 비해 창작 활동을 하는 것이 능동적 주체 형성에 어떤 방식으로 기여하는가에 대한 좀더 구체적인 논의가 필요하다. 과연 그러한가에 대한 합당한 근거나 설명이 필요하다는 점이다. 일반적인 작문 교육과 다른 지점에 대한 좀더 세밀한 논의를 통해 창작 교육의 효과로 이야기될 수 있는 '능동성'에 대한 논의가 필요할 것이다.

3) '이미지 형상화'라는 개념의 명료화 필요

이 연구는 시 창작 과정에 주체의 사고가 긴밀하게 작용한다는 점을 바탕으로 하여 창작교육의 경로로서 이미지 형상화 개념을 제안하였다. 기존의 문학론에서 이미지를 시의 감각적인 요소와 관련지어 설명했다면, 여기서는 창작 주체의 사고 과정으로 '이미지'를 확장시켜 보았기 때문에 이러한 논의가 가능할 것이다. 그런데 이러한 확장으로 인해, 특별하게 이미지라는 이름을 붙이지 않아도 별 차이를 느낄 수 없는 사고 관련 용어들이 등장한다. 또한 이미지라는 용어가 맥락상 '주제'나 '대상 인식' 등의 의미를 지니는 경우도 있다. 이는 이 논문에 쓰인 '이미지'라는 용어가 전반적으로 명료하지 않은 데에서 기인할 것이다. 이러한 현상을 불식시키기 위해서는 창작 교육에서 '왜 이미지인가'라는 질문에 대한 독자적인 논의를 좀더 보강할 필요가 있다.

4) 표현 행위의 사회적 의미에 대한 인식 필요

이 연구에서는 표현 일반, 혹은 글쓰기라는 것이 가지는 사회적 의미에 대한 논의가 간과되어 있다. 이미지 생산 방식의 효과는 개인적인 차원으로만 보이고, 이미지 형상화의 교육적 활동에서 이미지 구상과 구축, 그리고 검증을 다루고 있는데, 이 역시 창작 주체의 손을 떠나지 않은 활동으로 여겨진다. 창작 주체와 창작 주체가 생활하고 있는 세계에 대한 논의가 등장하기는 하지만 그 연결 관계가 긴밀하지 않아 창작 주체의 표현 행위가 지니는 사회적 의미에 대한 논의는 제대로 이루어지고 있다고 보기 어렵다. 결국, 창작의 사회적 의미가 결여되어 논의의 의미가 축소되는 경향이 있다.

5) '이미지 구상-이미지 구축-자기 검증'에 대한 문제

문학교육 방법에 대하여 구체적으로 논의하다 보면 활동의 절차나 구체화된 방법을 제안하는 경우가 많고, 그런 경우에 자주 마주치게 되는 것이 바로 이러한 문제이다. 이 연구에서는 시 창작에서 이미지 형상화의 과정이 어떤 단계로 나누어지는가라는 문제 의식을 해결하기 위해 '이미지 구상-이미지 구축-자기 검증'의 단계를 설정하고, 각 단계마다 고려해야 할 사항을 교육적 측면에서 검토하고 있다. 그러나 이 각각의 단계를 순차적인 '단계'의 성격을 지닌 항목으로 볼 수 있는지 다시 한 번 생각해 볼 필요가 있다. 사실 그러한 단계를 거쳐 일어날 수 있는 가능성을 완전히 부인하기는 어렵지만 단계를 거쳐 이루어져야 한다는 가정은 다소 위험하다. 동시에 일어날 수 있으며, 오히려 이미지의 성격상 동시에 일어날 수 있는 가능성이 더 클 수 있기 때문이다. 어떤 내용 생성 절차도 선조적일 수 없다는 것은 이제 어느 정도 합의해야 할 사항이 아닐지. 오히려 이런 과정을 설정함으로써, 그리고 '창작에 관심을 가진 초보적인 창작 주체는 반드시 거쳐가야 할 중요한 과정'이라고 함으로써 이 연구에서 강조하고 있는 창조성 교육과 모순을 이룰 소지는 없는지 생각해 볼 필요가 있을 것이다.

4. 의의와 발전 방향

이 논문의 의의는 무엇보다도 창작교육 연구를 학문적 차원에서 본격적으로 연구했다는 데 있을 것이다. 국어교육에서 이루어지고 있는 일반적인 작문 교육과는 구별되는 '창작' 교육의 특수성과, 그 특수성을 바탕으로 구안할 수 있는 창작교육 방법을 제안했다는 것은 무엇보다도 의미 있는 연구 성과라 할 수 있다. 창작에 대한 기존의 연구들이 연구의 필요성을 내세우는 시론적인 것들이거나 기교적인 차원에서의 논의였다면, 이 논문은 창작교육에 교육적 가치를 부여하면서 구체적인 방법론의 차원으로까지 논의를 확장시키고 있다.

이 연구가 창작교육에 관한 이론적인 연구뿐만 아니라 그것의 교육적 적용 방법에 대해서도 상세하게 논의하였다는 점, 또 '창조성'을 교육과 훈련을 통해 신장시킬 수 있는 것으로 봄으로써 창작교육이 지니는 의미를 강조한 점 또한 의미 있는 연구 결과이다. 다만, 앞으로 이 연구를 바탕으로 좀더 진전된 논의를 하기 위해서는 어떤 방향을 취할 필요가 있는지 제안하면 다음과 같다.

우선 이 연구가 목표로 하고 있는 시 창작교육 논의뿐만 아니라 창작교육론 전반에 대한 논의가 필요하다. 사실, 창작교육에서 장르를 특히 구분해서 가르칠 필요가 있는지에 대해 다시 생각해 볼 필요도 있다. 사고를 표현하는 것이 표현의 핵심이라면, 특정한 장르, 기법, 문체 등은 그 의도에 따라 선택적으로 취하는 것이 아닐지.

이 연구가 이미지에 주목한 이유는 "영상 매체의 범람 속에서 문자 매체의 위기를 논하고 있는 현 상황에서 오히려 문자 매체가 비판적 세계 읽기의 한 도구로 활용될 가능성을 보여주고 있는 것"이라는 점 때문이 다. 이렇듯 문자 매체와 영상 매체를 구분하고 문자 매체를 강조하는 것 도 한 방법일 수는 있으나 문자 매체와 영상 매체가 공유하고 있는 '이미 지'의 속성에 대한 연구를 통해 두 매체가 지니는 공통점을 토대로 한 '문 학과 영상 매체의 교육'에 대한 논의 또한 필요할 것이다.

다음으로 이 논문에서는 표현, 창작, 혹은 글쓰기 행위가 지니는 사회적 의미에 대한 논의가 간과되어 있다. 이미지 생산 방식의 효과에 관한 논 의에서 '정서적 위안의 표출', '창작 주체의 염원 표현·불가해한 세계의 표현' 등에 대한 부분이 있기는 하지만 지극히 개인적인 차원에서 논의가 이루어지고 있다. 창작 행위의 사회적 의미가 결여되어 이 연구의 논의 범위 및 의미가 축소되는 경향이 있는 것이다. 일상 생활을 하면서 끊임 없이 이루어지는 다양한 표현 행위 중에서 창작 행위가 지니는 사회적 의 미에 대한 논의는 능동적인 주체로서의 창작 주체가 현대 세계 속에서 표 현 행위를 함으로써 어떤 방식으로 자신의 삶을 반성적으로 바라보고, 또 어떤 방식으로 주체로서의 정체성을 확보해 가는지 밝혀낼 수 있는 중요 한 계기가 될 것이다.

장르 중심 작문 교육의 내용 체계와
교수 · 학습 원리 연구*

■ 박태호, 한국교원대 박사학위논문, 2000 ■

1. 논문 목차

---

* 이 논문은 『장르 중심 작문 교수 학습론』(박태호, 박이정, 2000)으로 발간되었다.

2. 내용

1) 연구 문제

1980년대를 기점으로 발전하기 시작한 과정 중심 작문 이론은 의미 구성의 해석 방식에 따라 인지 구성주의, 사회 구성주의, 사회 인지적 작문 이론으로 구분된다. 인지 구성주의에서는 의미 구성의 주체는 개인이며, 의미 구성은 문제 해결의 과정이라는 입장을 지지한다. 사회 구성주의 관점에서는 의미 구성의 주체는 담화 공동체이며 의미는 공동체 구성원들간의 대화를 통해서 구성된다는 입장을 갖는다. 인지구성주의자와 사회구성주의자들은 의미 구성에 주요 역할을 하는 것이 개인의 인지냐 사회적 맥락이냐를 두고 1980년 이래 지금까지 논쟁을 벌여왔다.

그러나 인지와 맥락에만 초점을 둔 과정 중심 작문 이론은 작문 현상을 구성하는 또 하나의 변인인 텍스트 요인에 대한 경시로 인해 여전히 한계를 갖고 있다. Freedman & Medway(1994)[1] 등의 장르 중심 작문 이론가들은 과정 중심 작문 이론이 갖고 있는 이와 같은 단점을 보완하기 위해 '텍스트'의 문제를 논의의 중심으로 부각시켰다. 그런데 이들의 논의는 맥락과 텍스트의 문제에만 지나치게 관심을 기울임으로써 결과적으로 인지의 문제를 소홀히 하는 문제점을 안게 되었다.

과정 중심 작문 이론과 장르 중심 작문 이론이 갖고 있는 이와 같은 문제점을 극복하기 위해서는 맥락, 텍스트, 인지 변인을 통합하는 작문 교육 이론의 구축이 필요하다. 이 논문은 이러한 학문적 욕구에 부응하기 위해 맥락, 텍스트, 인지 변인을 통합할 수 있는 작문 교육 이론으로 장르 중심 작문 교육의 내용과 교수 학습 방법을 구안하고자 하였다.

---

1) Freedman & Medway(1994), *Learning and teaching genre*, NH:Boynton/Cook Publisher.

2) 주요 내용

이 연구는 '맥락, 텍스트, 인지'가 모두 작문 현상을 구성하는 주요한 세 변인임에도 불구하고 그 동안 작문 이론의 주요 흐름이었던 과정 중심 작문 이론이 '맥락'과 '인지'의 측면만을 고려하고 '텍스트' 요인을 소홀히 하고 있음을 비판하고, 이러한 문제점을 해결할 수 있는 대안을 찾고자 하였다. 이에 '맥락'과 '인지', '텍스트'의 세 측면을 모두 고려할 수 있는 방법으로 장르 중심의 작문 이론을 제시하고 이에 기반하여 작문 교육의 내용 체계와 교수·학습 원리를 구안하였다.

이를 위해 2장에서는 먼저 과정 중심 작문 교육의 의의와 한계를 이론적 측면에서 다각적으로 분석하고 있다. 전술한 것처럼 인지 구성주의 작문 이론과 사회 구성주의 작문 이론은 각각 의미의 생성이 '개인의 인지'와 '사회'에서 기원하는 것으로 보고 있으나 의미의 생성은 개인의 인지나 사회가 복합적으로 작용하여 이루어지기 때문에 한계가 있다 또한 사회인지 작문 이론은 '개인의 인지'와 '사회'의 통합을 시도하고 있어 이러한 문제를 해결하고 있으나, 여전히 '텍스트' 요인을 고려하지 않고 있다는 문제점이 있다.

3장에서는 '장르 중심 작문 이론'이 맥락과 텍스트와 인지를 통합할 수 있는 유용한 이론임을 검토하고 있다. 장르는 '반복되는 상황에 대한 수사학적 반응'이다. 장르는 문화 맥락을 통하여 사회적, 역사적, 문화적으로 형성되기 때문에 장르 지식도 사회적으로 구성된다. 또한 장르는 텍스트의 형식과 내용을 결정하는 주요 요소이기도 하다. 장르가 갖고 있는 이러한 속성은 장르를 중심으로 맥락과 인지와 텍스트를 통합할 수 있음을 시사한다.

4장에서는 장르의 이러한 속성을 강조하면서 교육 과정 내용 또한 장르를 중심으로 선정·배열되어야 함을 지적하고 이를 검토하고 있다. 이 논문에서 제시한 장르 중심 작문 교육의 내용 체계는 다음과 같다.

【 장르 중심 작문 교육의 내용 체계(박태호, 2000:116) 】

쓰기	쓰기의 실제		
	-정보를 전달하는 글쓰기 -정서 표현의 글 쓰기	-설득하는 글 쓰기 -친교 표현의 글 쓰기	
	맥락 -주체(TENOR) -내용(FIELD) -방식(MODE)	텍스트 -텍스트 구조 -텍스트의 언어적 측면	과정 -내용 생성 -내용 조직 -표현 -고쳐 쓰기
	지식		
	기능/전략		
	태도		

또한 맥락, 텍스트, 인지는 '사회적 맥락 → 사회적 맥락과 텍스트의 통합 → 맥락, 텍스트, 인지의 통합'과 같은 방식에 의하여 통합될 수 있다. 그 구체적인 내용은 다음과 같다.

【인지와 맥락 그리고 텍스트의 통합에 의한 작문 교육의 내용
(박태호, 2000:112)】

장르 범주 과정 범주 (인지)	맥락			텍스트		교육과정 내용
	거시 장르	미시 장르	상황 맥락	텍스트 구조	텍스트의 언어적 특징	
	·정보 전달의 글쓰기	·초대 하는 글쓰기	·우리 마 을 행사 소개하기 ·친구 (독자)	·인사말 ·초대 이유 ·초대 시기 ·시간 장소 ·끝인사	·정확한 어휘 사용 -동사 -명사 -형용사	·우리 마을 행 사에 초 대하는 글쓰기
내용 생성	초대장 읽은 경험 토론, 행사 내용 토론, 초대장을 받는 독자에 대해 토론					
내용 조직	초대장 형식에 대한 문단 훈련					
내용 표현	미래 시제(-할 계획이다), 권유(-했으면 좋겠다), 정확한 장 소 표현(처음에 -에 온 다음, 그 다음에 -로 가서 등)					
고쳐 쓰기	시간과 장소 등의 정확한 표시 여부, 독자의 흥미를 끌 만한 행사 소개 여부, 시제의 정확한 사용 여부					

5장에서는 장르 중심 작문 교수 학습의 원리와 모형을 다루고 있다. 장르 중심 작문 교수 학습의 이론적 기반으로는 장르 이론과 사회 구성주의 교수 학습 이론을 제시하고, 사회 구성주의 교수 학습 이론의 특징으로는 '사회적 중재의 원리', '책임 이양의 원리'를 들고 있다. 그리고 사회 구성주의 교수 학습의 모형은 '교사 주도의 과제 수행 단계 → 학습자 주도의 과제 수행 단계 → 자동화된 내면화의 단계 → 근접 발달로의 회귀'로 제시하고 있다

결국 이 논문은 '과정'만을 중시하고 '텍스트' 요인을 소홀히 하고 있는 '과정 중심 작문 이론'의 문제점을 해결할 수 있는 이론적 기반으로 장르 중심 교육 내용을 구안하고 이를 교육시킬 수 있는 방법을 제안한 논문이라고 할 수 있다.

3) 핵심 어구

장르 이론, 장르 중심 작문 이론, 장르 중심 작문 교육 내용 체계, 장르 중심 작문 교수·학습 원리, 장르 중심 작문 교수·학습 모형

3. 논의점

1) 장르의 개념

이 연구는 장르 중심의 작문 이론가들의 다양한 논의를 폭 넓게 소개하여 장르 중심 작문 이론의 흐름을 정리하는 데 기여하고 있다. 그러나 이 연구가 전제로 하고 있는 장르의 개념이 무엇인지는 분명하게 밝히고 있지 않다. 자칫 각 장르 이론가들의 다양한 정의의 총합을 장르로 보겠다는 뜻으로 보일 정도로 혼란스러운 측면이 있다.

한 가지 분명한 것은 이 연구에서는 장르를 유동적인 것으로 보고 있다는 점이다. 그런데 유동성이라는 의미 역시 장르를 다루는 관점, 즉 역사적으로 살필 것인지 동시대적으로 살필 것인지에 따라 달라질 수 있다. 최근 들어 '인터넷 쓰기' 등의 새로운 장르가 등장하는 것을 보면, 장르는 동시대적으로도 생성, 성장, 소멸하고 있음을 경험적으로 알 수 있다.

장르의 개념이 아무리 유동적이라고 할지라도 장르를 일종의 '유형'으로 간주할 때, 이 '유형'이라는 용어에는 늘 어느 정도의 '고정성'이 함의될 수밖에 없다. 이러한 측면에서 장르는 인지적으로는 다분히 객관주의에 가깝다. 그런데 이 연구에서는 장르의 유동성을 강조하면서 이를 구성주의와 같은 맥락에서 다루고 있다. 장르가 갖고 있는 고정성이라는 측면은 밀쳐둔 채 유동성만을 중심으로 장르를 다루고 있다는 비판으로부터 벗어나기는 어려울 듯하다. 장르의 개념에 대한 밀도 있는 천착이 필요하다.

2) 교육 과정 구안 방식

이 연구에서는 장르 중심 작문 교육의 내용을 구안할 때, 기존 교육 과정의 방식과는 달리 '실제에서 원리로' 나아가야 함을 주장하고 있다. 그러나 교과서의 구안 방식이나 학교 현장에서의 수업 방식은 이미 장르 중심, 즉 실제 중심으로 이루어지고 있다. 따라서 이러한 논의는 다만 교육 과정의 제시 순서(원리→실제)를 바꾸어 논의하고 있는 것처럼 보인다. 만일 이미 현장에서 이루어지고 있기는 하나 그 방식 등에 문제가 있다면 오히려 그 원인을 분석하고 대책을 마련하는 것이 더 급선무가 아닐까.

또 '인지와 맥락 그리고 텍스트의 통합에 의한 작문 교육의 내용'(박태호, 2000:112, 위의 표 참조)에서 장르, 맥락, 텍스트의 개념 및 경계가 불분명하다. 이 연구에서 상정하고 있는 개념 체계는 다음과 같이 정리할 수 있다.

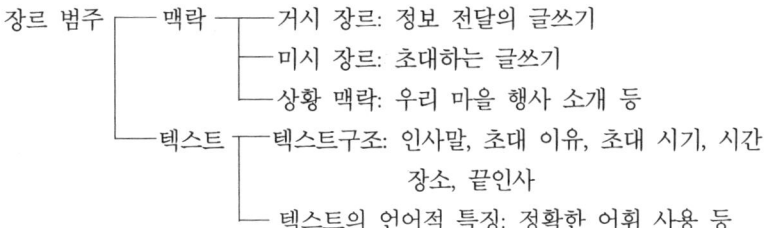

그런데 이러한 체계에서는 '맥락'과 '텍스트'가 장르 범주 내에서 동등한 대상으로 상정되는 이유 및 이들의 논리적 연결 고리, 맥락 내에 거시 장르 및 미시 장르를 포함시키는 것의 타당성 여부, 거시·미시 장르와 상황 맥락의 관련성 등을 명확하게 알 수 없다.

그리고 왜 텍스트 변인에서는 장르 개념이 분명하게 논의되지 않았는지도 궁금하다. 고정된 텍스트구조 및 상례화된 언어적 표현이 학생들의 창의성을 감퇴시키고 글쓰기 능력을 저해한다고 할 때, 반복되는 상황에 대한 수사적 반응으로서의 장르 개념은 텍스트 구조 및 언어적 표현의 유동성 및 창의성을 확보하는 방안으로서 제시될 수 있다. 이에 대한 면밀한 검토가 필요하지 않을지.

맥락과 텍스트 아래에 제시된 내용 생성 및 조직, 표현, 고쳐 쓰기 등의 과정 범주는 맥락 및 텍스트와 어떤 논리적 근거에서 결합된 것인지 분명하지 않다. 맥락과 텍스트 및 인지가 결합되어야 한다는 당위와 이들의 논리적 결합 방식에 대한 이론적 천착은 분명히 구별되어야 함에도 불구하고 당위가 논리를 앞서고 있는 듯하다.

3) 교수 학습 방법

장르 중심 작문 교육의 교수 학습 원리는 사회 구성주의 교수 학습 원리와 다를 것이다. 그런데 이 논문에서는 '사회 구성주의'와 '장르 중심'을 거의 동일선상에 두고 논의를 진행하여 사회 구성주의 교수 학습의 원리와 장르 중심 교수 학습의 원리가 명백하게 구분되지 않는다. 장르 중심 교수 학습의 원리로 설정된 '사회적 중재의 원리' 및 '책임 이양의 원리'는 구성주의 교수 학습 원리와 유사하다. '장르 중심'의 교수 학습 원리를 설정한 것이므로 교수 학습 원리를 구안할 때 장르가 어떻게 관여하는지를 분명히 밝힐 필요가 있다.

4. 의의와 발전 방향

이 논문은 '과정'만을 중시하고 '텍스트' 요인을 소홀히 하고 있는 '과정 중심 작문 이론'의 문제점을 해결할 수 있는 이론적 기반을 마련하였다는 데 그 의의가 있다. 특히 장르 중심 작문 이론은 '텍스트' 요인에 주목하기 때문에, 자연스럽게 작문 과정뿐만 아니라 작문의 결과도 중요시한다. 그 결과 장르 중심 작문 이론은 작문 과정과 그 결과를 균형 있게 지도할 수 있는 방안을 제시할 수 있게 되어 그 의의가 크다 하겠다.

그러나 '장르'를 논하고 있는 지점이 일반적인 '유형'이나 '텍스트'의 수준에서 벗어나지 못하고 있고, 그 결과 장르가 지닐 수 있는 새로움을 충분히 부각시키지 못하고 있어 아쉽다. '장르 선택의 자유'와 '장르 지식의 학습', 그리고 '장르의 창조적 변용' 등에 대하여, 그리고 그들의 관계에 대하여 더 깊이 있게 탐구했었다면 하는 아쉬움이 남는다.

한국 모더니즘 소설의 글쓰기
방법 연구

■ 김혜영, 서울대 박사학위논문, 2000 ■

1. 논문 목차

2. 내용

1) 연구 문제

이 연구는 모더니즘 소설을 중심으로 하여, 주체가 글쓰기 행위를 통해 개인의 욕망과 사회적 경험 사이의 갈등과 대립을 조정하면서 자신의 욕망을 우회적으로 가시화하는 과정을 살피고 있다. 이를 위해 서사 구성의 핵심축인 '시간'의 문제에 주목하였으며 모더니즘 소설의 시간 구성 방법과 시간 구성의 의미 형성 기능에 대해 논의하였다.

2) 주요 내용

이 논문은 기존 글쓰기 연구가 글쓰기에 개입하는 변인들의 상호 매개를 충분히 고려하지 않았다는 문제의식에서 출발한다. 언어 모델에서는 주체 의도 전달, 독자 수용 식으로 단선적인 맥락만을 강조하고, 문학교육 연구에서는 글쓰기 이전의 것(주체의 사유, 경험)과 씌어진 텍스트 사이를 직접 연결시킴으로써 글쓰기 주체가 글을 써 나가는 과정에서 이루어지는 "중층적 상호작용"을 논의하지 못했다는 것이다. 이에, "글쓰기는 대립과 갈등의 조정으로부터 생성되는 역동적인 구성체"라는 명제를 제시하면서, 글쓰기 과정에는 주체의 개인적 욕망과 사회적 경험의 불일치가 복잡한 과정을 통해 조정되며, 그 결과 텍스트에는 쓰여진 것과 쓰여지지 않은 것, 소통과 의식, 기억과 자유의 역동적인 힘의 조율이 표현되어 있다는 점에 주목하고 있다. 그 조정의 중심축으로 '장르'를 들고, '서사' 장르 형성의 핵심 요소인 '시간' 구성을 분석하고 있다. 서사 구성에서 '시간'은 객관적 시간(사회적 경험), 내면적 시간(개인의 욕망), 서사적 시간(텍스트화된 시간) 등에 모두 관여함으로써 이 논문에서 전제한 글쓰기 변인들의 중층적 매개가 된다.

이를 바탕으로 모더니즘 소설의 시간 구성 방법을 분석하고, 이를 바탕으로 시간 구성의 의미 형성 기능을 논의하고 있다.

3) 핵심 어구

글쓰기, 시간 구성, 욕망, 부정성, 사회적 경험, 시간 의식, 조정, 미적 체험, 성찰, 소통, 정체성, 이행기 의식

3. 논의점

1) 논문의 학문적 근거

이 연구의 전제, '글쓰기는 개인의 욕망과 사회적 경험의 갈등, 대립과 조정이라는 역동적 구성체'라는 명제는 크리스테바 이론에 기대고 있다. 언어에는 '세미오틱'(The Semiotic 본능적 언어)과 '생볼릭'(The Symbolic 구성적 언어)의 두 층위가 있으며 전자는 질서화되지는 못했지만 지속적인 의미 생성에 참여한다는 논의가 그것이다. 이 연구는 '모더니즘'의 속성으로 특화된 명제들을 글쓰기의 일반적 성격으로 끌어올림으로써, 글쓰기 과정에 존재하는 '개인적 욕망과 사회적 소통'의 긴장과 갈등, 조정을 성공적으로 명제화하고 있다. 하지만 '시간' 구성의 범주가 이 역동적인 매개를 수행하는 과정에 대해서는 충분한 근거가 제시되어 있지 않고 있다. 논문 4장, 시간 구성의 의미 형성 기능 역시, 심미 체험의 형상화, 성찰적 인식 능력의 확대, 정체성 형성의 매개라는 다소 일반적인 틀로 설명된다. 곧, 꼭 '시간 구성'이 아니더라도 이런 의미 형성은 가능하다는 것이다.

이 논문은 특별난 것, 새로운 것을 일반적인 것, 옛 것으로 보는 방식을 취함으로써 모더니즘 글쓰기를 새롭게 분석하고 있다. 이 연구에 따른다면, 이상, 박태원, 최명익 등에게 글쓰기란 환멸의 시기에 주체가 현실과의 접촉점을 유지하면서 자기 유지를 할 수 있도록 도와주는 역할을 했다는 것이다. 이런 논조는 주로 사회비판적 성격과 관련지었던 모더니즘의

'부정성'을 글쓰기 개인의 자기 성찰, 유지 쪽으로 재해석한 것이라 할 수 있다. 기존의 연구(최미숙, 최인자)가 다양한 형식 실험(생산)을 통해 기성 사회와의 대립, 저항을 추구하였다는 점에서 모더니즘 글쓰기의 특징을 찾고 그러한 글쓰기가 갖는 새로움, 독특함에 주목하여 국어교육에 활용하고자 하였다면, 이 연구는 모더니즘 글쓰기가 모더니스트들의 개인 욕망을 사회적으로 조정하는 일종의 사회화, 자기 성찰 기능을 지니고 있다고 보고 글쓰기 일반의 전제로 돌아가는 방향을 택하고 있다. 그래서 '글쓰기 연구'라는 제목에 부합하고는 있으나, 본 논문에서 중요한 축으로 상정하고 있는 '장르 구속성'과 이런 일반화는 서로 충돌하고 있는 것으로 보인다. 장르 구속성은 장르적 특수성의 문제를 포함하는데, 이 논문은 '서사'와 같은 장르류에만 주목하고 '모더니즘 서사'의 장르종에는 내용을 할애하고 있지 못하기 때문이다. 이 논문에서 모더니즘은 일반적인 '근대'와 거의 동일하다. 글쓰기의 성찰적 기능은 서사의 '시간' 구성이 아니더라도 가능하다는 비판이 제기될 수 있는 것이다. '시집살이가 너무 억울해서 자살하려고 유서 쓰다 보니 다시 살게 된 며느리'와 모더니스트들의 글쓰기를 동일한 위치로 설명하는 것은, 한국 모더니즘의 소시민성을 지적하고 있다는 점에서 유의미하나, 글쓰기 과정에서의 인식 '조정'을 너무 '사회화' 쪽으로 이해하고 있는 것은 아닌가 한다. 글쓰기에는 자신의 욕망을 사회에 비추어 조절하는 측면도 있지만 '반란'과 '거부'를 주도하는 측면도 있지 않을까. 이상과 박태원을 전자로만 이해할 수 있을까하는 아쉬움이 여전히 문제로 남는 것이다.

2) 연구의 검토

가. 논문 제목(한국 모더니즘 소설의 글쓰기 방법 연구)에 대하여

그 동안 모더니즘 소설에 대한 논의는 주로 모더니즘 소설이 갖고 있는 특수성에 주목하여 이루어져 왔고 이에 따라 글쓰기 방법에 대한 연구도

모더니즘 소설의 글쓰기 방식의 독창성에 주목하여 이루어져 왔다. 이에 비해 이 연구는 그러한 논의 경향과 달리 모더니즘 소설의 글쓰기가 갖는 글쓰기로서의 일반적 특징에 주목하고 있다. 이 연구의 그러한 지적은 매우 소중하다. 그러나 결과적으로는 논문의 제목과 논문의 내용이 삐걱거리는 현상이 나타나게 되었다. 즉 논문의 제목은 '모더니즘 소설의 글쓰기 방법'인데, 실제 내용으로 보아서는 '모더니즘'이라는 용어를 빼버리려도 문제가 되지 않는 상황이다.

또 '모더니즘'이란 자기 부정성 또는 예측 불가능성 등을 전제하는 개념인데, 이 논문에서는 모더니즘 소설이 갖고 있는 그러한 측면에 대한 고려가 적다.

나. 글쓰기의 일반적인 원리는 존재하는가

글쓰기의 일반적 원리란 것이 과연 존재할 수 있는가? 쓰기 전, 중, 후와 같은 일반적인 절차를 문제삼는 것이 아니라면 단선적으로 파악할 수 있는 글쓰기의 일반적 특성이란 것은 없을 것이다. 이런 면에서 글쓰기는 글쓰기의 목적, 주체 등에 따라 매우 다양하게 논의될 수 있으므로, 글쓰기에 대한 논의는 그것이 갖는 중층성에 주목하여 논의되어야 한다.

다. '3장 모더니즘 소설 글쓰기의 시간 구성 방법'에 대하여

'기억의 절대화에 의한 타자성의 부정'과 '예측 불가능성에 대한 방어로서의 망각', '균형 감각을 위한 회상의 형식화'라는 세 개 항목이 서로 모순되는 점이 있다. 또한 예측 불가능성에 대한 방어로서 '망각'을 선택하였다는 점과 균형 감각을 위해 '회상'을 형식화하였다는 점은 서로 모순된다. 모순되는 두 개념을 선택하게 만드는 상황에 대한 원리 규명이 이루어져야 한다. 중요한 것은 그러한 개념들이 반드시 모더니즘 소설만의 특징인가 하는 점이다. 모더니즘 소설이 아니더라도 그러한 현상들이 나타날 수 있지 않을까 하는 점에 좀더 천착이 있어야 할 것이다.

라. '모더니즘적 서사'란 용어에 대하여

서사란 개념의 폭을 고려할 때 모더니즘적 서사란 개념에 대해 좀더 치밀한 논증이 필요하다. 또한 '모더니즘'이란 개념도 지나치게 크고 '서사'란 개념도 지나치게 크기 때문에 '모더니즘적 서사'라는 개념에 대한 이해에 혼란을 가져온다.

4. 의의와 발전 방향

이 논문은 글쓰기 과정에 개입하는 '주체' 변인에 '개인의 욕망'과 '사회적 경험'의 충돌, 갈등이라는 역동적 구조를 상정함으로써, 표현이 진행되는 과정을 더욱 중층적으로 설명하고 있다.

이 논문의 의의는 '글쓰기'의 실존적 차원에 대한 질문을 하고 있다는 점을 높이 평가할 수 있다. 우리 모두, '근대'의 조건에서 자유롭지 못하다는 점에서 이 질문은 현대 글쓰기의 실존적 의의와 연결되기 때문이다. 특히, '근대'라는 삶의 조건, 곧 정확한 답도 없고 모든 것이 언제든 새롭게 변하는 시대와 관련지어 글쓰기의 의미와 기능을 논의하고 있다.

또한 글쓰기 연구 방법에서 시간 구성의 문제를 제기하였다는 점에서 의의를 가진다. 글쓰기 방법을 주체 변인을 중심으로 하여 글쓰기가 자기 조정과 자기 유지의 방법임을 규명하였다는 점, 또한 장르 구속성 차원에서 글쓰기 문제에 접근, 글쓰기는 주체의 현실 인식과 장르 구속성의 상호작용에 의해 이루짐을 밝히고 있다는 점에서 국어교육적 의의를 찾을 수 있다.

하지만, '장르 구속성' 인식, '조정' 등에서 글쓰기의 중층적 상호작용이 너무 '사회적 힘에 규정'되는 측면에 초점을 맞추고 있어 아쉽다. 또한 모더니즘 서사 개념을 좀더 정치하게 사용하여 일반적 원리로 이끌 낼 수 있어야 할 것이다.

필자의 표현 태도 연구

■ 김정자, 서울대 박사학위논문, 2001 ■

1. 논문 목차

2. 내용

1) 연구 문제

이 논문은 표현의 내용과 방식을 선택하는 데 중요한 요인으로 작용하는 필자의 표현 태도에 대한 연구이다. 이 연구는 표현 태도의 개념과 기능이 무엇인지, 그것이 구체적으로 작문에서 어떻게 실현되는지, 나아가 창의적인 글을 쓸 때 표현 태도를 나타내거나 감추는 전략에는 어떤 것이 있는지를 살펴본 다음, 이를 지도하는 방안에 대해서 논의하였다.

2) 주요 내용

필자가 표현과 관련하여 지니게 되는 태도는 크게 '표현에 대한 태도'와 '표현 상황에 대한 태도', '표현 태도'의 세 가지이다. 필자의 표현 태도는 메시지와 독자에 대한 태도로 나누어 볼 수 있다. 먼저 메시지에 대한 태도는 표현 내용에 대한 호오(好惡)에 따라 긍정적, 부정적 태도로, 표현 대상에 대해 사유하는 방법과 관련하여 주관적 태도와 객관적 태도로 나눌 수 있으며, 내용을 전개하는 방법에 따라 논리적 태도와 상상적 태도가 있으며, 표현의 직접성과 관련된 태도로서 직접적 태도와 간접적 태도가 있다. 독자에 대한 필자의 태도는 필자의 대표성 정도에 따라 개인적 태도와 비개인적 태도, 필자와 독자와의 친숙성에 따라 냉담한 태도와 친근한 태도, 독자와의 역할 관계에 따라 우월한 태도와 공손한 태도로, 필자와 독자 관계의 공식성 정도에 따라 비공식적 태도와 공식적 태도로 나눌 수 있다.

메시지와 독자에 대한 필자의 태도를 결정하는 기제로 '거리두기'의 원리가 있다. 필자는 자신의 글쓰기 목적이나 종류에 따라 내용과의 거리를 좁히거나 넓힐 수 있다. 필자와 독자 사이의 거리는 물리적 거리, 사회적 거리, 심리적 거리의 세 차원으로 나누어진다.

필자의 표현 태도는 모든 언어 단위를 통하여 실현되지만 어휘, 문장, 텍스트 수준으로 나누어 살필 수 있다. 어휘 층위에서는 단어의 내포적 의미나 구어적 어휘, 태도를 드러내는 직접적 어휘의 사용 등을 통해서, 문장 층위에서는 어순의 뒤바꿈, 조사나 어미의 선택 등을 통해서, 텍스트 층위에서는 제시하는 정보의 양과 정보의 배열 등을 통해서 필자의 태도를 드러낼 수 있다.

필자의 표현 태도는 텍스트의 구성에 영향을 미치는 표현 원리의 기반으로 작용한다. 특정 텍스트의 유형에서 기대되는 필자의 태도가 있으며 그것은 일종의 표현의 관습으로 작용하기도 한다. 그런데 표현의 관습은 무의식적으로 혹은 의도적으로 위반되기도 한다. 전자는 관습에 대한 무지에서 비롯되며 후자는 의미의 강조, 매력, 창의성 등의 새로운 효과를 위한 것이다.

표현 태도는 '표현 태도의 이해'와 '표현 태도의 실제 적용'이라는 두 가지 차원에서 교육 내용으로 제시될 수 있다. 표현 원리를 학습함으로써 학생들은 언어 사용의 원리, 자신의 관점이나 입장, 생각 등을 정확하게 표현하는 방법, 필자의 관점이나 시각에 대한 이해, 자신의 태도를 표명하는 사회적 행위로서의 글쓰기가 갖는 의미 등을 배울 수 있으며, 표현 태도의 학습은 비문학적 글쓰기와 문학적 글쓰기를 이어주는 연결고리가 될 수 있다.

3) 핵심어

표현 태도, 텍스트 구성, 메시지에 대한 태도, 독자에 대한 태도, 거리 두기, 표현 관습, 표현 교육

3. 논의점

1) '필자의 표현 태도'에 한정한 이유

이 논문은 표현과 관련되는 태도로 '표현에 대한 태도', '표현 상황에 대한 태도', '표현 태도'라는 세 가지 범주로 구분한 다음, 이 논문에서는 그 중 필자의 '표현 태도'에 한정하여 논의하고 있다. 그런데 과연 '필자의 표현 태도'가 다른 것과 독립적으로 존재하는 것인지 논의해 볼 필요가 있을 듯하다. 가령 '의사 소통 상황' 안에는 '독자'나 '메시지' 등이 다 포함되는데 '표현 태도'와 '상황에 대한 태도'를 어떻게 분리할 수 있는지 명확히 해야 할 것이다. 그 중에서도 특히 '독자' 변인은 전통적으로 '상황' 변인으로 처리되어 왔는데, 이에 대한 관점의 변화가 필요하다면 그 근거에 대한 설득력 있는 논의가 있어야 하겠다.

2) 표현 태도의 구현 방식

이 논문에서는 필자의 표현 태도가 텍스트에서 실현되는 영역을 어휘, 통사, 텍스트 등의 언어학적 단위로 나누어 설명하고 있다. 그리고 그 구체적인 표현 방법 역시 기존의 언어학적인 설명에 기대고 있다. 물론 기존 연구의 업적에 기대는 것은 필요한 일이지만, 거기서 한 발 더 나아갈 수 있는 방안은 없는지 되돌아볼 일이다. 표현 태도가 텍스트로 구현되는 입체적이고 다채로운 양상을 포착할 수 있는 새로운 시각을 모색할 필요가 있다.

3) 표현의 구성 요소에 대한 관점

전통적으로 발화(표현)의 구성 요소는 '명제 내용 + 명제 내용에 대한 태도 + 청자에 대한 태도'로 보아 왔다. 그러나 이 논문에서는 '대상 + 대상에 대한 태도 + 청자에 대한 태도'로 보고 있는 듯하다. 표면적으로 보면 단지 '명제 내용'을 '대상'으로 바꾼 것에 지나지 않은 듯하지만, 그 함의는 꽤 다르다. 다시 말해 같은 '태도'지만 이 논문에서의 태도가 포괄하는 범위가 더 크다.

> 김유신은 삼국 통일의 희망을 착착 진행시켜 나간 것으로 보입니다.
> <u>(김유신이 삼국 통일의 희망을 착착 진행해 감)</u> + <u>추측</u> + <u>청자에 대한 태도</u>
>   명제 내용   태도

> 김유신은 삼국 통일의 희망을 착착 진행시켜 나간 것으로 보입니다.
> <u>(김유신이 삼국 통일을 준비함)</u> + **긍정적 태도** + 추측 + 청자에 대한 태도
>   대상   태도

이처럼 화자나 필자의 태도 범주를 확대하는 것은 주체 형성 혹은 국어

사용 능력을 문제삼는 국어교육에서 유의미하다. 문제는 이들 태도의 유형과 기능을 더욱 정치하게 분석해 내는 것이고, 이들 태도와 표현과의 관계를 규명해 내는 것이다. 가치 중립적인 언어가 없다는 것을 생각한다면, 표현에서 태도의 중요성은 더욱 부각되어야 할 것이다.

4) 표현 태도와 표현 전략의 관계

이 연구는 표현에서 차지하는 표현 태도의 역할을 확장시켰으며, 이것은 의미 있는 일이다. 그러나 이처럼 태도의 역할을 확장하게 되면, 언어 표현의 문제는 곧 태도의 결정과 태도 표현의 문제로 치환된다. 따라서 이러한 관점에 서면 표현 전략이란 결국 태도 표현의 방식이 된다. 태도를 중시하는 시각에 서면, 메시지를 선택하고 조직하는 모든 과정이 태도 표현의 과정이 되기 때문이다. 따라서 메시지와 태도의 구분과 이 둘의 착종 관계를 검토할 필요가 있다.

5) 창의적인 글쓰기와 태도 표현의 전략

이 논문은 태도 표현의 방식을 창의적인 글쓰기의 한 양상으로 다루고 있다. 이러한 시도는 정당하며 또한 우리에게 시사하는 바가 크다. 창의적인 사고 혹은 글쓰기라는 것을 신비한 그 무엇으로 보지 않고, 갖가지 언어 활동의 양상에서 구체적으로 접근해 감으로써 가시적인 성과를 낼 수 있을 것이기 때문이다.

4. 의의와 발전 방향

이 논문은 다음과 같은 의의를 지닌다. 첫째, 표현 태도의 개념을 세우고 글쓰기에서 이것이 갖는 의미를 구체화하고 명확히 하였다. 둘째, 논리성이나 합리성의 문제에서 떠나 태도라는 정의적인 문제를 다룸으로써 글쓰기가 갖는 다면적 양상 혹은 글쓰기가 갖는 실제적인 양상에 근접할 수 있게 하였다.

이 논문은 국어교육학 논문으로는 표현 태도에 대해 처음으로 관심을 가진 연구이며, 앞으로 이 주제는 여러 방면에서 더욱 심화되고 발전되어야 할 것이다. 이 논문의 업적을 바탕으로 하여 앞으로 논의해 볼 필요가 있는 연구는 다음과 같다. 첫째, 이 논문에서 다루고 있는 '표현 태도'가 텍스트에서 구현되는 다채로운 양상을 더욱 정밀하고 입체적으로 분석해 내야 할 것이다. 둘째, 학습자들의 태도 변화에 작용하는 원리가 무엇인지를 밝히는 연구도 필요할 것이다. 셋째, 이 논문에서 제외한 '상황에 대한 태도' 및 '표현에 대한 태도'를 함께 아울러서 더욱 포괄적인 국어교육 태도론을 확립해 가야 할 것이다. 넷째, 더욱 범위를 넓혀 태도를 포함한 흥미, 습관 등의 여타 정의적 요소가 갖는 국어교육적 의의를 밝히고 구체적인 실천적 적용 방안을 모색해야 할 것이다. 다섯째, 국어교육에서 정의적 요소와 인지적 요소의 관계에 대해 해명하고 둘 사이의 상승적 발전 방향에 대한 논의도 더욱 구체화되어야 할 것이다.

대화 지도를 위한
'청자 지향적 관점'의 표현 연구

■ 권순희, 서울대 박사학위논문, 2001 ■

1. 논문 목차

2. 내용

1) 연구 문제

이 연구는 대화에서 청자의 역동적인 역할을 밝혀 이를 의사 소통에 최

대한 이용함으로써 효과적인 말하기를 할 수 있는 표현 방법을 규명하고 이를 대화 지도에 적용하고자 하였다. 곧, 대화는 화자와 청자의 상호 협력적이고 상호 역동적인 과정이므로 표현에서 화자가 청자를 어떻게 고려하고 그것이 어떻게 표현으로 구현되는가를 탐색한 다음, 이를 가르칠 수 있는 방안에 대해 살펴보았다.

2) 주요 내용

이 연구에서는 화자와 청자의 의사 소통적 지위를 '정체성 구성하기'로 규정하였다. 화자는 자신과 청자, 그리고 서로와의 관계 속에서 정체성을 구성하는데, 정체성을 어떻게 구성하느냐에 따라 청자에 대해 열린 태도나 혹은 닫힌 태도를 갖게 된다. 청자 지향적 관점의 표현은 화자가 청자에 대해 열린 태도를 가질 때 가능하다.

청자 지향적 표현은 상대방 배려의 원리에 근거하여 이루어지는데, 그 표현 방법은 문법적 요소로 나타낼 수 있는 구조적 표현 방법과 화용상으로 나타낼 수 있는 비구조적 표현 방법으로 나뉜다. 구조적 표현 방법에는 '열린 질문' 활용하기, 청자 지향의 어휘 사용하기, '나 전달법' 활용하기, 공감적으로 응대하기, '동의, 그러나' 방법 활용하기, '우리 전달법' 활용하기, 되묻기, 간접적으로 표현하기 등이 있다. 비구조적 표현 방법으로는 입장 바꾸기, 판단 유보하기, 청자의 지식 공유하기 등이 있다.

청자 지향적 표현을 지도하기 위한 교재를 구성할 때는 소집단 활동을 중심으로, 화자와 청자의 태도 중심으로, 말하기와 듣기의 통합성을 살려서, 학습 활동 중심으로, 학생들의 말하기 능력을 계발하고 흥미와 동기를 유도하기 위해 수준별로 구성하는 것이 좋다. 교수 학습 전략으로는 소집단 교수 학습 전략을 사용하되 역할극을 활용하는 것이 좋다. 이 때 학습 과제는 대인관계 및 정의적 영역과 관련이 깊은 것으로 할 때 효과적이다.

3) 핵심 어구

국어교육, 대화, 청자, 화자, 청자 지향적 관점, 소집단 교수 학습, 역할극

3. 논의점

1) 논의의 틀

이 논문에서는 '청자 지향적 관점의 표현 방식'을 연구하였다. 이를 위해서는 청자 지향적인 관점을 표현하는 방식을 구조화하는 틀이 필요하다. 그래야만 여러 가지 표현 방식들을 놓치지 않고 추출해 낼 수 있을 것이며, 또한 이러한 구조화된 틀 속에서 나온 방안들일 때 타당성을 인정받을 수 있을 것이기 때문이다. 그런데 이 논문에서는 그러한 틀의 역할을 하는 것이 뚜렷하지 않다. '나 전달법' 등 제시된 여러 가지 방법들이 구조화된 틀에서 나온 것이 아니기 때문에, 일종의 '양상'에 그치고 있는 느낌이다. 따라서 이 논문에서 제시한 것 이외에도 논리적으로는 '다른' 양상이 얼마든지 가능하다.

2) '정체성 구성하기'의 개념

이 논문에서는 화자나 청자의 정체성은 고정되어 있는 것이 아니라 상황에 따라 역동적으로 구성되는 것으로 보고 있다. 그런데 정체성이 구성된다는 것이 무엇을 의미하는지는 좀더 상세한 논의가 필요해 보인다. 다음 예를 보자.

　　송이 : 교육과정은 바뀐거야.

상혁 : 응 그래?

명자 : 예, 7차 교육과정이에요.

상혁 : 내가 한 번 물어 볼게. 먼저 교육과정 본 적 있어?

송이 : 없어.

상혁 : 어디가 바뀌었는지 모르면서 왜 말이 많아.

　…상혁은 송이의 말을 가로채면서 더 이상 잘난척 하지 말라는 식으로 정체성에 대한 이해를 닫아버린다.(31쪽)

　위 예문에서 상혁의 마지막 말은 더 이상 정체성을 구성하지 않는 것으로 보고 있다. 그런데 사실은 '알지도 못하면서 말이 많은 사람'으로 송이의 정체성을 구성하고 있는 것으로 볼 수도 있을 것이다. 정체성 구성의 문제는 단순히 화자와 청자의 관계를 유지하거나 단절하는 것 이상의 문제로 봐야 할 것이다.

3) 열린 표현과 닫힌 표현, 청자 지향적 표현의 관계

　이 논문에 따르면 열린 표현은 자신의 감정, 의심 등 개인적인 것을 이야기하는 것을 말하며 닫힌 표현은 사회적 역할 정체성 등만을 표현하는 것을 말한다. 예컨대 다음의 예에서 판매원의 첫 번째 말은 닫힌 표현이며 두 번째 말은 열린 표현이다.

판매원 : 이 옷 한번 입어보세요. 이 옷은 누구나 좋다고 해요. 색상과 디자인이 잘 나와서 요즘 잘 나가는 제품이에요

고 객 : 저한테 어울릴까요? (입어본다) 어때요? 내가 고른 것보다 더 잘 골라진 것 같아요.

판매원 : 이 옷 언니에게 참 잘 어울린다. 언니는 얼굴이 밝아서 화려한 색상의 옷이 어울리네요. 언닌 항상 웃으시나봐요. 제 친척 중에도 언니처럼 웃는 표정을 짓고 사는 사람이 있는데……

이 논문에서는 청자 지향적 표현은 열린 표현일 때 가능한 것으로 보고 있다. 그런데 과연 닫힌 표현에서는 청자 지향적 관점이 표현될 수 없는지 검토가 필요하다. 조금 관점을 다르게 하면 닫힌 표현에 해당하는 판매원의 첫 번째 말도 청자 지향적 표현이 될 수 있을 듯하다. 곧, 사회적인 위치나 역할을 고려하여 어느 정도 격식을 갖추어 표현하는 것 역시 상황에 따라서는 '훌륭한' 청자 지향적 표현이 될 수 있지 않을까 한다.

4) '관점'이라는 용어의 개념

이 논문에서는 "관점(perspective)이란 화자가 제시하고자 하는 바를 바라보는 입장이나 생각하는 방향이다. 또한 관점 선택이란 화자가 자신의 감정이나 평가에 근거하여 말하고자 하는 방향을 선정하는 것"으로 보고 있다.(p.60) 그런데 이러한 '관점'에 대한 개념 정의는 더욱 정치하게 다듬어져야 할 필요가 있어 보인다. 가령 다음 두 가지 예를 보자. 예1)은 관점 선택에서 상황 고려의 중요성을 논의하기 위해 제시된 예이며, 예2)는 '한 단어에 대하여 각기 다른 관점을 취하고 있어' 오해가 발생하였음을 보여주기 위한 예이다.

예1)
영희 : 새로 장만 했나봐. 진짜 예쁘다. 깔끔하고…….
혜진 : 응, 공주 갔다가…….
영희 : 그래, 정말 공주 같다!
혜진 : 그게 아니라, 저번에 공주 갔을 때 산 거라구.

예2)
A : 지현아! 너 그거 발톱에 화이트 바른 거지?
B : 어, 맞아.
A : 대단하다. 그걸 바를 생각을 다 하고…….

B : 어, 왜? 화이트면 안 돼?

A : 당연하지, 화이트는 필기할 때 쓰는 거잖아.

B : 아, 그 화이트? 난 또 하얀 색 바르면 안 된다고…….

이 두 가지 사례는 모두 오해에서 벌어진 사건이다. 그러면 '오해의 발생'과 '관점의 선택'은 어떤 관계인지 설명이 되어야 한다. 만약 관점의 측면에서 충분히 설명하기 어렵다면, 혹 관점의 개념을 너무 넓게 담은 것은 아닌지 되돌아봐야 할 것이다.

4. 의의와 발전 방향

'관점'에 관한 연구는 그 동안 사회언어학, 텍스트 이해에 관련된 분야, 수사학, 지시와 은유 등에서 이루어져 왔고, '관점'의 역할에 대한 이론의 기원은 현상학과 사회학에서 주로 이루어져 왔다. 이 논문은 '관점'을 사회학적인 방법으로 접근하고 이를 말하기에 응용하여 관점에 따라 달리 나타나는 표현의 양상을 다루고 있다.

이 논문은 다음과 같은 의의를 지닌다. 첫째, 말하기·듣기 과정에서 청자의 중요성을 부각하고 청자를 고려하는 표현 방법을 구체적으로 추출해 내었다. 그 동안 말하기·듣기에서 청자의 위치가 중요하다는 것을 강조하면서도 단지 '중요하다'고 이야기하는 수준을 넘지 못한 상황을 고려하면, 이 논문은 말하기·듣기 교육의 논의를 한 단계 진보시켰다고 볼 수 있다. 둘째, 청자를 고려하는 표현 방법을 '정체성 구성하기', '관점', '태도' 등과 관련하여 논의함으로써 청자 지향 표현이 갖는 의미를 구체화하였다. 셋째, 말하기·듣기의 교육 내용 중 '청자 지향 표현'의 교육 내용을 구체적으로 제시하여 말하기·듣기 교육 내용을 다졌다.

앞으로 이 논의와 관련하여 다음과 같은 연구가 더 수행될 필요가 있다. 첫째, 청자 지향 관점의 표현을 일상 대화에만 한정하여 논의하였는데, 다른 구어 담화에서 일어나는 청자 지향 관점의 표현에 대해서도 논의할 필요가 있다. 둘째, 화자 지향 관점 및 의사 소통의 목적 등과도 함께 논의될 필요가 있다. 언제나 청자 지향적 관점의 표현만이 바람직한 것은 아니라고 보면, 화자 지향 관점이 갖는 장점도 검토되어야 할 것이다. 지금까지 청자를 고려하는 말하기·듣기 교육이 이루어지지 않은 것은 사실이지만, 그렇다고 해서 화자 지향 표현이 무조건 잘못된 표현 방법이라는 식으로 몰고 가는 것도 바람직하지 않다. 청자 지향 관점이 장점을 갖는다면 어떠할 때 특별히 그러하며 화자 지향 관점이 장점을 갖는다면 어떠할 때 그러한지 생각해 보고 이러한 표현들이 의사 소통의 목적이나 대화의 흐름에 어떤 영향을 미치는지를 심층적으로 다루어야 할 것이다. 화자 지향 관점의 표현이 의외로 상대의 감정이나 태도에 긍정적인 영향을 미칠 수도 있을 것이기 때문이다. 셋째, 대화의 목적이나 화제의 종류, 구체적인 상황 등이 청자 지향 표현과 어떤 관련을 맺고 있는지 좀 더 구체적으로 논의할 필요가 있다. 원활한 대화가 단지 청자 지향적 표현으로만 달성되는 것은 아니며 청자 지향 관점이 필요한 이유도 대화를 원만하게 풀어나가려는 데 있는 것이라면 이러한 것들과의 관련성에 대해서도 앞으로 논의할 필요가 있다.

이삼형	한양대학교 국어교육과 교수
김중신	수원대학교 국어국문과 교수
이성영	춘천교육대학교 국어교육과 교수
서 혁	전주교육대학교 국어교육과 교수
최미숙	영남대학교 국어교육과 교수
고광수	서울대학교 국어교육과 박사과정 수료
신명선	서울대학교 국어교육과 박사과정 수료
남가영	서울대학교 국어교육과 박사과정

국어교육학 총서 1

국어교육 연구의 반성과 전망: 이해·표현

인 쇄 2003년 6월 25일
발 행 2003년 6월 30일
저 자 이삼형·김중신·이성영·서 혁
         최미숙·고광수·신명선·남가영
펴낸이 이 대 현
편 집 안현진·장은미·박윤정·오희복
펴낸곳 도서출판 **역락** / 서울 성동구 성수2가 3동 301-80
         (주)지시코 별관 3층(우133-835)
Tel 대표·영업 3409-2058 편집부 3409-2060 FAX 3409-2059
E-mail yk3888@kornet.net / youkrack@hanmail.net
등 록 1999년 4월 19일 제2-2803호

정가 15,000원
ISBN 89-5556-227-6-93710
*잘못된 책은 교환해 드립니다.